本书获得福建师范大学教材出版立项资助

管理信息系统
理论与实践

魏国江　雷　鸣　陈　妮◎编著

经济管理出版社
ECONOMY & MANAGEMENT PUBLISHING HOUSE

图书在版编目（CIP）数据

管理信息系统理论与实践/魏国江，雷鸣，陈妮编著 . —北京：经济管理出版社，2023.3
ISBN 978-7-5096-8961-5

Ⅰ.①管… Ⅱ.①魏… ②雷… ③陈… Ⅲ.①管理信息系统—高等学校—教材 Ⅳ.①C931.6

中国国家版本馆 CIP 数据核字（2023）第 040408 号

组稿编辑：申桂萍
责任编辑：申桂萍
责任印制：黄章平
责任校对：张晓燕

出版发行：经济管理出版社
　　　　　（北京市海淀区北蜂窝 8 号中雅大厦 A 座 11 层　100038）
网　　址：www. E-mp. com. cn
电　　话：（010）51915602
印　　刷：北京晨旭印刷厂
经　　销：新华书店
开　　本：720mm×1000mm/16
印　　张：21.5
字　　数：386 千字
版　　次：2023 年 3 月第 1 版　　2023 年 3 月第 1 次印刷
书　　号：ISBN 978-7-5096-8961-5
定　　价：68.00 元

目　录

理论篇

第一章　管理信息系统的基本概念 ………………………………………… 3

　第一节　管理、信息与系统 …………………………………………………… 3

　　一、管理 ……………………………………………………………………… 3

　　二、信息 ……………………………………………………………………… 3

　　三、系统 ……………………………………………………………………… 9

　第二节　管理信息系统 ………………………………………………………… 11

　　一、管理信息系统的概念 …………………………………………………… 11

　　二、管理信息系统的演化 …………………………………………………… 12

　第三节　管理信息系统的分类 ………………………………………………… 15

　　一、按系统所使用的技术分类 ……………………………………………… 15

　　二、按信息处理方式分类 …………………………………………………… 15

　　三、按信息服务对象分类 …………………………………………………… 16

　　四、按系统实现的功能分类 ………………………………………………… 16

　第四节　管理信息系统的结构 ………………………………………………… 18

　　一、管理信息系统的基本模式 ……………………………………………… 18

　　二、管理信息系统的概念结构 ……………………………………………… 19

　　三、管理信息系统的层次结构 ……………………………………………… 20

　　四、管理信息系统的功能结构 ……………………………………………… 21

　　五、管理信息系统的软件结构 ……………………………………………… 22

　本章小结 ………………………………………………………………………… 23

习题 ·· 24

第二章 管理信息系统的技术基础 ················ 25

第一节 计算机系统 ······························ 25

一、计算机系统的组成 ···················· 25

二、计算机硬件的基本组成 ·············· 26

三、计算机软件结构 ······················ 28

第二节 计算机网络技术基础 ················ 29

一、计算机网络的概念 ···················· 29

二、局域网技术 ····························· 31

三、网络连接器件和设备 ·············· 34

四、Internet 和 Intranet ················ 36

第三节 数据库技术基础 ······················ 38

一、数据库技术概述 ······················ 38

二、数据库模型 ····························· 41

三、数据库的操作 ························· 46

四、数据库保护 ····························· 51

本章小结 ·· 51

习题 ·· 52

第三章 管理信息系统开发方法 ················ 53

第一节 管理信息系统开发的策略 ·········· 53

一、管理信息系统开发的条件 ·········· 53

二、管理信息系统的开发策略 ·········· 54

三、管理信息系统开发的方式 ·········· 55

第二节 管理信息系统开发方法 ·············· 57

一、系统开发方法的演变 ·············· 57

二、结构化系统开发方法 ·············· 59

三、原型法 ································· 63

四、面向对象的开发方法 ·············· 66

五、计算机辅助系统开发方法 ·········· 68

　　六、各种开发方法的比较 ·················· 70

本章小结 ······························· 72

习题 ································· 72

第四章　管理信息系统的开发 ··············· 73

第一节　管理信息系统的系统规划 ·············· 73

　　一、信息系统规划的概念 ·················· 73

　　二、信息系统规划的内容 ·················· 74

　　三、信息系统规划的方法 ·················· 77

第二节　管理信息系统的系统分析 ·············· 89

　　一、系统分析的任务 ····················· 89

　　二、系统分析阶段的工作步骤 ··············· 90

　　三、详细调查 ······················· 91

　　四、组织结构与功能分析 ·················· 92

　　五、业务流程分析 ····················· 95

　　六、数据流程分析 ····················· 98

第三节　管理信息系统设计 ················· 110

　　一、管理信息系统模块结构设计 ············· 111

　　二、代码设计 ······················· 111

　　三、数据库设计 ····················· 117

　　四、输入输出设计 ···················· 124

第四节　管理信息系统实施 ················· 127

　　一、系统实施阶段的主要任务 ·············· 127

　　二、物理系统的实施 ··················· 128

　　三、程序设计 ······················ 129

　　四、系统调试 ······················ 130

　　五、人员培训 ······················ 130

　　六、系统切换和交付使用 ················· 131

本章小结 ····························· 134

习题 ······························· 135

第五章 管理信息系统的技术发展 ·················· 137

第一节 数据仓库与数据挖掘 ·················· 137

一、数据仓库 ·················· 138

二、数据挖掘 ·················· 144

第二节 大数据与云计算 ·················· 150

一、云计算概述 ·················· 151

二、大数据概述 ·················· 162

第三节 物联网 ·················· 170

一、物联网的定义 ·················· 170

二、物联网设备与标识 ·················· 172

三、物联网的应用 ·················· 173

本章小结 ·················· 179

习题 ·················· 180

第六章 管理信息系统的应用发展 ·················· 181

第一节 企业资源计划 ·················· 181

一、ERP 的概念 ·················· 181

二、ERP 的形成历程 ·················· 181

第二节 决策支持系统 ·················· 202

一、决策支持系统 ·················· 202

二、群体决策支持系统 ·················· 206

三、智能决策支持系统 ·················· 208

第三节 客户关系管理 ·················· 212

一、CRM 产生的原因 ·················· 213

二、CRM 的定义与内涵 ·················· 214

三、CRM 的体系结构 ·················· 216

四、CRM 系统的典型功能 ·················· 217

本章小结 ·················· 223

习题 ·················· 223

实践篇

第七章　数据库和表的基本操作 …………………………………………… 227

实验 1　创建与维护数据库 …………………………………………… 227

实验 2　创建数据表 …………………………………………………… 232

实验 3　修改数据表 …………………………………………………… 240

实验 4　设置字段属性及表属性 ……………………………………… 241

实验 5　数据表的显示设置 …………………………………………… 247

实验 6　数据表的排序与筛选 ………………………………………… 249

实验 7　建立索引和表间的关系 ……………………………………… 256

第八章　数据库的查询 …………………………………………………… 263

实验 8　选择查询 ……………………………………………………… 263

实验 9　参数查询和交叉表查询 ……………………………………… 275

实验 10　操作查询 …………………………………………………… 282

实验 11　使用向导创建查询 ………………………………………… 288

实验 12　SQL 查询 …………………………………………………… 293

第九章　界面设计 ………………………………………………………… 304

实验 13　自动创建窗体 ……………………………………………… 304

实验 14　使用窗体向导建窗体 ……………………………………… 311

实验 15　使用设计视图创建窗体 …………………………………… 314

实验 16　利用设计视图创建包含多控件的窗体 …………………… 320

参考文献 …………………………………………………………………… 331

理论篇

第一章　管理信息系统的基本概念

第一节　管理、信息与系统

信息技术革命推动着知识经济的发展，随着经济全球化的不断深入、产业经济形态的改变以及组织自身的变革，基于计算机的信息系统成为当代各种类型的组织生产、服务提供和组织管理的关键要素。在反复探索中信息系统逐渐形成了自己的研究方向和发展分支，并建立了独特的理论体系和结构框架。如果从系统的角度来研究信息系统开发的规律，我们必须先了解管理信息系统的定义、概念、结构等基本知识。

一、管理

管理活动自古即有，但什么是"管理"，从不同的角度出发，可以有不同的理解，至今仍未得到统一。管理普遍存在于任何类型的组织中，包括营利组织和非营利组织。管理就是在特定的环境下，对组织所拥有的资源进行有效的计划、组织、领导和控制，以便达成既定的组织目标的过程。管理工作要通过综合运用组织中的各种资源来实现组织的目标，这涉及效率和效益两个方面。知识经济背景下，信息技术将给组织管理带来巨大的冲击，如何利用先进科学手段组织资源，开展管理活动，使组织以更有效的方式达成组织目标，是当代管理研究的焦点之一。

二、信息

管理活动离不开信息，信息概念的重要性在于，它是一切社会活动的一个基本条件。随着社会经济的发展，经济结构从以物质与能源为重心转变为以信息为重心。信息化推动国民经济的发展，管理、科学技术计算和生产控制等方面大量应用信息技术，其中又以管理最为突出，管理方面应用信息技术已经发展成为专门的管理信息系统。信息的重要性越来越清晰地被人们认识到，它已逐渐成为人类赖以生存和发展的战略资源之一。

（一）信息

1. 信息的定义

"信息"一词有着很悠久的历史，早在两千多年前的西汉，即有"信"字的出现。作为日常用语，"信息"经常是指"音讯、消息"。信息是信息论中的一个术语，消息中有意义的内容称为信息。至今，信息还没有一个公认的定义。

信息系统中常用的信息定义为：信息是经过加工后的数据，它能对接收者的行为产生影响，它对接收者的决策具有价值。该定义明确了两点：①信息仍然属于数据的范畴，区别在于其是经过加工后的、有含义的；②信息具有价值，是有用的。

处理、传递和交流信息是一个组织管理信息的核心目标。为实现这个目标，组织在信息系统中运用了信息和通信技术。因此，信息的概念是设计信息系统的基础。

2. 信息与数据、知识的区别

（1）数据是描述现实世界事物的符号记录。现代计算机系统中的数据，包括数字、文字、符号、图形、声音、图像与影视等。数据经过处理之后仍然是数据，只有经过解释后才能成为信息，而信息则是数据的含义，它能更直接、明确地反映客观事物的本质，是对客观世界产生影响的数据，比如汽车行驶中里程表上的数据不一定成为信息，只有当司机看完后决定加速还是减速时才是信息。数据和信息是不可分割的两个术语，但它们又有一定的区别。

（2）知识是人对事物运动规律性的认识，是人类对长期社会实践经验的总结，也是人的大脑通过思维重新组合的、系统化的信息集合，更是人类智慧的结晶。知识是以某种方式把一个或多个信息关联在一起的信息结构，是客观世界规律性的总结。

总之，数据、信息和知识可以看作是对客观事物感知的三个不同阶段。数据是根据某种测度而给出的事实；信息是经过组织的有结构的数据，从而具有了意义；知识则更进一步，它能够预测，给出因果关系，并指导人们下一步怎么做。

3. 信息的基本特征

（1）客观性。客观性是信息的核心价值。不符合事实的信息不仅没有价值，而且其价值可能为负。由于人们在认知能力上存在差异，对于同一信息，不同的人可能会有不同的理解，而且由于传递过程中的失误，也可能产生伪信息。伪信息会造成社会信息污染，具有极大的危害性。所以，客观性是信息收集时最应当注意的性质。

（2）价值性。信息是经过加工并对生产经营活动产生影响的数据，是劳动创造的，是一种资源，因而是有价值的。例如，利用大型数据库查阅文献所付的费用就是信息价值的部分体现。信息的价值，随着时间的推移可能耗尽，必须及时转换。

（3）时效性。时效性是指信息源发送的信息被接收、加工、传递、利用的时间间隔及其效率。时间间隔越短、使用信息越及时、使用程度越高，则时效性越强。在市场瞬息万变、企业竞争日益激烈的今天，企业的生产经营活动和外部环境都是不断变化的，管理信息也会随着时间的推移而发生老化，失去它原有的价值。一般地说，随着时间的推移，大多数信息的价值越来越低，只有小部分信息的价值随时间的推移而增加。因而，收集、利用信息要及时，反之，依据过时的信息进行决策就不能适应环境的变化，会贻误工作。

（4）扩散性。信息的扩散是其本性，信息的浓度越高，信息源和接收者之间的梯度越大，信息的势态越高，信息的扩散力度越强。信息的扩散具有两面性：一方面有利于知识的传播，所以我们会有意识地通过各种手段加快信息的扩散；另一方面扩散可能造成信息的贬值，不利于保密，可能危害国家和企业利益，不利于保护信息所有者的积极性。因此，在推动信息有利扩散的同时，我们不但要利用各种人为的手段建立起信息壁垒，以阻止信息的不利扩散，还要制定相应的法律、法规和制度，以保护信息拥有者的权利和利益不受侵害。

（5）可压缩性。信息的可压缩性是指人们可依据各种特定的需要，对信息进行筛选、整理、概括和归纳，使其变得精练，并且保留信息的本质与内涵，不丧失其基本应用价值。人们可以把无用的、不重要的以及冗余的信息去掉，这样可以提高信息在传输、存储、加工、输出等过程中的效率，节省存储空间和费用。

（6）传输性。信息的传输性指可以通过多种渠道、采用多种方式向外传输信息。古代，人们用烽火台上的狼烟传递敌人入侵的信息。当下，通过电话、电报、电子邮件等进行国际国内通信，传输的形式有数字、文字、声音、图形和图像等。信息的传输既快捷又便宜，我们应当尽可能地用信息的传输代替物质的传输，利用信息流减少物流。

（7）共享性。信息的共享性表现为同一则信息可以为众人所利用，而信息的拥有者不会因将信息告诉别人而失去对这则信息的了解或记忆，这是信息区别于物质的一个显著特点。信息的共享性有利于使信息成为企业的一种资源，进而使企业提高效率，创造效益。严格地说，只有达到企业信息的共享，信息才能真正成为企业的资源，企业才能很好地利用信息执行计划与控制，从而有利于企业目标的实现。

（8）可加工性。信息可以通过一定的手段进行加工，如扩充、压缩、分解、综合、抽取、排序等。加工的方法和目的反映信息接收者获取和利用信息的特定要求。首先，信息从一种形态转换为另一种形态。例如，自然信息可转换为语言、文字和图像等形态，也可转换为电磁波信号和计算机代码。其次，信息可以加工提炼，人们对信息进行整理、归纳、去伪存真，从而获得更有价值的信息。例如天气预报的产生一般要经过多个环节：第一，要对大气进行探测，获得第一手大气资料；第二，进行一定范围内的探测资料交换、收集、汇总；第三，由专家对各种气象资料进行综合分析、计算、研究，进而得出结果。

（9）不完全性。从人类认识规律来看，关于客观事实的知识是不可能全部得到的；从效益观念来看，也没有必要全部得到。另外，不同的人由于感受能力、理解能力和目的性不同，从同一事物中获得的信息也不相同，即实得信息量是因人而异的。因此，人们面对的信息肯定是不完全的。面对浩如烟海的信息，必须坚持经济的原则，以够用为标准，合理地舍弃和选择信息。

（二）管理信息

企业管理中所应用的信息十分广泛，它已经与人、财、物等资源一样，成为企业的一种基本资源，它既包括企业内部的信息，也包括企业外部的信息。

1. 管理信息的定义

管理信息是组织在管理活动过程中采集到的、经过加工处理后对企业生产经营活动、管理决策产生影响的各种数据的总称。它是组织的一项重要的资源，其相关的信息资源与信息活动的管理，直接关系着组织的效率与效益。管理信息的表现形式有报告、报表、单据及进度图。此外，还有计划书、协议、标准及定额等，类似于报告的形式。

在企业管理中，管理信息被定义为：管理信息是对企业生产经营活动中收集的数据进行加工处理、给予分析解释、明确意义后，对企业经营管理活动产生影响的数据。管理信息都是专门为某种管理目的和管理活动服务的。

2. 管理信息的特征

（1）等级性。信息具有时效性和共享性，但是管理信息又是分级的，处在不同层级的管理者对同一事物所需要的信息不同。也就是说，同一单位不同层次的管理者对信息的需要存在明显差异，据此可将信息分为三个层次：战略级、战术级和作业级。不同层次的信息具有不同的特征，如表1-1所示。

表1-1　不同层次信息的特征

层次	来源	加工方法	使用频率	加工精度	保密要求	寿命
战略级	大多外部	灵活	低	低	高	长
战术级	内外都有	较灵活	中	中	中	中
作业级	大多内部	固定	高	高	低	短

（2）经济性。所谓信息的经济性就是信息同样存在着投入产出的问题，对信息的投入是必要的，但也要重视费用效益的分析，要求花费的成本尽可能少而获取的信息数量和价格量尽可能大，这就要求管理者既要重视对信息部门的经济投入，强调它们对于管理的重要性，健全信息管理组织和人员配备，又要注意信息的经济性和实用性。

（3）处理方法的多样性。信息处理的绝大部分工作是逻辑处理，方法比较简单，主要有检索、核对、分类、合并、总计、转录等，但随着企业管理水平的提高，必然要应用现代数学方法，采用一些比较复杂的优化模型，如网络优化模型、线性规划模型、系统仿真模型等。

3. 管理信息的分类

为了科学地管理和合理地使用信息，必须按不同的标准对管理信息进行科学的分类。

（1）按管理信息的来源可以将其分为内生信息和外生信息。①内生信息。这是指组织内部所产生的信息，它反映组织内部所拥有的资料状况、资料的利用水平和能力。②外生信息。外生信息来自组织外部，是对组织业务活动有影响的有关外部环境各因素的信息。

（2）按组织不同层次的要求可以将管理信息分为战略信息、战术信息和作业信息。①战略信息。这种信息与最高管理层有关，是与该组织在一定时期内的目标、战略和政策、规划、资料的分配有关的信息。这类信息主要来自组织的外部环境，诸如当前和未来的经济形势的分析预测资料，市场竞争对手情况，国家的政策、法律、法规颁布情况及变动。②战术信息。这是组织的中层管理部门为了实现组织的经营目标而对生产经营活动各环节进行监督、控制所应有的信息。战术信息来自组织内外部，要求比较详细具体。③作业信息。这种信息与组织的日常业务活动有关，大多反映企业生产经营的日常业务活动，用以保证基层管理部门切实地完成具体作业。这类信息主要来自组织内部，要求明确、具体、详细。基层主管人员是该类信息的主要使用者。

（3）按产生时间的不同可以将管理信息分为历史性信息、实时性信息和预测性信息。①历史性信息。这是指在过去就已经发生的信息。这类信息一般已被使用过，但是对于主管人员具有历史借鉴和启发的意义，因而仍具有利用价值，仍需将其以资料文档的形式予以保存。②实时性信息。这是指反映组织当前活动情况及外部环境特征的信息。该类信息的时效性很强，往往是企业信息工作的重点，对于指导和控制组织正在进行的活动具有非常重要的作用。③预测性信息。这是指在掌握和利用以上两种信息的基础上，通过运用科学的预测方法或主管人员的经验判断对组织的未来进行预先描述所得到的信息。这类信息对于高层主管人员及时决策、尽早做出相应的准备措施有重大意义。

（4）按管理信息的稳定性可以将管理信息分为固定信息和流动信息。①固定信息。这是具有相对稳定性的信息，在一段时间内可以在各项管理任务中重复使用，不会发生质的变化。以企业为例，固定信息主要包括定额标准信息、计划合同信息和查询信息。②流动信息。又称为作业统计信息，它是由组织的营运活动所产生的，是反映生产经营活动实际进程和状况的信息，并且随着生产经营活动的进展而不断变化。例如，企业的库存量、产品的生产进度、企业的设备损耗情况等。由于该类信息不断变化，因而其时效性非常重要，及时收集这一类信息，并与计划进行比较分析，是评价企业生产经营活动，揭示和克服薄弱环节的重要手段。

三、系统

（一）系统

1. 系统的概念

系统是客观世界中的一种普遍现象，基于不同的环境和场合，人们对系统的理解会有所不同，国际标准化组织对系统的定义是：能完成一组特定功能的由人、机器及各种方法构成的有机集合体。系统论的奠基人贝塔朗菲将系统解释为相互作用的诸要素的综合体。

系统是一组相互关联、相互作用、相互配合的部件为完成特定的目标、按一定的结构组成的总体。我们在这里所说的系统不指自然系统，而是指人为系统，即有人参与、有目的、有组织的系统，比如工业企业由人、设备和各种规章制度构成了一个系统。

2. 构成系统的条件

要构成一个系统，必须具备三个条件：

（1）有两个以上的组成成分。

（2）组成成分之间要相互联系、相互作用。

（3）组成成分之间的联系与作用必须产生整体功能。

（二）信息系统

1. 信息系统的概念

信息系统就是一个以加工处理信息为主的人造系统，由人、硬件、软件和数据资源组成，目的是及时、正确地收集、处理、存储、传输和提供信息，实现组织中各项活动的管理和调节。信息系统有广义和狭义之分。广义上讲，任何进行信息加工处理的系统都可视为信息系统，如生命信息系统、企业信息系统、文献信息系统、地理信息系统等。狭义上看，指基于计算机、通信技术等现代化信息技术手段且服务于管理领域的信息系统，即计算机信息管理系统。当代的信息系统是由于计算机的出现而产生的。

2. 信息系统的功能

计算机的诞生改变了人们的传统观念，促使人们进一步研究信息处理、信息系统、信息资源充分利用的规律性。信息系统的定义概括了信息系统的基本功能。

（1）数据的采集功能。数据采集就是把分布在各部门、各处、各点的有关信息收集起来。数据采集过程中，首先需要解决的问题就是采集具有哪些属性的数据作为有用的数据；其次，需要确定数据采集的范围，太大或太小的范围都会给采集工作带来困难；最后，还要保证数据的质量，采集的数据须用某种方法进行认真的检验。

（2）处理功能。处理功能是将数据加工转换为有用的信息。信息系统的数据处理功能主要基于数据仓库技术的联机分析处理（OLAP）和数据挖掘（DM）技术。

（3）存储功能。存储功能指的是系统存储各种信息资料和数据的能力。由于数据的采集和传输都需要时间，这就使得数据处理工作表现为一个持续的过程。另外，在加工的过程中不仅要用到当前的数据，也要用到过去一段时间得到的数据。此外，处理加工数据后得到的信息也需要保存，所以必须采用一定的方法来保存有关的数据和信息。

（4）管理功能。管理功能指的是对构成系统的各种信息处理设备进行控制和管理。要对信息加工、处理、传输、输出等环节的数据进行统一管理，制定多项必要的规章制度。

（5）检索功能。存储在各种介质上的庞大数据要让使用者便于查询，即查询方法简便，易于掌握，响应速度满足用户要求。

（6）传输功能。因为数据处理工作的各个环节并不一定是在同一个地点进行，所以数据需要被传输到指定的地方。传输是数据处理工作不可缺少的环节。

3. 信息系统与管理

管理需要信息，有效的管理要求对与组织活动及其环境状况有关的信息进行全面的收集、正确的处理和及时的利用，因而管理需要信息系统的支持。

随着科学技术的发展，生产社会化程度不断提高，企业组织规模进一步扩大，管理变得越来越复杂，需要的信息量大，时间性强。现代管理方法的运用，需要数学模型的支持，涉及大量的计算工作。很显然，传统的手工系统已无法应付现代管理对信息的需要，基于计算机的信息系统由于具有处理速度快、存储量大等特点正发挥着越来越大的作用。信息系统的完善程度已成为衡量现代企业管理水平的一个重要标志。

从广义的角度来看，管理信息系统是一种集业务数据处理、管理和决策为一体的立足整个企业管理的信息系统，集作业级、战术级、战略级信息系统的功能于一体，能够辅助企业低、中、高层管理的作业级、战术级和战略级的活动。

第二节　管理信息系统

一、管理信息系统的概念

20 世纪 50 年代，西蒙提出了管理依赖于信息和决策的概念。50 年代后期，人们开始尝试用计算机为各种管理功能提供信息服务（如将计算机用于会计工作），"管理信息系统"（Management Information System，MIS）的概念随之问世。1961 年，J. D. Gallagher 提出了以计算机为主题、信息处理为中心的系统化了的综合性管理信息系统的设想，第一次提出了"管理信息系统"这个词。1970 年，瓦尔特·肯尼万从经营管理者的立场出发给它下了定义："以书面或口头的形式，在合适的时间向经理、职员以及外界人员提供过去的、现在的、预测未来的有关企业内部及其环境的信息，以帮助他们进行决策。"

随着人们对管理信息系统认知的逐步加深，对管理信息系统的定义也逐渐发展和成熟，管理信息系统的定义有很多种，研究者们从各自的角度出发给出了不同的定义。

（1）1985 年，MIS 的创始人——明尼苏达大学卡尔森管理学院的著名教授高登·戴维斯给出了一个较完整的定义：它是一个利用计算机硬件和软件，手工作业，分析、计划、控制和决策模型，以及数据库的用户—机器系统。它能提供信息支持企业或组织的运行、管理和决策功能。这个定义全面地说明了 MIS 的目标、功能和组成，反映了 MIS 当时已达到的水平，说明了 MIS 在高、中、低三个层次上支持管理活动。

（2）"管理信息系统"一词在我国出现于 20 世纪 70 年代末 80 年代初，在《中国企业管理百科全书》中，"管理信息系统"是"一个由人、计算机等组成的能进行信息的收集、传递、储存、加工、维护和使用的系统"。管理信息系统能实测企业的各种运行情况，利用过去的数据预测未来，从企业全局出发辅助企业进行决策，利用信息控制企业的行为，帮助企业实现其规划目标。这个定义强调了 MIS 的功能和性质，强调了计算机只是 MIS 的一种工具，MIS 不仅是一个技术系统，而且也是一个把人包括在内的人机系统，是一个社会系统。

（3）管理信息系统是一个具有高度复杂性、多元性和综合性的人机系统，它全面使用现代计算机技术、网络通信技术、数据库技术以及管理科学、运筹学、统计学、模型论和各种最新技术，为经营管理和决策服务。

（4）20世纪90年代后，支持管理信息系统的一些环境和技术有了很大的变化，因而对于管理信息系统定义的描述也有了一些变化。一些学者试图以别的名词和内容代替管理信息系统（如决策支持系统、信息技术和信息管理），但没有成功。没有管理信息系统提供足够的信息支持，决策支持系统难以发挥作用。

综上，管理信息系统的定义可以这样描述：一个以人为主导，利用计算机硬件、软件、网络通信设备以及其他办公设备进行信息的收集、传输、加工、存储、更新和维护，以获取企业战略竞争优势、提高效益和效率为目的，支持企业高层决策、中层控制、基层运作的集成化人机系统。

这个定义也正说明了管理信息系统不仅是一个技术系统，而且也是把人包括在内的人机系统，所以它也是一个管理系统，是个社会系统。

二、管理信息系统的演化

信息系统和信息处理在人类文明开始时就已存在，但直到电子计算机问世后，随着信息技术的飞跃和现代社会对信息需求的迅速增长，它们才迅速发展起来。自电子计算机问世以来，信息系统经历了由单机到网络，由低级到高级，由事务处理系统到管理信息系统，再到决策支持系统，由数据处理到智能处理的过程。我们可以把管理信息系统的发展分为以下三个阶段：

（一）事务处理系统阶段

1954年，美国通用电气公司开始应用计算机处理商业数据，这标志着最原始的事务处理系统（EDPS）的诞生。事务处理系统是操作层的系统，是一个处理组织内部事务的系统。它收集组织日常工作的数据，对数据进行加工，或者对数据进行各种转换，增加数据的可应用性。例如会计数据处理系统，采集企业财务活动的数据，将数据加工、转换成信息，使企业其他信息子系统能使用这些信息。它支持企业业务中例行的、常规性的事务和业务活动。

从发展阶段来看，事务处理可分为单项数据处理和综合数据处理两个阶段。

1. 单项数据处理阶段（20世纪50年代中期到60年代中期）

这是事务处理的初级阶段，主要是用计算机部分地代替手工劳动，进行一些简单的单项数据处理工作，如计算工资、管理库存、编制报表等。这个时期公用的数据库技术还没有出现，所以计算机的处理对象都是相应的具有单一内容的文件。事务处理系统的重点在于数据、数据流的存储和处理。人们主要关心的是如何提高数据处理的效率、统一信息的格式、减轻各种统计工作强度、降低费用成本等问题。

2. 综合数据处理阶段（20世纪60年代到70年代初期）

这一时期的计算机技术有了很大发展，出现了大容量直接存取的外存储器。此外，一台计算机能够带动若干终端，可以对多个过程的业务数据进行综合处理。这时各类信息报告系统应运而生。

（1）生产状态报告系统。该系统的代表是IBM公司的公用制造信息系统。它的生产组织方式是各厂生产规定的部件，约好同时送达用户，在用户处组装。这种方式，生产、装配和安装十分复杂。为了保证其正常进行，在原有管理系统上增加人、设备几乎都无效，所以需要一个以计算机为基础的状态报告系统。生产一台计算机要6~12个月，状态报告系统在此期间监视每一部件的生产进展。IBM公司在1964年建立了先进管理系统，它能开展450个业务，如订货登记、制订送货计划等。1968年IBM公司又建立了公用制造信息系统，运行很成功。

（2）服务状态报告系统。该系统用于监视存货行情，不仅反映存货的数量，而且有时间变量，保存有最近的"指标/要价"数据。医院、酒店、宾馆等服务性部门往往广泛地应用服务状态报告系统监视设备、场地和人员情况，以便于统一计划安排工作。例如，美国Share航空预订票系统可掌握1008个预约点、76000个座位和27000个飞行记录。

（3）研究状态报告系统。该系统旨在帮助企业家和科学家掌握未来，它的主要资料来自于技术理论文章和科学报告。例如，美国联邦政府各行政部门及独立行政机构均建立了一些信息系统以提供资料服务。1972年就有了35个系统，包括农业部、商业部、国防部、航空航天局等。1973年政府完成了30万份研究报告的自动化管理系统。它可以通过国家信息服务系统及时有效地提供服务。

（二）管理信息系统阶段

20世纪70年代初，随着数据库技术、网络技术和科学管理方法的发展，计算机在管理上的应用日益广泛，管理信息系统逐渐成熟起来。

管理信息系统是一种向组织的管理者提供定期和预定报告的系统，这些报告汇总了数据库中的信息，可以帮助管理者了解组织运营状况以便进行高效的控制。它的目的是向管理者提供信息，为公司的运作提供支持。

MIS 所提供的信息处理功能包括通过分析性地处理创建信息并将信息传递给任何需要它的人。MIS 也常被称为管理警报系统，因为它"警告"人们问题或机遇的存在（或潜在）。这正是 MIS 与其他支持管理工作的系统之间的重要区别。MIS 的主要目标是概括发生的事情并把人们引向存在的问题和机遇。由 MIS 产生的报告很少告诉人们存在问题和机遇的原因，也很少提供解决方案。

在一些案例中，MIS 报告能够帮助人们决定何时、何地采取行动。例如，你负责产品库存，并收到一份显示哪些产品库存已降低到需补充程度的日报表，那么你将采取订购更多产品的行动，以保证不缺货。报告中无须写明为什么存货减少了，但你知道了将采取什么行动。通常，这类问题是结构化的，无需更多的分析。

（三）决策支持系统阶段

20 世纪 70 年代，西方管理信息系统的发展遇到了很大的挫折。人们发现，耗费大量投资建立起来的计算机系统并没有像人们所期望的那样，提高企业管理工作的效率，给企业带来可观的收益。为此，国际上展开了 MIS 失败原因的讨论，人们认为，早期 MIS 的失败并非由于系统不能提供信息。实际上，MIS 能够提供大量报告，但经理很少去看，大部分被丢进废纸堆，原因是这些信息并非经理决策所需。当时，美国的 Michael S. Scott Marton 在《管理决策系统》一书中首次提出了"决策支持系统"（Decision Support Systems，DSS）这一概念。

决策支持系统不同于传统的管理信息系统，MIS 主要为管理者提供预定的报告，而 DSS 则是在人和计算机交互的过程中帮助决策者探索可能的方案，为管理者提供决策所需的信息。

综上所述，EDPS、MIS 和 DSS 各自代表了信息系统发展过程中的某一阶段，但至今它们仍各自不断地发展着，而且是相互交叉的关系。EDPS 是面向业务的信息系统，MIS 是面向管理的信息系统，DSS 则是面向决策的信息系统。DSS 在组织中可以是一个独立的系统，也可以作为 MIS 的一个高层子系统而存在。

管理信息系统是一个不断发展的概念。20 世纪 90 年代以来，决策支持系统与人工智能、计算机网络技术等结合，形成了智能决策支持系统（Intelligent Decision Support Systems，IDSS）和群体决策支持系统（Group Decision Support Systems，GDSS）。事务处理系统、管理信息系统和办公自动化技术在商贸中的应用已发展成为电子商贸系统（Electronic Business Processing System，EBPS）。这种系统以通信网络上的电子数据交换（Electronic Data Interchange，EDI）标准为基础，实现了集订货、发货、运输、报关、保险、商检和银行结算为一体的商贸业务，大大方便了商贸业务和进出口贸易。此外还出现了不少新的概念，如总裁信息系统、战略信息系统、计算机集成制造系统和其他基于知识的信息系统等。

第三节　管理信息系统的分类

管理信息系统是一个广泛的概念，至今尚无统一的分类方法。为了加深对管理信息系统的理解，我们从以下四个方面进行分类。

一、按系统所使用的技术分类

（1）手工系统。最简单，也最原始。系统中的所有信息处理工作全部由人工完成，不仅工作量大、效率低下，而且难以保证准确率。

（2）机械系统。对手工系统做出了改进，由一些机械装置（如打字机、收款机、自动记账机等）来代替手工进行信息处理工作。机械装置的使用加快了数据处理的速度，使系统的工作效率得到了提高。

（3）电子系统。计算机成为主要的信息处理工具。电子计算机具有极高的运算速度、海量的存储能力以及准确的计算和逻辑判断能力，极大地提高了工作效率和工作质量，能够快速而又准确地为各级管理人员提供决策所需要的信息，产生巨大的经济效益和社会效益。

二、按信息处理方式分类

（1）脱机系统。它的处理方式是按照一定的时间间隔，将收集到的数据成批送入中央处理机进行处理，是最简单的一种系统。因此，这类系统的工作效率比较高，但是由于在数据处理之前，有数据收集的时延，故系统中的数据不一定是最新的。系统对设备要求不高，普通的计算机即可。

（2）联机系统。联机系统是由一台中央计算机连接大量的地理位置分散的终端而构成的计算机系统。输入数据可以从数据源直接输入计算机进行处理，输出数据即处理结果又可直接传送给用户。使用联机系统，从源记录到最后处理之间无须人员介入而只由计算机进行操作。

（3）实时系统。与联机系统相似，它们进行信息处理时共同的特点是把各个终端和中央处理机相连接，一旦外界产生了一个新的数据，马上将其输入终端，交由中央处理机进行处理，减少了数据收集所带来的时延。这样，系统中的信息始终保持在最新状态，系统时刻准备接受外界的数据。这类系统的实时性强，然而对设备的要求较高，设计和建立过程都比较复杂。

三、按信息服务对象分类

（1）宏观信息系统。宏观信息系统就是我们通常说的经济信息系统，主要服务于国家宏观管理部门，是一种综合性的信息系统。宏观信息系统收集、分析和处理与宏观经济活动有关的各种经济信息，为国家管理和调控宏观经济以及制定经济政策等活动提供信息依据和处理手段。它纵向联系各省份、各地市、各县乃至重点企业的经济信息系统，横向联系外贸、能源、交通等各行业信息系统，形成一个纵横交错、覆盖全国的综合经济信息系统。

（2）微观信息系统。微观信息系统主要是指企业管理信息系统。企业管理信息系统面向工厂、企业，如制造业企业、商业企业、建筑企业等，主要进行管理信息的加工处理。大型企业的管理信息系统的功能都很强大，与"人、财、物""产、供、销"以及质量、技术有关的信息应有尽有，其技术要求很复杂，如运用各种数学模型等。因此，人们通常以企业管理信息系统为代表来研究管理信息系统。常见的企业管理信息系统有物料需求计划系统、制造资源规划系统、计算机集成制造系统、企业资源规划系统、决策支持系统、群体决策支持系统、专家系统、智能决策支持系统、总裁信息系统等。

微观信息系统在为决策提供辅助支持时，需要收集外部信息，这些信息往往源于宏观信息系统的输出，而宏观信息系统的原始输入数据常常是由多个微观信息系统的输出组成的。所以，这两类信息系统既相对独立，又相互联系。

四、按系统实现的功能分类

组织职能的不断扩充，要求新的管理信息系统为其提供相应的信息服务。在这种情况下，系统的功能也被细分，出现了许多专门的管理信息系统。

（1）数据统计系统。根据数据之间的相关性，将统计数据分为相关组和不相关组，然后对其进行处理，处理过程一般不考虑数据内部的性质。统计处理并没有将数据转化为有用的信息，产生的结果既不能用于控制也不能用于预测，因此数据统计系统是一种比较低级的管理信息系统。

（2）数据更新系统。主要功能是根据外界情况的变化，对系统中的数据进行更新。在现实生活中，许多企业在日常运营中要接触到大量数据，并且根据业务的需要必须随时对数据做出修改。例如，一个航空公司的订票系统，要记录该公司每一条航线上的每一航班的座位订购情况。一旦座位被预订或是顾客取消了预订，系统都要及时更新数据库中的数据，以便顾客能够随时查询某一航线的航班还有没有空座位。这样的系统就是一个简单的数据更新系统，它的日处理数据流量是数十万计的，操作也非常复杂。但是数据更新系统不能进行预测和控制，也无法改变系统的行为，就好比前面提到的订票系统无法告诉航空公司以目前的售票速度何时能将票售完。因此，数据更新系统也属于低级的管理信息系统。

（3）数据处理系统。当前，企业管理的日常事务活动中有80%以上涉及数据处理。随着企业生产规模的扩大和生产技术的发展，各种分工越来越细，企业所面对的数据种类和数量也越来越多，因此数据处理系统已成为支持企业日常运行的主要系统。主要类型有：

1）生产系统。具有调度、采购、运输/接收、工程运行等功能，包括材料资源计划、采购订单控制、工程计划控制等子系统。

2）销售系统。具有销售管理、市场研究、供销计划、新产品定价等功能，包括销售定货、市场研究、定价报价等子系统。

3）财务系统。具有编制预算、总账管理、支票管理、成本会计等功能，包括总账、应收/应付账款、财务预算、基金管理等子系统。

4）人事系统。具有档案管理、业绩评价、报酬计算、劳动关系管理、培训等功能，包括人事管理、招聘、培训、薪酬、绩效等子系统。

（4）办公自动化系统。当前，人们的办公方式由以体力为主转向以脑力为主。在这一全新环境下，脑力工作者需要一种新的工具来支持他们的工作。办公自动化系统就是为这种需要而开发的，使用办公自动化系统可以提高工作效率和办公质量，对提升服务水平具有重要意义。同时，办公自动化系统的广泛运用也为办公活动的组织机构、办公制度及办公环境的变革带来了可能，使其更能适应未来信息社会的需要。办公自动化系统的典型功能包括文字处理、语音处理与图形图像处理等。

除了上述四种系统外，管理信息系统还包括状态报告系统和决策支持系统，这两种类型的系统在本章的前述内容中有较详细的说明，此处不再赘述。

第四节　管理信息系统的结构

对管理信息系统结构的描述尚无统一的模式。管理信息系统是组织信息系统的核心，它并不与组织的其他信息系统相分离，而是贯穿于组织管理的全过程，同时又覆盖了管理业务的各个层面，其结构是一个包含各种子系统的广泛结构。本节将从各个角度对管理信息系统的结构加以阐述。

一、管理信息系统的基本模式

管理信息系统是一个人—机系统，它的基本模式如图 1-1 所示。

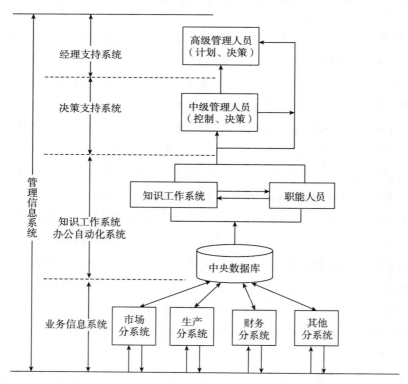

图 1-1　管理信息系统的基本模式

在管理信息系统的基本模式中，机器包含计算机硬件和软件以及各种办公机械和通信设备；人员包括高级管理人员、中级管理人员和基层业务人员。管理信息系统是由这些人和机器组成的一个和谐的人—机系统。具有集中统一规划的数据库是管理信息系统成熟的重要标志。管理信息系统有功能完善的数据库管理系统，管理着数据的组织、输入、存取，使数据为多种用户服务。中央数据库的数据信息来源于并服务于各种业务信息系统。

二、管理信息系统的概念结构

管理信息系统的总体概念结构主要由四大部分组成，如图 1-2 所示。其中数据源（数据的来源）既是 MIS 的基础，也是 MIS 处理的对象；信息处理器的任务是对数据进行收集、存储、加工、传输和维护；信息用户是 MIS 的服务对象，其应用信息进行决策；信息管理者负责信息系统的设计、实施、运行与维护。

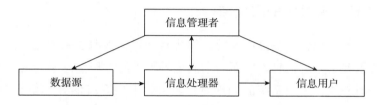

图 1-2　管理信息系统的总体概念结构

按照总体概念结构四大部件之间的联系可将管理信息系统的结构分为开环结构和闭环结构。开环结构又称为无反馈结构，系统在执行决策的过程中不收集外部信息，并且不根据信息情况改变决策，直至产生本次决策的结果，而且事后的评价只供以后的决策作参考（见图 1-3）。一般来说，计算机的批处理系统均属于开环系统。

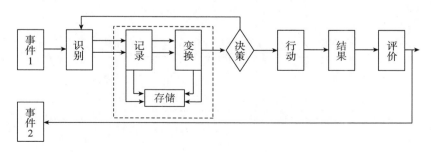

图 1-3　MIS 开环结构

闭环结构是在决策过程中不断收集信息、不断送给决策者、不断调整决策。事实上最后执行的决策已不是最初设想的决策（见图1-4）。一般来说，计算机的实时处理系统均属于闭环系统。

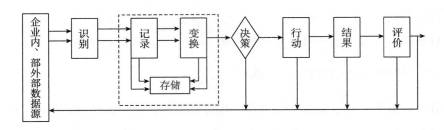

图1-4　MIS 闭环结构

三、管理信息系统的层次结构

由于一般的组织管理是分层次的，如战略计划、管理控制和运行控制，不同的管理层次需要不同的信息，因而为它们提供服务的管理信息系统也可相应地进行区分。一般来说，下层系统的处理量比较大，上层系统的处理量相对小一些，所以就形成了一个金字塔型的结构。为不同管理层次所设计的管理信息系统在数据来源和所提供的信息方面都是完全不同的（见图1-5）。

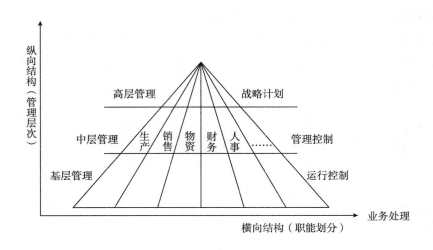

图1-5　管理信息系统的金字塔结构

这种层次结构的管理信息系统是一种具有相对独立性并与管理职能结构相平行的信息系统结构，它有助于克服大企业中上层管理机构各个职能部门之间信息重复和迂回传递的现象。

四、管理信息系统的功能结构

管理信息系统的结构也可以按照功能加以描述。系统所涉及的各职能部门都有着自己的特殊信息需求，需要设计相应的功能子系统，以支持其管理决策活动，同时各职能部门之间存在着各种信息联系，从而使各个功能子系统构成一个有机结合的整体，管理信息系统正是完成信息处理的各功能子系统的综合系统。管理信息系统的功能结构如图1-6所示，主要包括市场销售、生产管理、物资供应、人力资源、财务会计、信息处理等。具体来说，各功能子系统主要涉及以下内容：

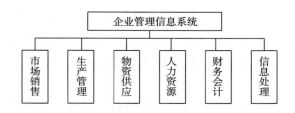

图1-6　管理信息系统的功能结构

（1）市场销售子系统。它包括销售和推销的全部管理活动。在运行控制方面包括雇用和训练销售人员、销售和推销的日常调度，以及销售数量的定期分析等。在管理控制方面包含总的成果和市场计划的比较。在战略计划方面包含新市场的开发和新市场的战略，它使用的信息包含顾客分析、竞争者分析、顾客评价、收入预测、人口预测和技术预测等。

（2）生产管理子系统。它包括产品设计、生产设备计划、生产设备的调度和运行、生产人员的录用与培训、质量控制和检验等。运行控制要求把实际进度与计划相比较，发现瓶颈环节。管理控制要求进行总进度、单位成本和单位工时消耗的计划比较。战略计划主要包括对改进工艺的各种方案进行评价，选定最优的加工方法和自动化方法。

（3）物资供应子系统。它包括采购、收货、库存控制和分发等。典型的业务包括采购的征收、采购订货、制造订货、收货报告、脱库项目、超库项目、营业额报告、供应商性能总结、运输单位性能分析等。管理控制包括每一项后勤工作的实际情况与计划的比较,如库存水平、采购成本、出库项目和库存营业额等。战略计划包括对供应商的新政策、新分配方案等。

（4）人力资源子系统。它包括招聘、培训、绩效考核和薪资等。其典型的业务有招聘条件的说明、工作岗位责任说明、培训说明、人员档案处理、工资变化、工作小时和离职说明等。运行控制关心的是雇用、培训、终止、变化工资率、产生效果。管理控制主要进行实情与计划的比较,包括招聘数、招聘费用、培训费用、支付工资、工资率的分配情况。战略计划包括对招聘、工资、培训、福利以及留用人员的战略和方案的评价分析。

（5）财务会计子系统。财务和会计有不同的目标,财务的目标是保证企业的财务要求,并使其花费尽可能地低。会计则是把财务业务分类、总结,填入标准财务报告,准备预算、成本数据的分析与分类等。运行控制关心每天的差错和异常情况报告、延迟处理的报告和未处理业务的报告等。管理控制包括预算和成本数据的分析比较,如财务资源的实际成本、处理会计数据的成本和差错率等。战略计划关心的是财务保证的长期计划、减少税收影响的长期计划等。

（6）信息处理子系统。该系统的作用是保证企业的信息需要。典型的任务是处理请求、收集数据、改变数据和程序的请求、报告硬件和软件的故障以及规划建议等。运行控制关心的内容包括日常任务调度、差错率、设备故障,对于新项目的开发还应当包括程序员的进展和调试时间。管理控制关心计划和实际情况的比较,如设备成本、全体程序员的水平、新项目的进度和计划的对比等。战略计划关心的是功能的组织是分散还是集中、信息系统的总体计划、硬件与软件的总体结构。

五、管理信息系统的软件结构

管理信息系统的软件结构是由支持 MIS 各种功能的软件系统或软件模块所组成的系统结构,如图 1-7 所示,其中,每一列代表一种管理功能,每一行表示一个管理层次。这种功能没有标准的分法,因组织不同而异。每个管理子系统又是由支持战略计划、管理控制、运行控制及业务处理的模块所组成的。各子系统既有自己的专用数据文件,同时又作为整个 MIS 的一部分共享为全系统服务的公用数据文件、公用模型库及数据库管理系统等。

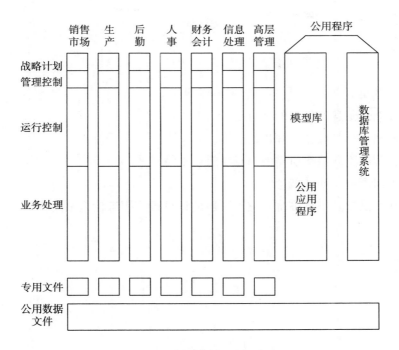

图1-7 管理信息系统的软件结构

本 章 小 结

本章主要介绍了管理信息系统及其相关的概念。首先，说明了与管理信息系统相关的三个概念——管理、信息和系统。其次，对管理信息系统的基本概念进行了介绍。再次，基于不同的划分标准，介绍了管理信息系统的分类。最后，解释了管理信息系统的各种结构模型。

习 题

1. 什么是管理？

2. 什么是信息？信息的特点是什么？

3. 简述信息与数据、知识的区别。

4. 管理的不同层次所需的信息各有什么特点？

5. 如何理解系统的概念？

6. 什么是管理信息系统？它和一般的计算机应用有什么不同？

第二章　管理信息系统的技术基础

管理信息系统是一个由人和计算机组成的系统，同时也是基于网络的系统，管理信息系统的技术基础主要包括计算机系统、网络技术和数据库技术三个方面的内容。

第一节　计算机系统

计算机是一种用于高速计算的电子计算机器，可以进行数值计算，也可以进行逻辑计算，还具有存储记忆功能。计算机能够按照事先存储的程序，自动、高速地进行大量数值计算和各种信息处理，是一种智能电子设备。

计算机是运行现代管理信息系统重要的技术手段。自世界上第一台计算机诞生后，计算机以其处理速度快、运算精度高、有记忆和逻辑判断能力、数据传输速度快等特点广泛应用于商业中的数据处理、科学技术中的数值计算和工业中的过程控制等领域，已成为人类生活不可缺少的智能工具。

一、计算机系统的组成

计算机系统包括计算机硬件和计算机软件两部分（见图2-1）。计算机硬件是机器的可见部分，是计算机系统工作的基础，计算机软件帮助用户使用硬件以完成数据的输入、处理、输出及存储等活动。

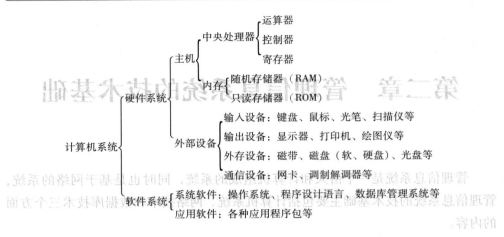

图 2-1　计算机系统的组成

二、计算机硬件的基本组成

计算机硬件是指组成一台计算机的各种物理装置，是计算机进行工作的物质基础。计算机的硬件一般由五大部件组成，即运算器、控制器、存储器、输入设备和输出设备（见图 2-2）。

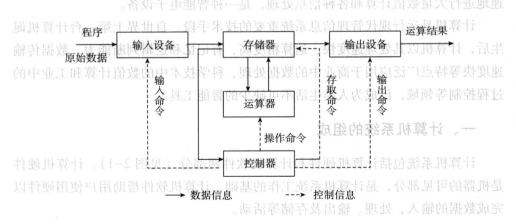

图 2-2　冯·诺依曼结构计算机

1. 运算器

运算器是计算机对数据进行加工处理的部件。由算术逻辑单元 ALU（Arithmetic Logic Unit)、寄存器和一些控制门电路等组成。算术逻辑单元通过算术运算（主要指加、减、乘、除算术运算）或逻辑运算（主要指与、或、非逻辑运算及逻辑判断）来进行运算。寄存器用来提供参与运算的操作数，并存放运算的结果。哪些数参与运算由输入控制门的条件决定。

2. 控制器

控制器是计算机的核心部件，负责控制计算机各部件协调工作。其基本功能是指示程序执行过程，即决定在什么时间根据什么条件做什么事情。首先控制器按程序计数器指出的指令地址从内存中取出指令进行分析，然后根据该指令功能向有关部件发出执行命令，从而使整台计算机有条不紊地高速完成任务。

在微型计算机系统中，运算器和控制器合称为中央处理器（CPU），各部分之间采用总线方式连接。中央处理器的运算速度是决定计算机性能的重要指标，微型计算机的 CPU 每秒钟能够执行上千万条指令；中型计算机的 CPU 每秒钟能够执行上亿条指令。近十几年来，由于微电子技术的飞速发展，以大规模集成电路为基础的功能芯片的性能日益提高，CPU 已经能够集成在单片集成电路芯片上形成微处理器芯片，其发展和更新速度不断加快。

3. 存储器

存储器具有记忆功能，用来保存数据、程序和运算结果。存储器分为两大类：内存储器和外存储器。内存储器又称为主存储器，简称内存，它直接与 CPU 相连，与 CPU 直接交换信息，是计算机中的工作存储器。外存储器也称辅助存储器，简称"外存"，它不直接和 CPU 连接，用于存放大量暂时不用的程序和数据。磁带、磁盘、光盘是用户所熟悉的外存。

4. 输入设备

输入设备是从计算机外部向计算机内部传送信息的装置。其功能是将数据信息以计算机可以接受的形式输入计算机。用户用输入设备指挥计算机，把程序、数据等用户的意图输入计算机。常用的输入设备包括键盘、鼠标、扫描仪、光笔、条形码阅读器、数码相机等。

5. 输出设备

输出设备是计算机用户所使用的将计算机的处理结果传送到计算机外部的装置。其功能是将计算机内部二进制形式的数据信息转化成人们所需要的或其他设备能够识别的信息形式。常用的输出设备有显示器、打印机、绘图仪等。

三、计算机软件结构

计算机软件是支持计算机运行的各种程序，以及开发、使用和维护这些程序的各种技术文档的总称。计算机软件系统由系统软件和应用软件组成（见图2-3）。

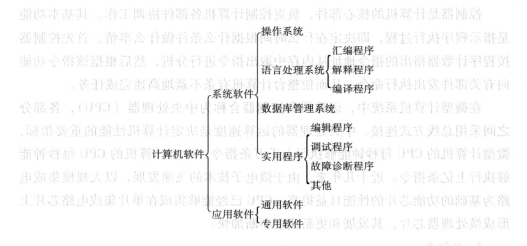

图 2-3　计算机软件的分类

1. 系统软件

系统软件是指对整个计算机系统进行管理、调度、监控和维护的软件，是为其他程序提供服务的程序集合。其主要功能是：简化计算机操作、充分发挥硬件性能、支持应用软件的运行并提供服务。一般可分为四类：操作系统、语言处理系统、数据库管理系统和实用程序。

2. 应用软件

应用软件是直接面向用户、为用户服务、为解决各类应用问题而编写的程序。它以操作系统为基础，用程序设计语言编写，或用数据库管理信息构造，用于满足用户的各种具体需求。应用软件可以由用户自己开发，也可以在市场上购买。应用软件包括通用软件和专用软件两类。

第二节　计算机网络技术基础

计算机网络是管理信息系统的基础。由于企业或组织中的信息处理都是分布式的，通过网络把分布在不同位置的信息综合起来，因此计算机网络技术是管理信息系统的基本技术。

一、计算机网络的概念

（一）计算机网络的概念

"网络"主要包含连接对象（即元件）、连接介质、连接控制机制（如约定、协议、软件）以及连接方式与结构四个方面。计算机网络连接的对象是各种类型的计算机（如大型计算机、工作站、微型计算机等）或其他数据终端设备（如各种计算机外部设备、终端服务器等）。计算机网络的连接介质是通信线路（如光纤、同轴电缆、双绞线、地面微波、卫星等）和通信设备（网关、网桥、路由器、Modem 等），其控制机制是各层的网络协议和各类网络软件。

计算机网络是利用通信线路和通信设备，把地理上分散的、具有独立功能的多个计算机系统互相连接起来，按照网络协议进行数据通信，用功能完善的网络软件实现资源共享的计算机系统的集合。它以实现远程通信和资源共享为目的。

（二）计算机网络的基本组成部分

计算机网络是一个非常复杂的系统，其包括如下四个基本组成部分。

1. 计算机系统

计算机系统是计算机网络的第一个要素，是计算机网络的重要组成部分，也是不可缺少的硬件元素。计算机网络连接的计算机可以是巨型机、大型机、小型机、工作站或微机，以及笔记本电脑或其他数据终端设备（如终端服务器）。

2. 通信线路和通信设备

计算机网络的硬件部分还包括用于连接这些计算机的通信线路和通信设备，即数据通信系统。它们是连接计算机系统的桥梁，在计算机之间建立物理通道，以传输数据。通信线路分为有线通信线路和无线通信线路。有线通信线路指的是传输介质及其介质连接部件，包括光纤、同轴电缆、双绞线等；无线通信线路是指将无线电、微波、红外线和激光等作为通信线路。通信设备指网络连接设备、网络互联设备，包括网卡、集线器（Hub）、中继器（Repeater）、交换机（Switch）、网桥（Bridge）、路由器（Router）以及调制解调器（Modem）等。它们负责控制数据的发出、传送、接收或转发，包括信号转换、路径选择、编码与解码、差错校验、通信控制管理等，以完成信息交换。

3. 网络协议

协议是指通信双方必须共同遵守的约定和通信规则，如 TCP/IP 协议、Net-BEUI 协议、IPX/SPX 协议。它是通信双方关于通信如何进行所达成的协议。例如，用什么样的格式表达、组织和传输数据，如何校验和纠正信息传输中的错误，以及传输信息的时序组织与控制机制等。现代网络都是层次结构，协议规定了分层原则、层次间的关系、执行信息传递过程的方向、分解与重组等约定。在网络上通信的双方必须遵守相同的协议，只有这样才能正确地交流信息，就像人们谈话要用同一种语言一样，否则彼此将无法理解、无法交流。因此，协议在计算机网络中是至关重要的。

4. 网络软件

网络软件根据功能可分为网络系统软件和网络应用软件两大类型。

（1）网络系统软件。网络系统软件是控制和管理网络运行、提供网络通信、分配和管理共享资源的网络软件，它包括网络操作系统、网络协议软件、通信控制软件和管理软件等。

（2）网络应用软件。网络应用软件是指为某一个应用目的而开发的网络软件（如远程教学软件、电子图书馆软件、Internet 信息服务软件等）。网络应用软件为用户提供访问网络的手段、网络服务，进行资源共享和信息的传输。

（三）计算机网络的分类

（1）按覆盖地域范围的大小计算机网络可分为局域网和广域网。

1）局域网（Local Area Network，LAN）是将较小地理区域内的计算机或数据终端设备连接在一起的通信网络。局域网覆盖有限的区域，通常是数千米之内的计算机连成的网络。常用于一幢大楼内或紧邻的楼群之间的通信。局域网的传输速率通常为 10M～100Mbps，目前 1000Mbps 以太网正在校园网和企业网中广泛使用。

2）广域网（Wide Area Network，WAN）是在一个广阔的地理区域内进行数据、语音、图像信息传输的计算机网络。广域网要使用公共的通信系统，利用各种通信设施覆盖广大的地理区域，如长途电话、卫星传输、电缆等。Internet 可以视为世界上最大的广域网。由于远距离数据传输的带宽有限，因此广域网的数据传输速率比局域网要慢得多。

（2）按数据传输方式计算机网络可以分为两类：广播式网络和点到点式网络。

1）在广播式网络中，所有连网的计算机共享一个公共通信信道，在任一时间内只允许一个节点使用公共通信信道，当一个节点利用公共通信信道"发送"数据包时，其他节点都能"收听"到这个数据包。发送的数据包中含有目的地址和源地址，接收到数据包的计算机检查数据包中的目的地址是否与本计算机的地址相同，如果地址相同，则接收数据包，否则将丢弃该数据包。

2）在点到点式网络中，每条物理线路连接一对节点。如果两个节点之间没有直接连接的物理线路，则它们之间的通信只能通过其他中间节点进行接收、存储、转发，直到将数据送到目的地。由于连接计算机的线路的复杂性，造成从源计算机到目的计算机之间可能存在多条路由，所以在点到点式网络的通信协议中必须要有路由算法。

二、局域网技术

（一）局域网的拓扑结构

网络拓扑结构是指网络中节点互相连接的方法和形式。局域网中常用的网络拓扑结构有总线型结构、星型结构、环型结构、树型结构、网状结构和混合型结构。

1. 总线型结构

总线型结构采用一条单根的通信线路（总线）作为公共的传输通道，所有的节点都通过相应的接口直接连接到总线上，并通过总线进行数据传输，如图2-4 所示。由于单根电缆仅支持一种信道，因此连接在电缆上的计算机和其他共享设备共享电缆的所有容量。连接在总线上的设备越多，网络发送和接收数据的速度就越慢。

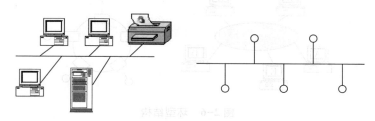

图 2-4　总线型结构

总线型结构的优点是：结构简单；使用的电缆较少，网络连接成本较低；易于布线，安装容易。总线型结构的缺点在于网络线路对整个系统影响较大，由于总线是所有工作站共享的，一旦总线发生故障将会影响到所有用户，使整个网络瘫痪，而且故障的诊断和隔离困难，总线结构不是集中控制，发生故障时需要在网上对各个站点进行检测。

2. 星型结构

在星型结构网络中，有一个中央节点——集线器或交换机，它与所有其他节点直接相连。任何两节点之间的通信都要通过中央节点，中央节点控制网络的通信，如图 2-5 所示。

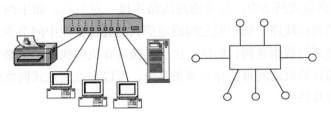

图 2-5　星型结构

星型结构简单、易于实现、便于管理；每个中央节点的端口只接入一个设备，当某一个端口出现故障时不会影响整个网络；由于每个节点直接连接到中央节点，因而故障易于检测和隔离，可以很方便地将有故障的节点从系统中拆除。但是网络的中央节点是全网的瓶颈，必须具有很高的可靠性，中央节点的故障可能造成全网瘫痪。

3. 环型结构

在环型结构中，各个网络节点通过转发器连在一条首尾相接的闭合环型通信线路中，如图 2-6 所示。

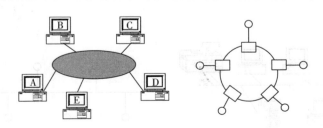

图 2-6　环型结构

在环型结构网络中，各工作站间无主从关系，结构简单；信息流在网络中沿环传递，延迟固定，实时性较好。在环型结构的两个节点之间仅有唯一的路径，简化了路径选择，但可扩充性差。环型结构可靠性差，任何线路或节点的故障都有可能引起全网故障，且故障检测困难。

4. 树型结构

树型结构（也称星型总线拓扑结构）是由总线型和星型结构演变来的。网络中的节点设备都连接到一个中央设备（如集线器）上，但并不是所有的节点都直接连接到中央设备上，大多数节点首先连接到一个次级设备上，次级设备再与中央设备连接，如图 2-7 所示。

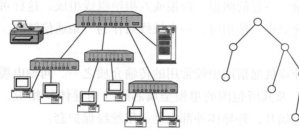

图 2-7 树型结构

树型结构的顶端有一个根节点，它带有分支，每个分支还可以再带子分支。树型结构的主要特点在于它易于扩展，故障易隔离，可靠性高，但是电缆成本高，这种结构对根节点的依赖性大，一旦根节点出现故障，将导致全网不能工作。

5. 网状结构和混合型结构

网状结构是指将各网络节点与通信线路连接成不规则的形状，每个节点至少与其他两个节点相连，或者说每个节点至少有两条链路与其他节点相连，如图 2-8（a）所示。大型互联网一般都采用这种结构，如我国的教育科研网 CERNET [见图 2-8（6）]、Internet 的主干网等。

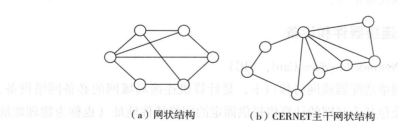

（a）网状结构　　　　（b）CERNET主干网状结构

图 2-8 网状结构

网状结构的优点是：可靠性高，且因为有多条路径，所以可以选择最佳路径，减少时延，改善流量分配，提高网络性能，适用于大型广域网。其缺点是：由于结构复杂，不易管理和维护；路径选择比较复杂，成本高。

混合型结构是由以上几种拓扑结构混合而成的，如星型环状结构，它是令牌环网和 FDDI 网常用的结构。

（二）网络传输介质

传输介质是网络数据流动的载体，是网络通信中发送方和接收方之间的物理通路。目前，网络传输介质种类很多，但是常用的传输介质有以下四种。

1. 双绞线

双绞线由旋扭在一起的两根、四根或八根绝缘线组成。这样可使各个线对彼此之间的电磁干扰最小。使用时，一个绞线对作为一条通信链路。

2. 同轴电缆

同轴电缆是计算机通信网中较常用的传输介质之一。同轴电缆由圆柱形金属网导体（外导体）及其所包围的单根金属芯线（内导体）组成，外导体与内导体之间由绝缘材料隔开，外导体外部也是一层绝缘保护套。

3. 光导纤维

光导纤维（简称"光纤"）是目前发展最为迅速、应用广泛的传输介质。它是一种能够传输光束的细而柔软的媒质。光纤由缆芯、包层、吸收外壳和保护层四部分组成。光纤传输光信号基于光的全反射原理。通过光在光纤中的不断反射来传送被调制的光信号，就可以把信息从光纤的一端传送到另一端。

4. 无线信道

前面介绍的三种传输介质为有线传输介质，而对应的传输属于有线传输。但是，如果通信线路要通过一些高山或岛屿，有时就很难施工，这时使用无线传输进行通信就成为必然。无线传输主要包括无线电传输、地面微波通信、卫星通信、红外线和激光通信等。

三、网络连接器件和设备

1. 网卡（Network Interface Card，NIC）

网卡又称网络适配器或网络接口卡，是计算机连接局域网的必备网络设备。网卡的主要功能包括为联网的计算机提供固定的网络硬件地址（也称为物理地址或 MAC 地址，由 48 位二进制数组成，常用 6 组十六进制数表示，比如"00-13-

8F-56-1A-99"）、发送或接收数据时在主机与电缆接口之间实现信息与信号的转换、数据的识别等。通常根据网卡所支持带宽的不同可分为 10Mbps 网卡、100Mbps 网卡、10/100Mbps 自适应网卡、1000Mbps 网卡等类型；根据网卡总线接口类型的不同可分为 ISA 接口网卡、PCI 接口网卡、PCI-E 接口网卡、USB 接口网卡、PCMCIA 接口网卡（笔记本电脑专用接口）等类型。

2. 中继器

中继器是物理层互联设备，对信号起放大再生作用，可以延长缆线的长度，但是中继器不过滤通过的任何信号。根据传输介质和网卡的技术规范，存在一个最大的传输距离，即网段。当信号传输的实际长度超过网段规定时，便需在中间加装中继器，把衰减的信号加以放大和整形，使其恢复为标准信号后再传送到下一个网段。中继器有单路中继器和多路中继器之分。

3. 集线器

集线器常称 Hub，工作在小型局域网环境中。集线器的主要功能包括对接收到的信号进行再生放大，以扩大网络的传输距离；为共享网络提供多端口服务。目前主流集线器标准的端口数有 8 口、16 口和 24 口等，端口的意思就是所连节点的数量。如果连接的是工作站，那就是能连接工作站的数量。

4. 网桥

网桥是数据链路层的互联设备，用于多个局域网之间的数据存储和转发。它只要求互联网络的操作系统相同，具有相同的协议，可以将不同传输介质以及不同访问方法的网络互联起来。网桥适合于局域网之间和广域网之间的互联。

网桥具有中继器的所有功能，能够在各种介质中放大转发数据信号，从而扩大网段范围。此外，网桥对转发的数据信号具有寻址和路径选择的逻辑功能，它只把另一网络需要的信号转发给它，而不是所有信号，这种功能是中继器所不具备的。

5. 路由器（Router）

路由器是一种连接多个网络或网段的网络设备，在运行多种网络协议的大型网络或异种网络之间起到连接作用。路由器的主要功能包括连接不同的网络、进行协议转换、路由选择、分组转发、网络隔离、网络管理等。按应用角度不同可分为通用路由器、专用路由器和无线路由器。

在 Internet 网络中，路由器是最重要的网络节点设备。局域网或广域网通过路由器接入 Internet 网络是最为普遍的接入方式。使用路由器的优点是：各互联子网仍保持各自独立，每个子网可以采用不同的拓扑结构、传输介质和网络协议，网络结构层次分明，并且有的路由器还具有虚拟局域网 VLAN 管理功能。此外，通过路由器与互联网相连，则可完全屏蔽公司内部网络，起到防火墙的作用，因此使用路由器上网还可确保内部网络的安全。

6. 网关（Gateway）

网关是实现高层网络互联的设备，适合于局域网之间和广域网之间的互联。网关可以容纳不同网络间的各种差异，对互联网间的网络协议进行转换。可对数据重新分组，执行报文存储、转发功能，实现网络间的通信，支持互联网之间的网络管理。

7. 交换机（Switch）

交换机是一种用于电信号转发的网络设备。它可以为接入交换机的任意两个网络节点提供独享的电信号通路。交换机能把用户线路、电信电路和（或）其他要互联的功能单元根据单个用户的请求连接起来。常见的交换机有以太网交换机、电话语音交换机、光纤交换机等。

四、Internet 和 Intranet

（一）Internet

全世界出现了不计其数的局域网、广域网，但如何将它们连接起来以扩大网络规模和实现更大范围的资源共享呢？Internet 的出现正好解决了这个问题。Internet 又称为"因特网"，是全球规模最大、覆盖面积最广的互联网。Internet 自产生以来就呈现出爆炸式的发展。

Internet 又称国际互联网络，是全球性的互联网络，组网的技术主要是基于 TCP/IP 网络互联技术。Internet 源于美国国防部高级研究计划署（ARPA）于 1969 年建立的 ARPAnet，这一军用计算机实验网络的目标是把不同类型的计算机互连成为网络，并要求一部分遭破坏时整个网络仍能工作。1973 年，TCP/IP 协议研制出来后逐渐成为 Internet 的核心协议。后来 ARPAnet 向社会全面开放，使得它在很短的时间内迅速从学术界的网络演变为应用于各领域的全球性网络。由于 Internet 的开放性，以及它具有的信息资源共享和交流的能力，从一开始就显示出了强大的生命力，吸引了广大的用户。

Internet 技术主要包含以下三个方面：

（1）Internet 采用了 TCP/IP 这一开放式的大众化的协议，这是目前唯一可以和网络上各种计算机连接的通信协议。

（2）采用了 DNS 服务器域名系统，巧妙地解决了计算机和用户之间的"地址"翻译问题。

（3）Internet 可选用普通电话拨号上网、非对称数字用户环路（Asymmetric Digital Subscriber Line，ADSL）接入、电缆调制解调器（Cable Modem）接入、综合业务数字网（Integrated Services Digital Network，ISDN）接入、数字数据网（Digital Data Network，DDN）接入、局域网接入、无线接入等技术完成用户与 IP 广域网的高带宽、高速度的物理连接。

为了实现相互沟通和资源共享，Internet 提供了许多服务功能，目前使用最多和最基本的服务功能主要有以下五种。

（1）WWW 信息浏览。Internet 提供了当今时代广为流行的建立在 TCP/IP 协议基础之上的 WWW（World Wide Web）浏览服务。

（2）电子邮件服务。用户或用户组之间通过 Internet 发送和接收电子信函的服务。

（3）文件传输服务（File Transfer Protocol，FTP）。FTP 是 Internet 提供的一种实时联机服务，功能是将文件从一台计算机传送到另一台计算机，而不受这两台计算机的地理位置、连接方式和所使用的操作系统的限制。

（4）新闻讨论组服务和 BBS。新闻讨论组（Usenet）提供多对多的信息交换服务。BBS 又称为电子公告牌，允许每个人张贴自己的见解以供其他人阅读。

（5）远程登录。Internet 提供的远程登录服务就是在网络通信协议 Telnet 的支持下使本地计算机暂时成为远程计算机的仿真终端。

（二）Intranet

"Intranet"一词来源于 Intra 和 Network，可以把 Intranet 理解为企业内部的 Internet，一般称为企业内部网。它是在统一行政管理和安全控制管理之下采用 Internet 的标准技术和应用系统建设成的企业内部的信息管理和交换平台。从功能上来看，除了具有 Internet 已有的各种功能之外，企业信息的共享和交换往往具有多种安全控制的需要，Intranet 最重要的特点是具有网络安全功能和企业多种应用信息系统的功能。

第三节　数据库技术基础

数据库技术是计算机技术中发展最快的领域之一，它是计算机信息系统与应用系统的核心技术和重要基础。经过数十年的发展，数据库技术日趋成熟并得到了空前的普及。目前，在政治、经济、军事、企业管理、生产管理、人事管理、图书资料管理、文献档案检索等诸多领域都已有了广泛的应用，成为广大科技工作者和管理人员的得力助手和重要工具，在现代信息社会中扮演着十分重要的角色。

一、数据库技术概述

（一）数据库的基本概念

1. 数据

数据是描述现实世界客观事物的符号记录，是用物理符号记录的可以鉴别的信息。

2. 数据处理

数据处理是将数据转换成信息的过程，它包括对原始数据的收集、分类、存储、排序、检索、加工和传输等一系列活动。其目的是从大量的原始数据中抽取和推导出有价值的信息。为了更好地提高信息的价值，必须用数据库技术来管理信息。

3. 数据库

数据库是长期存储在计算机内的、有组织的、可共享的数据集合。数据库中的数据按照一定的规格组织、描述和存储，具有较小的冗余度和较高的数据独立性、易维护性与扩展性。数据库中的数据可以共享使用，一经存储，若不进行删除或修改等操作，则不会被损耗。

为了实现整个组织数据的结构化，数据组织结构不仅要能够描述数据本身，而且要能描述数据之间的关系，因而在复杂的应用中，应采用数据库组织数据。

4. 数据库管理系统（DataBase Management System，DBMS）

数据库管理系统是用于生成和维护数据库的计算机系统，是用来对数据库进行集中统一的管理，帮助用户创建、维护和使用数据库的系统软件，从这个意义上说，DBMS 是用户与数据库之间的接口。数据库系统具有以下功能：

（1）数据定义：DBMS 提供数据定义语言（Data Definition Language，DDL），用户利用 DDL 可以方便地对数据库中的数据对象进行定义。

（2）数据操纵：DBMS 提供数据操纵语言（Data Manipulation Language，DML），用户通过 DML 实现对数据的检索、插入、修改、删除和统计等。

（3）数据库的运行管理：数据库在建立、运行和维护时由数据库管理系统统一管理和控制，以保证数据的安全性、完整性、多用户对数据的并发使用及发生故障后的系统恢复等。

（4）数据库的建立与维护：包括数据的输入、转换，数据库的转储、恢复、重组及性能检测和分析等。

5. 数据库系统

数据库系统是指以数据库方式管理大量共享数据的计算机软件系统。数据库系统由数据库、数据库管理系统、计算机系统（用于数据库管理的计算机硬、软件系统）、用户（最终用户、应用程序设计员和数据库管理员）四个部分组成。

数据库系统具有数据集成化、数据共享、数据独立、最小的数据冗余度等特点，避免了数据的不一致性，可以实施安全性保护，保证数据的完整性，可以发现故障和恢复正常状态，有利于实施标准化。

（二）数据库技术的发展

经过近 60 年的发展，数据库技术已成为一项理论成熟、应用极广的数据管理技术。各种组织不仅借助数据库技术开发了信息系统，而且在其中存储并积累了大量的业务数据，为管理决策提供了丰富的数据基础。数据管理技术是对数据进行分类、组织、编码、输入、存储、检索、维护和输出的技术。数据管理技术的发展大致经过了以下四个阶段：人工管理阶段、文件系统阶段、数据库系统阶段和分布式数据库系统阶段。

1. 人工管理阶段

20 世纪 50 年代中期以前，计算机主要用于科学计算。从当时的硬件看，外存只有纸带、卡片、磁带，没有直接存取设备；从软件看（实际上，当时还未形成软件的整体概念），没有操作系统以及管理数据的软件，数据处理方式是批处理；从数据看，数据量小，数据无结构，由用户直接管理，且数据间缺乏逻辑组织，数据依赖于特定的应用程序，缺乏独立性。

这一阶段，程序员在编制程序时，要考虑数据的逻辑定义和物理□□□，以及数据的存储设备、存储方式和地址分配。程序和数据混为一体，两者相互依赖，数据成为程序不可分割的一部分。当程序之间出现重复数据时，这些数据也不能共享，数据是分散的。计算机在数据处理中没有发挥应有的作用，严重地影响了计算机使用效率的提高。

2. 文件系统阶段

20世纪50年代后期到60年代中期，计算机硬件和软件都有了一定的发展。计算机不仅用于科学计算，还大量用于管理。这时硬件方面出现了磁鼓、磁盘等直接存取的存储设备。在软件方面，操作系统中已经有了专门的数据管理软件，文件逻辑结构和物理结构脱钩，程序和数据分离，使数据和程序有了一定的独立性。新的数据处理系统迅速发展起来。这种数据处理系统是把计算机中的数据组织成相互独立的数据文件，系统可以按照文件的名称对其进行访问，对文件中的记录进行存取，并可以实现对文件的修改、插入和删除，这就是文件系统。文件系统实现了记录内的结构化，即给出了记录内各种数据间的关系。但是，文件从整体来看却是无结构的。其数据面向特定的应用程序，因此数据共享性和独立性差，且冗余度大，管理和维护的代价也很大。

3. 数据库系统阶段

20世纪60年代后期以来，计算机硬件和软件技术得到了飞速发展，为了解决多用户、多应用共享数据问题，使数据为尽可能多的应用服务，数据库技术应运而生。数据库在描述数据时不仅描述数据本身，还描述数据之间的联系，它对于系统中的用户来说是共享资源。计算机的共享一般是并发的，即多个用户可以同时存取数据库中的数据，甚至可以同时存取数据库中的同一个数据。

4. 分布式数据库系统阶段

从20世纪80年代中期开始，数据库技术以及网络和通信技术的发展，使异机、异地间的数据共享成为可能。分布式数据库就是数据库、网络和通信系统的结合体。处理的数据分散在各个节点上，每个节点的数据由本地数据库管理系统管理，各节点间通过网络实现数据共享。

二、数据库模型

（一）数据模型

数据模型是数据库系统中用于提供信息表示和操作手段的形式构架。目前，数据库管理系统采用的数据模型通常有三种基本类型，即层次模型、网状模型及关系模型。

1. 层次模型

层次模型是数据库中最早出现的数据模型，层次数据库系统采用层次模型作为数据的组织方式。它是以树结构为基本结构，通过树结构及树结构之间的逻辑关系来表示数据间联系的一种模型，它反映了现实世界中实体之间一对多的关系。其数据间的逻辑关系如图 2-9 所示，基本特点为：①有且仅有一个最高级的节点，叫作根；②除根之外，所有节点都与一个且仅与一个比它高级的节点（父节点）相连接。

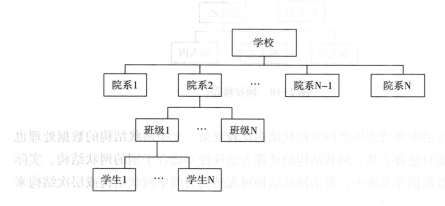

图 2-9　层次模型

在层次结构中，树的节点是实体，树枝表示实体间的关系。树中有唯一的一个节点向上没有联系，该节点就是上面所说的根节点；还有若干节点向下没有任何关系，我们把这些节点称为叶；其余节点称为中间节点。中间节点向上只与一个节点相联系，而向下可与多个节点相联系。习惯上，把上一层的节点称作父节点，而把下一层的节点称作子节点。从子节点到父节点的映射是唯一的，通过父节点可以找到其全部子节点，这也是层次结构中存取节点的一个特征。

层次模型可以用来反映现实生活中具有层次关系的实体，或需要区分主目和细目的文件。它的主要缺点是处理个别记录效率较低，尤其是处理最低层的个别记录。另外，数据库文件的维护较麻烦，尤其是当大量地执行增、删记录的操作时，需要对数据进行整理，更新数据库文件。

2. 网状模型

现实世界中事物之间更多的是非层次关系，而层次模型表示非层次型结构是很不直接的，网状模型则可以克服这一弊端。网状模型中，处于某一层次的实体不但可以有多个下层实体，而且可同时归属多个上层实体，反映了实体之间多对多的关系。现实生活中某些实体的多归属性往往构成网状结构，如图2-10所示。其中，医生甲、医生乙既是门诊医生，又是病房医生，还是附属学校的教师；病人甲、病人乙和病人丙由医生甲和医生乙两人负责治疗。

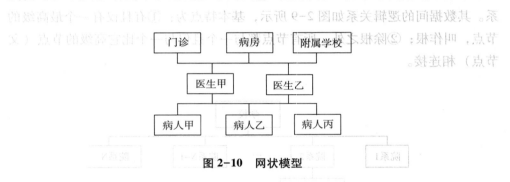

图2-10　网状模型

现实生活中多数实体之间的网状结构比较复杂，复杂网状结构的数据处理也很烦琐，而且适合于某一网状结构的处理方法往往不适合于别的网状结构。实际上，在多数数据库系统中，复杂网状结构可先转变为简单网状结构或层次结构来处理。

3. 关系模型

（1）关系模型的基本概念。关系模型是目前最常用的一种数据模型。关系数据库系统采用关系模型作为数据的组织方式，现在流行的数据库管理系统基本都支持关系模型，如SQL Server、Oracle、Access、FoxPro等。关系数据模型可以理解为一张二维表，它具有很强的数据表示能力，可表示实体间一对一、一对多和多对多的联系（见表2-1）。

表 2-1　在校学生基本情况表

学号	姓名	性别	出生年月	班级	籍贯
02080101	张三	男	1982 年 7 月	信息 1 班	北京

关系具有如下性质：①关系中的列必须有相同的数据类型，称为属性或字段，用字段名来区分不同的属性；②关系中不能出现相同的记录，记录的顺序无限制；③每个关系都有一个关键字，它能唯一地标识关系中的一个记录；④关系中行列的顺序均不影响表中信息的内容。

（2）关系模型中常用的术语。①关系（Relation）：一个关系对应于一张二维表。表 2-1 所示的这张在校学生基本情况表就是一个关系。②元组（Tuple）：表中的一行称为一个元组。若表 2-1 有 100 行，也就有 100 个元组。③属性（Attribute）：表中的一列称为一个属性，列名称为属性名，列值称为属性值。表 2-1 有 6 列，对应 6 个属性（学号、姓名、性别、出生年月、班级、籍贯）。④关键字（Key）：能够唯一确定一个元组的属性集合称为关键字。例如表 2-1 中的学号，按照学生学号的编排方法，每个学生的学号都不相同，所以可以唯一确定一个学生，因而学号也就成为本关系的关键字。⑤主键（Primary Key）：表中可能有多个关键字，在应用中被选用的关键字称为主键。⑥域（Domain）：属性的取值范围称为域。例如，表 2-1 中性别的域是（男，女）。⑦外键（Foreign Key）：若属性集合 S 存在于关系 R1 中，但不是关系 R1 的主键，同时也存在于关系 R2 中，而且是关系 R2 的主键，则 S 是关系 R1 相对于 R2 的外键。

关系型数据库是发展较晚的一种数据库，但由于关系型数据结构具有坚实的数学理论基础，简单、明了、直观、容易理解和掌握，在现实生活中应用最多，因此关系式数据库得到了非常广泛的应用。而且，层次型和网状型数据结构都可以通过一定的方法转化为关系型数据结构，应用关系型数据模型来处理。

（二）关系的规范化理论

关系模型要求关系必须是规范化的，即要求关系模型必须满足一定的规范条件。关系规范化理论研究关系模式中各属性之间的依赖关系及其对关系模式性能的影响，探讨关系模式应具备的性质和设计方法。它给我们提供了判别关系模式优劣的标准，在数据库设计工作中要根据具体的应用需求进行规范化处理。通常使用的规范化形式有以下三种：

1. 第一规范化形式

第一规范化形式（First Normal Form）是指关系中的每一个属性都是不可分的数据项，简称 1NF 或第一范式。

从表 2-2 中可以看出，数据项"学习情况"包含三个数据项："课程名称""成绩""学分"。如果将"学习情况"看成一个数据项的话，就不符合第一范式的要求。我们可将"学习情况""成绩"和"学分"看作是独立的数据项，如表 2-3 所示，则该关系表符合第一范式要求。这个去掉重复项的过程称为规范化处理。

表 2-2　基本情况表

学号	姓名	性别	所在系	系地址	学习情况		
					课程名称	成绩	学分

表 2-3　符合第一范式的关系

学号	姓名	性别	所在系	系地址	课程名称	成绩	学分
001	张三	男	管理系	文科楼 6 楼	高等数学	85	5
001	张三	男	管理系	文科楼 6 楼	英语	90	4
…	…	…	…	…	…	…	…

但是，按照表 2-3 来描述一个学生的基本情况，可能产生以下问题：

（1）数据冗余，如有关姓名、性别、所在系、系地址等数据元素的值被重复存储。

（2）更新异常，若高等数学的"学分"由"5"改为"4"，那么有关它的所有记录都要进行更新，这时有可能出现同一门课学分不同。

（3）插入异常，在数据存储中关键字是不能为空的，当某学生刚入学没有选修任何课程时，该学生的记录就无法输入到数据库中。

（4）删除异常，当某学生的记录输入到数据库中后，如果该生因病取消了所选的所有课程，则需要将该生的相关课程名称予以删除，由于关键字不能为空，在删除这些信息的同时有关这个学生的基本信息也将被删除。因此，需要进一步规范化处理。

2. 第二规范化形式

如果一个关系模型满足 1NF，且所有非关键字都完全依赖于关键字，则称该关系模式为第二规范化形式，简称 2NF 或第二范式。

对于表 2-3 所示的关系表，关键字是"学号"和"课程名称"，非关键字"成绩"完全依赖于关键字，而"姓名""性别""所在系""系地址"则只依赖于学号，"学分"只依赖于"课程名称"，它们与关键字是部分依赖的关系，因此不满足第二范式。

为了消除部分依赖，可将原关系表写成如表 2-4、表 2-5 和表 2-6 所示的关系表。

表 2-4　学生信息表

学号	姓名	性别	所在系	系地址
001	张三	男	管理系	文科楼 6 楼
002	丁武	男	管理系	文科楼 6 楼

表 2-5　学生成绩表

学号	课程名称	成绩
001	高等数学	85
001	英语	90

表 2-6　课程信息表

课程名称	学分
高等数学	5
英语	4

在表 2-4 的关系中存在大量的冗余，有关学生所在的属性"所在系"和"系地址"将重复存储，增加了数据处理的复杂程度，影响处理速度。由此可见，一些关系虽然满足了第二范式的要求，但仍不是一种良好的结构，还需要进一步进行规范处理。

3. 第三规范化形式

如果一个关系模型满足 2NF，而且它的任何一个非关键字都不传递依赖于任何主关键字，则称该关系模式为第三规范化形式，简称 3NF 或第三范式。

由于表 2-4 所示的关系中，"学号"为关键字，可"所在系"依赖于关键字"学号"；而"系地址"依赖于"所在系"，即"系地址"传递依赖于关键字"学号"，因此表 2-4 所示的关系表不满足第三范式。

为消除这种传递关系，我们将表 2-4 分解成表 2-7 和表 2-8 所示的两个关系表。

表 2-7　学生信息表

学号	姓名	性别	所在系
001	张三	男	管理系
002	丁武	男	管理系

表 2-8　院系信息表

所在系	系地址
管理系	文科楼 6 楼

这样分解后的两个关系模式都满足了第三范式的要求，完全消除了操作异常的问题。关系规范化的目的就是要消除关系中操作异常的问题。在模式分解时，通过投影的方式进行分解，通过连接又可将分解后的关系恢复成原样，这样的分解才能既消除问题，又不损失信息。

三、数据库的操作

（一）数据库的开发平台

使用数据库开发平台的目的就是建立数据库，将数据库的设计方案付诸实施。具体来说，数据库开发平台可划分为两大类。

1. 数据库服务器

这一类数据库软件常见的有 SQL Server、Oracle、Sybase、MySQL 等，它们都是大型的数据库开发平台，重点在于后端数据库的管理，它们的数据库都是隐身于后端的"服务器"。其主要特色是：强大的数据库引擎、数据高度安全、可备份及还原数据、不同数据库之间的数据可转换等。

2. 桌面型数据库软件

目前，最流行的桌面型数据库软件有 Access 和 Visual FoxPro 等，它们都是小型的数据库开发平台，易学易用，适合建立小型数据库。其主要特色是：强大的窗体及报表制作能力、强化数据库的工具和易学易用的操作界面等。

（二）数据库的操作

数据库的操作主要有基本表的建立与删除、数据查询及更新等。下面我们介绍如何通过使用结构化语言 SQL 实现对数据库的操作。

1. SQL 概述

SQL 是英文 Structured Query Language 的缩写，意思为结构化查询语言。SQL 是专门为数据库而建立的操作命令集，是一种功能齐全的数据库语言。在使用它时，只需要发出"做什么"的命令，"怎么做"是不用使用者考虑的。SQL 是一种介于关系代数与关系演算之间的语言，其功能包括数据定义、数据查询、数据操纵和数据控制四个方面，是一种通用的功能极强的关系数据库标准语言。SQL 语言已经被确定为关系数据库系统的国际标准，并被绝大多数商品化的关系数据库系统所采用，如 Oracle、DB2、SQL Server、Sybase 等。

SQL 主要由四个部分组成：①数据定义语言（Data Definition Language，DDL），用于定义 SQL 模式、基本表、视图、索引等结构。②数据操纵语言（Data Manipulation Language，DML），数据操纵分为数据查询和数据更新两类，其中数据更新又包括插入、删除和更新三种操作。③数据控制语言（Data Control Language，DCL），这一部分包括对基本表和视图的授权、完整性规则的描述、事务控制等内容。④嵌入式 SQL 语言的使用规定，规定 SQL 语句在宿主语言的程序中使用的规则。

SQL 语言功能极强，由于设计巧妙，语言十分简洁，完成数据定义、数据操纵和数据控制的核心功能只用了九个动词，包括以下四类：

（1）数据查询：SELECT。

（2）数据定义：CREATE、DROP、ALTER。

（3）数据操纵：INSERT、UPDATE、DELETE。

（4）数据控制：GRANT、REVOKE。

而且 SQL 语言语法简单，接近英语口语，因此容易学习，容易使用。

2. 数据定义

（1）定义基本表的 SQL 语句。

定义基本表的 SQL 语句的一般格式如下：

CREATE TABLE<表名>

（<列名><数据类型>［<列级完整性约束条件>］

［<列名><数据类型>］［<列级完整性约束条件>］］…

［<表级完整性约束条件>］）

其中，<表名>是所要定义的基本表的名字；<列名>是组成该表的各个属性（列）；数据类型有字符型（CHAR）、整数型（INT）、数值型（NUMERIC）、日期时间型（DATE-TIME）、逻辑型（BIT）、变长字符串型（VARCHAR）等；<列级完整性约束条件>是涉及相应属性列的完整性约束条件；<表级完整性约束条件>就是涉及一个或多个属性列的完整性约束条件。

建表的同时通常可以定义与该表有关的完整性约束条件，这些完整性约束条件被存入系统的数据字典中，当用户操纵表中数据时由 DBMS 自动检查该操作是否违背这些完整性约束条件。

例 2-1：建立一个"学生"表 Student，由学号（Sno）、姓名（Sname）、性别（Ssex）、年龄（Sage）、所在系（Sdept）五个属性组成。其中，学号不能为空，值是唯一的，并且姓名取值也唯一。

CREATE TABLE Student

（Sno CHAR（5）Primary Key，

Sname CHAR（20）UNIQUE，

Ssex CHAR（1），

Sage INT，

Sdept CHAR（15））

（2）修改基本表。

修改基本表的一般格式为：

ALTER TABLE<表名>

［ADD<新列名><数据类型>［完整性约束］］

［DROP<完整性约束名>］

［MODIFY<列名><数据类型>］

其中，<表名>用来指定需要修改的基本表；ADD 子句用于增加新列和新的完整性约束条件；DROP 子句用于删除指定的完整性约束条件；MODIFY 子句用于修改列名和数据类型。

例2-2：向 Student 表增加"入学时间"列，其数据类型为日期型。

ALTER TABLE Student ADD Scome DATE

不论基本表中原来是否已有数据，新增加的列一律为空值。

例2-3：删除关于学号必须取唯一值的约束。

ALTER TABLE Student DROP UNIQUE（Sno）

（3）删除基本表。

删除基本表的一般格式为：

DROP TABLE<表名>

基本表一旦被删除，则表中数据、表上的索引都会被自动删除；表上的视图仍然保留，但无法引用。删除基本表时，系统会从数据字典中删去有关该基本表及其索引的描述。

例2-4：删除 Student 表。

DROP TABLE Student

3. 数据查询

SQL 的核心语句是数据库查询语句，其一般格式为：

SELECT［ALL｜DISTINCT］<目标列表达式>［，<目标列表达式>］…

FROM<表名或视图名>［，<表名或视图名>］…

［WHERE<条件表达式>］

［GROUP BY<列名1>［HAVING<条件表达式>］］

［ORDER BY<列名2>［ASC｜DESC］］

整个 SELECT 语句的含义是，根据 WHERE 子句的条件表达式，从 FROM 子句指定的基本表或视图中找出满足条件的元组，再按 SELECT 子句中的目标列表达式选出元组中的属性值形成结果表。如果有 GROUP 子句，则将结果按<列名1>的值进行分组，该属性列值相等的元组为一个组，每个组产生结果表中的一条记录。如果 GROUP 子句带 HAVING 短语则只有满足条件的组才能输出。如果有 ORDER 子句，则结果表还要按<列名2>的值的升序（ASC）或降序（DESC）排列。

例2-5：查询全体学生的学号和姓名。

SELECT Sno，Sname

FROM Student

<目标列表达式>中各个列的先后顺序可以与表中顺序不一致。也就是说，用户在查询时可以根据应用的需要改变列的显示顺序。

例2-6：查询所有年龄在21岁以下的学生姓名及年龄。

SELECT Sname，Sage

FROM Student

WHERE Sage<21

4. 数据更新

数据更新包括修改、删除和插入三项操作。

（1）修改数据。

修改数据的 UPDATE 语句格式为：

UPDATE<表名>

SET<列名1>=<表达式1>［，<列名2>=<表达式2>…］

［WHERE<条件表达式>］

此语句可以修改指定表中满足条件的元组，将指定的列名1的值用表达式1的值替换，将指定的列名2的值用表达式2的值替换，依次类推。

例2-7：将学生95001的年龄改为22岁。

UPDATE Student

SET Sage=22

WHERE Sno='95001'

（2）删除数据。

删除数据的 DELETE 语句格式为：

DELETE

FROM　<表名>

［WHERE<条件表达式>］

DELETE 语句的含义是删除指定表中满足 WHERE 子句条件的元组。其中 WHERE 子句是指定要删除的元组，缺省时则表示要修改表中的所有元组。

例2-8：删除学号为95019的学生记录。

DELETE

FROM Student

WHERE Sno='95019'

例2-9：删除 C2 号课程的所有选课记录。

DELETE

FROM Score；

WHERE Cno='C2'

（3）插入数据。

插入数据的 INSERT 语句格式如下：

INSERT INTO<表名>

［（<列名 1>［，<列名 2>…]）]

VALUES（<常量 1>［，<常量 2>]（…)

INSERT 语句的功能在于向指定表中插入一个元组且使得列名 1 的值为常量 1，列名 2 的值为常量 2，依次类推。

例 2-10：将一个新学生记录（学号：95020；姓名：陈冬；性别：男；所在系：IS；年龄：18 岁）插入到 Student 表中。

INSERT INTO Student

VALUES（'95020'，'陈冬'，'男'，'IS'，18）

四、数据库保护

为了保证数据安全可靠和正确有效，DBMS 必须提供统一的数据保护功能，主要包括数据的安全性、完整性、并发控制和数据库恢复等内容。

（1）数据的安全性是指保护数据库以防止不合法的使用所造成的数据泄露、更改和破坏。

（2）数据的完整性是指数据的正确性、有效性与相容性。

（3）并发控制是指当多个用户同时存取、修改数据库时，为了防止用户互相干扰而得到错误的结果并使数据库的完整性遭到破坏，而对多用户的并发操作加以控制、协调。

（4）数据库恢复是指当计算机软、硬件或网络通信线路发生故障而破坏了数据或对数据库的操作失败而使数据出现错误或丢失时，系统应能进行应急处理，把数据库恢复到正常状态。

本章小结

本章介绍了管理信息系统几种技术的基础知识，包括计算机系统、网络技术和数据库技术。计算机是实现现代管理信息系统的重要技术手段，本章从计算机的基本概念、计算机的软硬件组成和计算机的体系结构三个方面介绍计算机系统知识。计算机网络是管理信息系统的基础，本章介绍了计算机网络的基本概念，就当下常用的计算机局域网技术、网络连接设备以及 Internet 和 Intranet 展开说明。数据库技术是管理信息系统的核心技术和重要基础，本章概要地介绍了数据库的相关知识，包括数据库模型、使用结构化语言 SQL 对数据库的操作和数据库保护。

习　题

1. 什么是计算机？决定计算机性能的主要指标有哪些？
2. 计算机网络由哪些部分组成？
3. 计算机网络的拓扑结构有哪些？各有什么特点？
4. 网络的常用连接设备有哪些？
5. 常用的数据模型有哪些基本类型？它们各有什么特点？
6. 某高校教师科研情况一览表如下，请把它转化为符合 2NF 的关系。

*教师代码	姓名	职称	*研究课题号	研究课题名

注：*表示关键字。

第三章 管理信息系统开发方法

信息系统的开发是一个庞大的系统工程，它涉及组织的内部结构、管理模式、生产加工、经营管理、数据的收集与处理、计算机硬件系统的管理与应用、软件系统的开发等各个方面。这就增大了信息系统开发工程的规模和难度，因而需要研究出科学的开发方法和过程化的开发步骤，以确保整个开发过程能够顺利进行。这正是信息系统开发方法的任务。

第一节 管理信息系统开发的策略

一、管理信息系统开发的条件

实践证明，只有具备一定条件的企业或组织才有可能成功建设信息系统，否则将难以达到预期的目的和效果，甚至导致系统的失败。因此，一个组织要开发管理信息系统必须要对自己有个清醒的认识，检查组织是否具备以下基本条件：

1. 合理地确定信息系统的目标

信息系统的目标会直接影响到系统能否开发成功。目标应与企业发展战略相符，目标的确定应坚持先进性和实用性相结合的原则。此外，目标的定义也是评价的基础。

2. 有良好的科学管理基础

企业或组织要建立信息系统必须有良好的科学管理基础，比如管理业务的制度化、标准化，数据、报表统一化，基础数据资料完整可靠等。组织中所应用的管理理论、方法与组织的实际结合。组织有合理的管理体制和科学的管理方法、完善的规章制度、稳定的作业秩序、完整准确的原始数据。只有具备科学的管理基础，信息系统才能充分发挥作用。

3. 领导的重视和员工的积极参与

领导最清楚组织所面临的问题，最能合理地确定系统目标，拥有人、财、物的调配权，能够决定投资、调整机构、确定应用程度等。另外，由于信息系统的开发涉及组织结构调整及管理程序变革等许多影响全局性的工作，新系统运行后又不可避免地会导致一些机构和人员的地位、权力及工作等内容的变革，这必然会引起有关人员的抵触及不合作，因而领导的重视和支持十分必要。员工是信息系统建设不可缺少的力量，他们的业务水平、工作习惯、开发新系统的积极性直接影响新系统的开发。

4. 建立一支开发、应用与技术管理队伍

许多组织一开始不具备自行开发系统的能力，可以采取委托或联合开发的形式。但是，系统在交付使用后，难免会出现这样或那样的问题，还需要进行大量的维护工作，而且随着环境的变化，对系统不断修改和应用完善的要求也在所难免。因此，为了成功地开发应用好管理信息系统，组织必须建立自己的计算机应用队伍和系统维护的技术队伍，这样才能保证系统开发与运行获取最大成功。

5. 具备比较雄厚的物资基础

管理信息系统开发要有一定的物资基础。MIS 开发是一项投资大、风险大的系统工程。企业在 MIS 开发过程中，需要购买机器设备、软件，消耗各种材料，发生人工费用、培训费用以及其他一些相关的费用。这些费用对于一个企业来说是不小的负担。为了保证 MIS 开发的顺利进行，开发前应有一个总体规划，进行可行性论证，对所需资金应有一个合理的预算，制订资金筹措计划，保证资金按期到位。开发过程中要加强资金管理，防止浪费现象的发生。

二、管理信息系统的开发策略

MIS 开发策略各种各样，早期的 MIS 系统研制大多是在原系统上进行扩充和完善，或者机械地把人工管理转换为计算机管理，这些方法往往不能适应 MIS 的总体目标要求，存在系统各部分之间缺乏有机联系、系统难以维护等问题。随着人们对 MIS 的要求越来越高，传统方法的缺点更加明显，更加难以满足人们的要求。现代 MIS 开发策略主要采用的是"自上而下"和"自下而上"的策略。

（一）"自上而下"的策略

"自上而下"的策略从企业战略目标出发，将企业看成一个整体，探索合理的信息流，确定系统方案，然后自上而下层层分解，确定需要哪些功能去保证目标的完成，从而划分相应的业务子系统。系统的功能和子系统的划分不受企业组织机构的限制。

"自上而下"的策略的优点是整体性好，逻辑性较强，条理清楚，层次分明，能把握总体，综合考虑系统的优化。主要缺点是对于规模较大的系统而言，会因工作量大而影响对具体细节的考虑，开发难度大，周期较长，系统开销大，所冒风险较大，一旦失败，所造成的损失是巨大的。

（二）"自下而上"的策略

"自下而上"的策略从企业各个基层业务子系统的日常业务数据处理出发，先实现一个具体的业务功能，然后根据需要逐步增加有关管理控制和决策方面的功能，由低级到高级，不断完善，从而构成整个 MIS 并支持企业战略目标。

"自下而上"的策略的优点是符合人们由浅入深、由简到繁地认识事物的习惯，易于被接受和掌握。它以具体的业务处理为基础，根据需要而扩展，边实施边见效，容易开发，不会造成系统的浪费。主要缺点是在实施具体的子系统时，由于缺乏对系统总体目标和功能的考虑，系统缺乏整体性和功能协调性，难以保证各子系统之间联系的合理性和有效性。各个子系统的独立开发，还容易造成它们之间数据的不一致性和数据的大量冗余，造成重复开发和返工。

"自上而下"和"自下而上"的策略各有优缺点，在实际工作中究竟采用哪种策略依赖于企业的规模、系统的状况以及企业管理制度的完善程度等。在实践中，通常把这两种策略结合起来应用，"自上而下"的策略用于总体方案的制订，根据企业目标确定 MIS 目标，围绕系统目标大体划分子系统，确定各子系统间要共享和传递的信息及其类型。"自下而上"的策略则用于系统设计的实现，自下而上地逐步实现各系统的开发应用，从而实现整个系统的开发应用。

三、管理信息系统开发的方式

（一）用户自行开发

用户具有开发系统的基本必要条件，且技术力量比较雄厚，可以采取自行开发的方式。这种开发方式的优点是：开发人员熟悉业务处理过程，沟通交流容易；开发费用少，容易开发适合本组织需要的系统；方便维护和扩展；有利于培养自己的系统开发人员。但是，开发人员容易受业务工作的限制，系统整体优化不够，开发水平较低。另外，由于自行开发的时间往往比较长，开发人员调动后系统维护工作没有保障。

这种开发方式适合于有较强的专业开发能力的组织，如大学、研究所、计算机公司、高科技公司等。

（二）委托开发

在委托开发中，委托方（即用户）通常选择有丰富开发经验的机构或专业开发人员来承担系统开发的任务。这种开发方式的优点是省时、省事，开发的系统技术水平较高。缺点是费用高、风险较大，系统维护与扩展都需要开发单位的长期支持，不利于本组织的人才培养，对于开发单位需要进行深入调查，所签订的开发合同的条款需要细致、明确。

采用委托开发方式进行系统开发的组织必须让组织的业务骨干参与系统的论证工作。同时，开发过程中委托方和开发方应该及时沟通，进行协调和检查。委托开发的方式适合于缺少对 MIS 进行分析、设计以及软件开发人员或开发队伍力量较弱但资金较为充足的组织。

（三）合作开发

由使用组织和有丰富开发经验的机构或专业开发单位共同完成系统开发任务，且双方共享开发成果，实际上是一种半委托性质的开发工作。相对于委托开发方式，合作开发方式节约资金，合作双方取长补短，可以培养、增强使用组织的技术力量，便于系统维护，系统的技术水平较高。合作开发的缺点在于双方在合作沟通中易出现问题，因此需要双方及时达成共识，进行协调和检查。在双方合作过程中用户应充分明确自身的职责。

（四）利用现成软件包开发

组织利用现成的软件包开发 MIS，可购买现成的应用软件包或开发平台，如财务管理系统、小型企业 MIS、供销存 MIS 等。这种方法的优点是能缩短开发时间、节省开发费用，且技术水平比较高，系统可以得到较好的维护。但是市场上的软件往往具有通用性，功能比较简单，对于组织的特殊需求难以充分满足，需要有一定的技术力量根据使用者的要求进行软件的改善和编制必要的接口等二次开发的工作，这往往会有一定的技术难度，没有有关产品供应商的协助是难以进行的。

这种开发方式适合功能单一的小系统开发，不太适用于规模较大、功能复杂、需求不确定性程度比较高的系统开发。

（五）四种开发方式的比较

上述四种开发方式的比较如表 3-1 所示。

表 3-1 开发方式的比较

特点比较 ＼ 方式	自行开发	委托开发	合作开发	利用现成软件包开发
分析和设计能力的要求	较高	一般	逐渐培养	较低
编程能力的要求	较高	不需要	需要	较低
系统维护的要求	容易	较困难	较容易	较困难
开发费用	少	多	较少	较少

不同的组织在分析和设计能力、编程能力、系统维护能力、所拥有的资源等方面各有不同，因此组织进行管理信息系统开发时需要根据自身情况选择合适的开发方式。

第二节 管理信息系统开发方法

管理信息系统开发是一个复杂的系统工程，受到多方面条件的制约。研究这些条件无疑将有助于 MIS 的开发，有利于对 MIS 开发中的有关问题的理解。在 MIS 建设的长期实践中形成了多种系统开发方法。因此，为了保证系统开发工作的顺利进行，组织应该根据所开发系统的规模大小、技术的复杂程度以及自身管理水平的高低、技术人员的情况、资金与时间等方面的具体情况采用不同的开发方法。

一、系统开发方法的演变

1. 20 世纪五六十年代

20 世纪 50 年代计算机开始应用于管理工作，这时的系统通常称为数据处理系统，数据依赖于程序，即针对一个处理程序，就有一个专为它提供数据的数据文件。20 世纪 60 年代出现了数据库，信息系统的建设方式也有所改变，即先建立数据库，然后再围绕数据库编写各种应用程序，这种方法可以说是面向数据的。这个阶段并没有进行系统开发方法的研究。

2. 20 世纪 70 年代

20 世纪 70 年代，系统开发的生命周期（Life Cycle）法诞生了。它较好地给出了系统开发过程的定义，也大大地改善了系统开发的过程。然而，问题的积累、成本的超支、性能的缺陷，加深了系统开发的困难。这时系统开发方法依据著名的"瀑布模型"（见图 3-1），产生了结构化的开发方法。

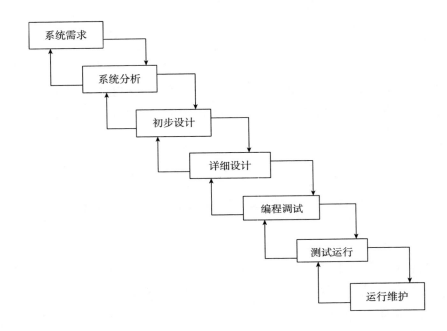

图 3-1　瀑布模型

3. 20 世纪 80 年代

20 世纪 80 年代，友好的语言和自动化编程工具的出现使系统开发方法有所进步，但维护费用很高，如第四代程序生成语言（Fourth Generation Language，4GL）、原型法（Prototyping）。原型法和生命周期法是思路完全不同的两种开发方法。

4. 20 世纪 80 年代末至 90 年代初

20 世纪 80 年代末，计算机辅助软件工程（Computer Aided Software Engineer-

ing，CASE）和面向对象（Object-Oriented，OO）的开发方法得到了很大的发展。面向对象的方法在 20 世纪 80 年代初已用于计算机科学，20 世纪 80 年代末开始用于企业系统。20 世纪 90 年代初，面向对象的分析与设计和面向对象的语言（如 C++）开始实际应用。

由于 WEB 技术的出现，开发方法又出现了新的机遇，许多工作可以让用户去做，这是一种很好的趋势，但系统工作仍然很多，需要信息部门自己完成或借用外力去完成。

二、结构化系统开发方法

（一）结构化生命周期开发方法的含义

20 世纪 70 年代，美国 Yourdon 公司提出了结构化系统开发方法（Structured System Analysis and Design，SSA&D），也称作结构化生命周期法，这是迄今为止最传统、应用最广泛的一种系统开发方法。结构化系统开发方法是用系统的思想和工程化的方法，按用户至上的原则，结构化、模块化、自顶向下地对系统进行分析与设计。这种方法通常与我们后面要介绍的系统设计阶段的结构设计（SD）方法衔接起来使用，适用于分析大型的数据处理系统，特别是管理信息系统的开发。

（二）结构化系统开发方法的思想

结构化分析方法是一种自顶向下逐层分解、由粗到细、由复杂到简单的求解方法。"分解"和"抽象"是结构化分析方法中解决复杂问题的两个基本手段。"分解"就是把大问题分解成若干个小问题，然后分别解决。"抽象"就是抓住主要问题、忽略次要问题，集中精力先解决主要问题。

具体来说，就是先将整个信息系统开发过程划分出若干个相对比较独立的阶段，如系统规划、系统分析、系统设计、系统实施等，并在前三个阶段坚持自顶向下地对系统进行结构化划分。也就是说，在系统规划时，应从最顶层的管理业务入手，即从组织管理金字塔结构的塔尖入手，层层逐步深入至最基层。在系统分析、系统设计时制定新系统方案应从整体入手，即先考虑系统整体的优化，然后再考虑局部的优化问题。而在系统实施阶段，应坚持自底向上地逐步组织实施。按照前几个阶段设计的模块组织人力从最基层的模块做起（编程），然后按照系统设计的结构，将模块一个一个拼接到一起进行调试，自底向上地逐渐构成整体系统。

按照自顶向下逐层分解的方式，不论系统多复杂规模多大，分析工作都可以有条不紊地开展。对于大的系统只需多分解几层，分析的复杂程度并不会随之增大。这也是结构化分析的特点。

（三）结构化系统开发方法的开发过程

信息系统的开发过程一般包括系统规划、系统分析、系统设计、系统实施及系统运行和维护五个步骤。这五个步骤是首尾相连的，系统运行后会面临新的系统请求，开始新的周期循环，所以形象地称之为"生命周期"，即一个信息系统从它的提出、开发、应用到系统的更新，经历了一个发生、发展和灭亡的循环过程，如图3-2所示。结构化生命周期法要求系统开发按照以上步骤逐步完成开发任务，对每一个开发阶段规定了各自的任务、流程、目标等内容，从而使开发工作规范统一，易于管理和控制。

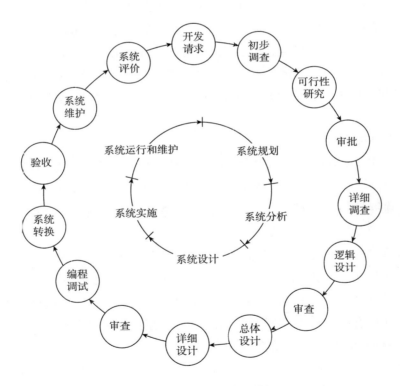

图3-2 系统开发生命周期

1. 系统规划阶段

系统规划阶段要回答的问题是："我们为什么需要一个新的系统项目？"和"我们要完成什么？"该阶段主要是根据用户的系统开发请求，初步调查，确定组织是否存在问题，以及存在的问题能否通过一个新的信息系统或修改现行系统得以解决。如果要建立一个系统，那么该阶段就要在对组织的环境、目标、现行系统状况的调查基础上，根据目标和发展战略，制定系统的发展战略，安排项目开发计划。

2. 系统分析阶段

系统分析阶段要回答的问题是："现行系统正在做些什么？""它们的优缺点、难点和问题是什么？""一个新的或修改的系统要解决这些问题应做些什么？""方案所须满足用户的信息需求是什么？""可选方案中哪些选项是可行的？""它的成本和收益是多少？"等。系统分析阶段的主要任务是对现行系统进行详细调查，描述现行系统的业务流程和数据流程，指出现行系统存在的问题和不足，提出改进意见，确定新系统的业务流程和数据流程，提出新系统的逻辑方案，编制系统说明书。系统分析阶段是整个 MIS 开发的关键阶段。

3. 系统设计阶段

系统设计阶段的主要任务是在系统分析提出的逻辑模型的基础上设计新系统的物理模型，回答"怎么做"的问题，对新系统进行模块结构设计、计算机物理系统配置设计、代码设计、数据库设计、输入输出设计等。

4. 系统实施阶段

系统实施阶段是整个 MIS 生命周期的关键阶段。它的主要任务是将系统设计付诸实施，完成程序设计、调试与检错，硬件设备的采购与安装，人员的培训，系统的切换等。

5. 系统运行和维护阶段

该阶段的主要任务是负责系统投入运行后的管理、维护和评价工作。系统投入运行后，为了保证系统正常发挥作用，需要加强系统的日常管理和维护，制定相关制度，评价系统的运行情况。用户和技术人员将在新系统投入运行后对系统进行跟踪审查，以确定新系统是否达到原定目标，是否还需进行修订和更改。系统调试完毕之后，可能还需进行一些维护工作，比如纠错、改善处理效率等。

（四）结构化系统开发方法的优缺点与适用性

1. 优点

（1）从抽象到具体，逐步求精。系统开发过程从系统整体出发，强调在整体优化的前提下自上而下地分析和设计，保证了系统的整体性和目标一致性，每一阶段的工作都体现出了逐步求精的结构化技术特点。

（2）结构化分析的实施步骤是先分析当前现实环境中已存在的人工系统，在此基础上再构思即将开发的目标系统，这符合人们认识世界、改造世界的一般规律，从而大大降低了问题的复杂程度。

（3）用户至上，根据用户需求开发，系统具有较强的适用性。

（4）逻辑设计与物理设计分开，即首先进行系统分析，然后进行系统设计，从而大大提高系统的正确性、可靠性和可维护性。

（5）质量保证措施完备。严格区分工作阶段，每个阶段都有其明确的任务，每一步工作都及时地总结，对于出现的错误或问题，及时加以解决，不允许转入下一工作阶段，也就是对本阶段工作成果进行评定，使错误较难传递到下一阶段。错误纠正得越早，所造成的损失就越少。

（6）文档规范化。在系统开发的每一步骤和每一阶段，都按工程标准建立标准化的文档资料，有利于系统的维护。

2. 缺点

（1）它是一种预先定义需求的方法，基本前提是必须能够在早期就冻结用户的需求，只适应于可在早期阶段就完全确定用户需求的项目。然而在实际中要做到这一点往往是不现实的，用户很难准确地陈述其需求。在系统分析阶段很难把握用户的真正需求，易导致开发出不是用户需要的系统。

（2）结构化分析方法为目标系统描述了一个模型，但这个模型仅仅是书面的，只能供人们阅读和讨论而不能运行和试用，未能很好地解决系统分析与系统设计之间的过渡，即如何使物理模型如实地反映出逻辑模型的要求，通俗地说，就是如何从纸上谈兵转变成真枪实弹地作战。

（3）开发周期长。一方面，使用户在较长时间内不能得到一个实际可运行的系统；另一方面，难以适应环境变化，一个规模较大的系统经历较长时间开发出来后，其生存环境可能已经发生了变化。

（4）所需文档资料数量大。使用结构化方法必须编写数据流程图、数据字典、加工说明等大量文档资料，而且随着对问题理解程度的不断加深或者用户环境的变化，这套文档也需不断修改。然而这样的工作需要占用大量的人力、物力，同时文档经反复变动后，也难以保持内容的一致性，虽然已有支持结构化分析的计算机辅助工具出现，但要被广大开发人员掌握使用还有一定困难。

3. 适用性

结构化系统开发方法是目前最成熟、应用最广泛的一种方法，主要适用于规模较大，组织相对稳定、业务处理过程规范、需求明确且在一定时期内不会发生大的变化的用户需要的复杂系统的开发。

三、原型法

（一）原型法的含义

原型法是 20 世纪 80 年代随着计算机软件技术的发展，特别是在关系数据库系统（Relational Data Base System，RDBS）、第四代程序生成语言（Fourth Generation Language，4GL）和各种系统开发生成环境产生的基础上，提出的一种从设计思想到工具、手段都是全新的系统开发方法。原型法克服了结构化系统开发方法的缺点，缩短了开发周期，降低了开发风险。

原型法和结构化系统开发方法是思路完全不同的两种方法，原型法扬弃了结构化系统开发方法那种一步步周密细致地进行系统分析和设计，最后才能让用户看到可实现系统的烦琐做法。在管理信息系统开发中，用"原型"来形象地表示系统一个早期可运行的版本，它能反映新系统的部分重要功能和特征。原型法是确定用户需求的策略，通过对用户需求的定义，采用启发的方式引导用户在逐渐加深对系统理解的过程中做出响应。

（二）原型法的基本思想

原型法凭借着系统分析人员对用户要求的理解，在强有力的软件环境支持下，快速地给出一个模型（或称原型、雏形），然后由用户、开发者及其他有关人员在试用原型的过程中，加强通信和反馈，通过反复评价和反复修改原型系统，逐步确定各种需求的细节，适应需求的变化，最终形成实际系统。这个模型大致体现了系统分析人员对用户当前要求的理解和用户想要实现的形式。

（三）原型法的开发过程

首先，用户提出开发要求，开发人员识别和归纳用户要求，根据识别、归纳结果，构造出一个原型（即程序模块）；其次，开发人员同用户一道评价这个原型。如果不行，则再对原型进行修改，直到用户满意为止（见图 3-3）。利用原型法开发 MIS 大致经过以下步骤：

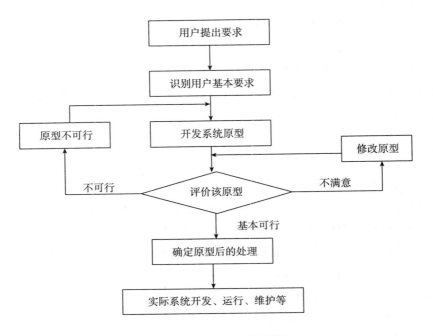

图 3-3　原型法工作流程

1. 确定用户的基本要求

为了设计、建立初始的原型，首先必须识别用户的基本需求。系统开发人员可以通过对用户的调查访问，明确用户对新系统的基本要求，如功能、输入/输出要求等，据此确定哪些要求是可实现的并估算实现的成本费用。原型法与传统的严格定义方法的主要不同在于，原型法所识别的需求不必是完善的，而只是一种"好的"设想。识别用户的基本需求是一项较为困难的工作，没有捷径可走，必须仔细对当前系统进行调查，与用户交互，做业务性研究等。

2. 开发一个原型系统

本阶段的目的是建立一个初始原型，以便由它开始进行迭代、修改和完善。初始原型的质量对利用原型法开发系统其他各阶段有着重大影响，因此初始原型是最终系统的核心部分，后续的迭代都将建立在它的基础之上。如果原型过于简单，则会增加以后的迭代，浪费时间和人力。反之，如果为了追求完整而将原型建得过于复杂，则会降低响应速度，并且今后势必要对其中的大量功能进行修改，而这也会降低系统开发的效果。

3. 原型验证

原型为用户和开发人员提供了一个发展系统方案和功能的机会，本阶段的目的是验证系统原型的正确程度，进而开发新的需求并修改原有需求。

原型迭代初期的主要工作是：用户对原型进行熟悉和操作；总体检查，找出隐含的错误；用户实际操作和熟悉原型系统。

原型迭代后期的主要工作是：发现不正确的或者漏掉的功能；提出进一步的建议；改善系统/用户界面。

4. 修改原型

通过对原型的验证，可以发现原型的问题，另外用户也会提出一些新的要求，因此需要对原型进行修正和改进。在多数情况下，这种修改是基于原型做进一步的改进。修改过程中应保留改进前后的两个版本，从而既可演示两个不同版本以帮助用户决策，又可在必要时放弃本次修改退回原来的版本。但是，当发现初始原型的绝大部分功能都与用户要求相违背，或者由于其他原因使该原型不能成为继续迭代的模型时，则应果断地放弃而不能继续凑合。此时，开发人员应重新设计一个新的原型，在此基础上进一步迭代、验证和修改。

5. 从原型向最终系统的转换

原型经过反复地使用、评价和修改以后即可转入最终系统（或称正式系统）的开发，从原型到正式系统的转换方式有以下三种。

（1）程序一次性使用。该方法将原型研制限定在传统软件生命周期的某一阶段，例如需求定义阶段，该阶段工作结束后，原型随之作废。该方式可用于验证、完善系统需求和人机接口的原型开发。

（2）程序嵌入。程序嵌入方式是将完成的原型体作为正式系统的核心部分。事实上这是一种附加策略，对应于我们在本章中所介绍的演化型的开发形式，把原型作为核心，逐步添加新功能，形成最终系统。

（3）程序自动变换。采用该方法时，原型用高级语言开发，并自动将原型体的语言变换成比最终系统的语言更低的中间语言，使得嵌入在最终系统中的原型体的运行效率比变换前大大提高。程序自动变换法尚存在一些未解决的问题，例如，不同语言之间的自动变换的困难，变换后程序的性能不能保障等。因此，该方法目前还处在研究阶段，并未达到实用化程度。

（四）原型法的优缺点与适用性

1. 优点

（1）符合人们认识事物的规律，系统开发循序渐进，反复修改，能确保较好的用户满意度。

（2）开发周期短，费用相对少，原型法用工具开发，不仅能很快形成原型，而且使用方便、灵活、修改容易，这样可大大缩短开发时间，降低成本。

（3）系统更加贴近实际，由于有用户的直接参与，用户的各种要求能及时反映到系统中，进而能使开发的系统完全符合用户的需求。

（4）易学易用，减少了用户的培训时间，用户从原型开始就不断地使用和评价系统，这样的用户，只要稍加培养，即可很快地学会使用系统。

（5）应变能力强，降低了系统开发风险，一定程度上减少了开发费用。

2. 缺点

（1）对于一个规模较大或复杂性较高的系统，很难建立这样一个原型，因此该法不适合大规模系统的开发。

（2）开发过程管理要求高，整个开发过程要经过"修改—评价—再修改"的多次反复，每次反复都要花费人力、物力、财力。如果用户配合不好，盲目地进行修改会导致系统开发周期变长，会无限拖延开发进程。

（3）用户过早地看到系统原型，易错认为系统就是这个模样，进而缺乏耐心和信心。

（4）开发人员很容易用原型取代系统分析。

（5）缺乏规范化的文档资料，给系统维护工作带来困难。

3. 适用性

原型法比较适用于用户需求不清、管理及业务处理不稳定、需求经常发生变化，系统规模较小且不太复杂的情况。

四、面向对象的开发方法

（一）面向对象方法的含义

20 世纪 80 年代，由于面向对象的语言和程序设计取得成功，面向对象的方法（Object Oriented Method，OOM）开始应用于管理领域中的 MIS 开发。面向对象的开发方法是从 20 世纪 80 年代末各种面向对象的程序设计方法（如 Small-talk、C++等）逐步发展而来的。作为一种方法论，面向对象的方法强调对现实世界的理解和模拟，便于由现实世界转换到计算机世界。面向对象的方法特别合适于系统分析和设计。相对于其他信息系统的分析设计方法，面向对象的方法更便于程序设计、修改和扩充。

面向对象（Object Oriented，OO）是 20 世纪 90 年代软件开发方法的主流。面向对象的概念和应用已超越了程序设计和软件开发，扩展到了很宽的范围，如数据库系统、交互式界面、应用结构、应用平台、分布式系统、网络管理结构、CAD 技术、人工智能等领域。

面向对象至今还没有统一的概念，这里我们把它描述为：按人们认知客观世界的系统思维方式，采用基于对象（实体）的概念建立模型，模拟客观世界分析、设计、实现软件的办法。通过面向对象的理念使计算机软件系统与现实世界中的系统一一对应。

（二）面向对象方法的基本思想

OOM 以对象为基本的元素，认为客观世界是由各种各样的对象所组成的，每种对象都有各自的内部状态和运动规律，不同对象之间的相互作用和联系构成不同的系统。OOM 强调将对象作为系统分析和设计的主体，使软件系统抽象为客观世界的对象集合，从而使我们可以按照习惯思维方式建立问题模型和构造系统，使软件系统更易于理解和维护，面向对象程序设计语言的封装性、继承性、多态性等特性为软件复用和扩充创造了条件。

当我们设计和实现一个客观系统时，如能在满足需求的条件下，把系统设计成由一些不可变的（相对固定）部分组成的最小集合，这个设计就是最好的。因为它把握了事物的本质，不再会被周围环境（物理环境和管理模式）的变化以及用户的需求变化所左右。而这些不可变的部分就是所谓的对象。

（三）面向对象开发工具

为了提高开发人员的生产效率，增强信息系统的界面友好性、可维护性、易扩充性，就必须有相应的工具来支持信息系统的开发。

随着客户/服务器体系结构的发展以及对全企业范围数据库系统需求的变化，系统开发人员对应用开发工具提出了新的要求，要求它们支持图形化的用户界面（GUI）开发，软件应用系统的可重用性、可扩展性等。

目前，市场上面向对象的开发工具很多，并且由于其出色特征而受到广大用户欢迎，如 Borland C++Builder、Visual C++、Visual Basic、Visual Foxpro、Power Builder、Delphi 等。

（四）面向对象方法的优缺点

面向对象的方法和其他方法一样，在我们利用其进行系统分析和设计的时候，必须对应用问题有深刻的理解，需要有一个详细的需求分析报告。

1. 优点

OOM 的优点是：OOM 以对象为基础，利用特定的软件工具直接完成从对象客体的描述到软件之间的转换，这是 OOM 最主要的特点和成就。OOM 解决了客观世界描述工具与软件结构不一致的问题，缩短了系统开发周期；解决了分析和设计等与软件模板结构之间多次转换映射的问题，简化了分析和设计过程。在 OOM 中，系统模型的基本单元是对象，是客观事物的抽象，具有相对稳定性，因而 OOM 开发的系统有较强的应变能力，重用性好、维护性好，并能降低系统开发维护费用、控制软件的复杂性。OOM 特别适合于多媒体和复杂系统。

2. 缺点

OOM 的缺点是：和原型法一样，OOM 需要有一定的软件基础支持才可应用。另外，对大型系统而言，采用自下向上的 OOM 开发系统，易造成系统结构不合理、各部分关系失调等问题，使系统整体功能的协调性差、效率降低。

五、计算机辅助系统开发方法

长期以来，人们进行系统开发主要采用手工方式，系统开发的速度和质量主要取决于系统分析人员、程序设计人员等的个人经验和水平。在这种开发方式下存在着一些难以克服的问题：①系统开发周期长，工作效率低；②质量得不到保证，数据一致性差；③文档工作不规范；④系统维护工作量大。20 世纪 80 年代迅速发展起来的计算机辅助软件工程（Computer Aided Software Engineering，CASE），缓和了系统开发过程中的系统分析、设计和开发"瓶颈"，成为实现系统开发自动化的一条主要途径。

（一）CASE 方法的含义

CASE 集图形处理技术、程序生成技术、关系数据库技术和各类开发工具于一身，能支持除系统调查外的每一个开发步骤，是一种自动化和半自动化的方法。如果严格地从认知方法论的角度来看，CASE 并不是一项真正的方法，它只是一种开发环境，提供了支持开发的各类工具。但从它对整个系统开发过程的支持程度来看，即从实用性角度来看，它是一种实用的系统开发方法。

CASE 是辅助进行应用程序开发的软件，包括分析、设计和代码生成。CASE

工具为设计和文件编制传统结构编程技术，提供了自动的方法。CASE 是一组工具和方法集合，可以辅助软件开发生命周期各阶段进行软件开发。

（二）CASE 方法的基本思路

CASE 方法解决问题的基本思路是：结合系统开发的各种具体方法，在完成对目标系统的规划和详细调查后，如果系统开发过程的每一步都相对独立且彼此形成对应的关系，则整个系统开发就可以应用专门的软件开发工具和集成开发环境（CASE 工具、CASE 系统、CASE 工具箱、CASE 工作台等）来实现。

在前面所介绍的任何一种系统开发方法中，如果自对象系统调查后，系统开发过程中的每一步都可以在一定程度上形成对应的关系，那么就完全可以借助于专门研制的软件工具来实现上述一个个的系统开发过程。这些系统开发过程中的对应关系包括：结构化方法中的业务流程分析→数据流程分析→功能模块设计→程序实现；业务功能一览表→数据分析、指标体系→数据/过程分析→数据分布和数据库设计→数据库系统等；面向对象方法中的问题抽象→属性、结构和方法定义→对象分类→确定范式→程序实现等。

（三）CASE 方法的特点

由于 CASE 只是为各种具体的开发方法提供了阶段性的开发工具，因而采用 CASE 进行开发还必须结合一种具体的开发方法，如结构化开发方法、原型法和面向对象的开发方法等。采用 CASE 工具开发有如下特点：

（1）解决了从客观对象到软件系统的映射问题，支持系统开发的全过程。

（2）系统开发具有较高的自动化水平，缩短了系统开发的周期。

（3）各种软件工具事先都经过了测试和验证，使开发的系统质量得到保证。

（4）对各阶段工作进行统一管理，各开发工具可通过公用数据库共享数据，能保持工作过程的连续性和数据的协调一致。

（5）需要维护的软件可根据事先的说明或定义重新生成一遍，软件维护方便且费用低。

（6）自动开发工作生成的标准化、规范化的文档的格式统一，减少了人的随意性，提高了文档的质量。

（7）自动化的工具使开发者从繁杂的分析设计图表和程序编写工作中解脱出来。

（8）CASE 方法可以辅助结构化开发方法、原型法和面向对象方法的系统开发。

（四）CASE 平台上的信息系统开发工具

1. 系统分析、设计工具

系统分析、设计工具为系统生命周期前、中期提供支持，处在信息系统开发过程的中上游，辅助定义需求，进行系统分析，产生一套分层的数据流程图、数据字典及文字说明。此外，还可以辅助设计人员生成新系统的控制结构图和功能模块图，为后续工作奠定坚实的基础。

2. 代码生成工具

代码生成工具主要支持软件编程工作，适用于系统生命周期后期工作，处在信息系统开发过程的下游。在程序设计阶段，可以为程序员提供各种便利的编程作业环境，有些工具还可以自动生成程序代码，为系统开发提供便利。

3. 测试工具

测试工具能通过执行程序发现系统中存在的错误，从而避免了不必要的损失。测试工具涉及测试的全过程，包括测试用例的选择、测试程序和数据的生成、测试执行及结果评价等。

4. 项目管理工具

项目管理是保证开发项目顺利进行所必要的对开发范围、时间、成本、人员、质量等方面的管理。项目管理工具能够协助项目管理人员进行有效的管理和控制，这类工具主要有 PERT 图、Gantt 图、软件配置管理工具等。

六、各种开发方法的比较

对于同一个系统开发过程来说，使用不同的系统开发方法其具体的操作过程是有所区别的。

（一）结构化方法

结构化方法是国际公认的标准化方法，它的思路是先对问题进行调查，然后从功能和流程的角度来分析、了解和优化问题，最后规划和实现系统。它能够辅助管理人员对原有的业务进行清理，理顺和优化原有业务，使其在技术手段上和管理水平上都有很大提高；有利于发现和整理系统调查、分析中的问题及疏漏，便于开发人员准确地了解业务处理过程；有利于与用户一起分析新系统中适合企业业务特点的新方法和新模型；能够对组织的基础数据管理状态、原有信息系统、经营管理业务、整体管理水平进行全面系统的分析。结构化方法过程严密、思路清楚，但总体思路上比较保守，是以不变应万变来适应环境的变化。

（二）原型法

原型法强调开发人员与用户的交流，该方法开发的 MIS 具有较强的动态适应性。该方法的思路是先请用户介绍问题，利用软件工具迅速地模拟出一个问题原型，并与用户一道运行和评价这个原型，用户如不满意则立刻修改，直到用户满意为止，最后优化和整理系统。要想将这样一种方法应用于大型信息系统开发的所有环节中是不可能的，原型法对于小型局部系统或处理过程比较简单的系统的开发效果较好，但原型法在计算机的开发工具上要求较高。

（三）面向对象方法

面向对象方法是一种新颖、具有独特优点的方法，是先对问题进行调查，然后从抽象对象和信息模拟的角度来分析问题，将问题按其性质和属性划分成各种不同的对象和类，弄清它们之间的信息联系，最后用面向对象的软件工具实现系统。它是围绕对象进行系统分析和系统设计，然后用面向对象的工具建立系统的方法。这种方法的缺点在于在没有进行全面系统性调查分析之前把握整个系统结构有困难。它普遍适用于各类信息系统开发，但是不能涉足系统分析之前的开发环节。

（四）CASE 方法

CASE 方法是一种除系统调查外全面支持系统开发过程的方法，也是一种自动化（准确地说应该是半自动化）的系统开发方法。因此，就方法学的特点来看，它具有上述各种方法的各种特点，同时又具有其自身的独特之处，即高度自动化。值得注意的是，在该方法的应用和 CASE 工具自身的设计中自顶向下、模块化、结构化都是贯穿始终的。

以上介绍了四种 MIS 开发方法，在实践中，各单位的 MIS 的规模大小不同，处理的功能繁简不一，涉及的管理层次也有高、中、低之分，如何根据本单位实际情况选择合适的开发方法，是影响系统开发效率和质量等的主要因素。在实际开发中，单纯地采用哪一种方法进行开发都是片面的、有缺陷的，最好是将各种方法综合起来使用，以取长补短。

目前，只有结构化系统开发方法是真正能比较全面支持整个系统开发过程的方法。其他几种方法虽然各有很多优点，但都是作为结构化系统开发方法在局部开发环节上的补充，暂时都还不能替代其在系统开发过程中的主导地位。

本章小结

本章对管理信息系统的开发进行概要地论述，介绍了管理信息系统的开发条件、开发策略、开发方式，还介绍了常用的系统开发方法：结构化生命周期法、原型法、面向对象的开发方法和计算机辅助系统开发方法，从这些开发方法的含义、基本思想、开发过程以及优缺点等方面进行了阐述，并对这几种开发方法进行了比较。

习题

1. 管理信息系统开发需要具备哪些条件？
2. 试分析"自上而下"和"自下而上"的开发策略。
3. 试分析比较管理信息系统的四种开发方式。
4. 简述结构化系统开发方法的开发过程。
5. 原型法系统开发方式有什么优缺点？
6. CASE 方法的基本思路是什么？这种方法有什么特点？
7. 试简述几种常用的系统开发方法的相同和不同之处。

第四章　管理信息系统的开发

MIS 作为一种获得信息资源的手段和先进的管理方法，在当前激烈的竞争环境下正日益显示出其重要性。系统规划是 MIS 生命周期的第一阶段，是 MIS 的概念形成时期，它是关于 MIS 的长远发展的计划，关系到 MIS 的发展方向、系统规模和开发计划。科学的规划可以减少工作的盲目性，使系统具有良好的整体性、较强的适应性，有利于规范管理、缩短系统开发周期、节省开发费用。因此，系统规划作为信息系统建设成功的关键环节，必须按照中国共产党的二十大报告提出的坚持系统观念，为前瞻性思考、全局性谋划、整体性推进党和国家各项事业提供科学思想方法。

第一节　管理信息系统的系统规划

一、信息系统规划的概念

规划一般指对较长时期的活动进行总体、全面的计划。一个组织不仅在最高层有规划，而且在中层和基层也有规划，每层规划都应符合上层规划的约束。任何组织的规划都在动态中发展，而且在不同时期可能需要根据环境条件和政策策略进行调整。

系统规划通常又称信息系统规划，是从服从和服务于企业战略的角度对企业信息系统近、中、长期的使命和目标、实现策略和方法、实施方案等内容所做的统筹安排。它是企业战略规划的一个重要组成部分，也是企业战略规划下的一个专门性规划。

二、信息系统规划的内容

依据信息系统规划过程的任务和方法论，Bowman 和 Davis 等提出了三阶段规划模型。该模型将信息系统的规划依活动的顺序、可用的技术及适用的方法分为战略规划、制订总体结构方案、资源分配三个阶段，如图 4-1 所示。

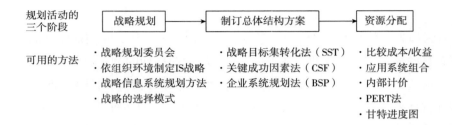

图 4-1　信息系统规划的三阶段模型

（一）信息系统的战略规划

组织中所要实现的信息技术应用或所开发的信息系统往往不止一个，组织要全面实现计算机管理也不是一项短期的任务。信息系统的战略规划是关于信息系统的长远发展规划，是要在组织战略业务规划的指导下，考虑组织管理水平和信息技术水平，对组织内部的信息技术和信息资源开发工作进行合理安排，确定信息系统在组织中的地位以及结构关系，并制定出分阶段的发展目标、发展重点以及实现目标的途径和措施等（见图 4-2）。

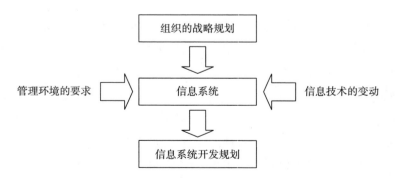

图 4-2　制定信息系统战略规划的相关因素

信息系统的规划是在组织战略规划的指导下完成的。首先，需要调查分析组织的目标与约束。其次，需要评价现行信息系统的功能、环境和应用状况。最后，在完成上述两个步骤的基础上确定信息系统的使命，制定信息系统的战略目标及相关政策。信息系统战略规划的内容包括：

1. 信息系统的目标与约束条件

进行信息系统战略规划，应根据组织的战略目标、外部环境、内部约束条件，确定信息系统的总目标、发展战略和总体结构。信息系统总目标规定信息系统的发展方向，发展战略提出衡量具体工作完成程度的标准，总体结构则提供系统开发的框架。

制订信息系统目标时，需要考虑信息系统与哪些外单位有联系，在哪些工作上联系，这些联系的现状及未来的发展等。内部约束条件主要是人员、资金、设备、处理时间、功能要求以及性能要求等方面的限制。

2. 当前的能力状况

了解组织当前的能力状况：①组织的概况，包括组织的规划、人力、物力，主要耗用物资及业务流程，现行组织机构与管理体制，经济效益等；②可提供的资源，包括资金的来源是否落实、可靠，可参与开发工作人员的数量和素质，已有计算机系统的数量、功能、容量和运行情况等；③费用的使用情况、项目状况及评价等。

3. 预测未来信息技术的发展

信息系统规划受到信息技术发展的影响，比如计算机、网络、DBMS、OA、ERP等技术的发展，而系统设计方法的改变，甚至法规、竞争者行为等环境因素也会对规划产生影响。因此，对规划中涉及的软、硬件技术和方法论的发展变化及其对信息系统的影响应做出预测。

（二）制订信息系统的总体结构方案

在调查分析组织信息需求的基础上，提出信息系统的总体结构方案，根据发展战略和总体结构方案，进行系统和应用项目开发次序及时间安排。这一环节可采用企业系统规划（BSP）方法或战略信息规划方法等对信息需求进行认真分析。

制订信息系统总体结构方案的重点包括：定义业务过程和数据类；分析研究现行系统在组织中的地位和作用、工作内容，人员组成及分工；研究管理部门对系统的要求，业务部门对开发新系统的认识、设想和迫切程度；确定新系统的体系结构与子系统划分，确立新系统各开发项目的优先顺序。

（三）制订系统建设的资源分配计划

组织内各部分信息系统建设的需求与条件是不平衡的，应该针对这些应用项目的开发优先性对有限的开发资源进行合理分配，这就是项目计划与资源分配阶段的主要任务（见图4-3）。这一阶段主要是为规划中的每个项目所需要的软硬件资源、数据通信设备、人员、技术、资金等进行估计，提出整个系统建设的概算，对开发资源和运营资源进行分配，并对即将到来的一段时间做出相当具体的工作安排。

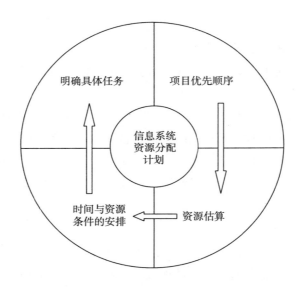

图4-3 制订信息系统的资源分配计划的主要内容

在系统规划的指导下，一旦具备了所需的资源，就可以进行具体项目（子系统）的开发了。当然，较小的组织只要信息需求清楚，也可以直接开发其信息系统。信息系统的规划需要不断修改，必须组织有关专家对规划报告进行认证，并根据认证意见制订或调整计划。

系统规划的后期，要对项目的可行性进行研究。事实上，可行性研究是任何一项大型工程投入力量之前必须进行的一项工作。这对于保证资源的合理使用、避免浪费是十分必要的，也是项目得以顺利进行的必要保证。"可行性"指的是在当前情况下，企业研制的信息系统是否必要，是否具备必要的条件，包括可能性、必要性和合理性。

三、信息系统规划的方法

MIS 的规划属于某种非确定性的决策，即具有较强的灵活性和权变性的决策，往往需要采用多种规划方法，广泛收集信息，并对各方面的信息进行综合性的比较、分析和判断。以下介绍的几种规划方法，都能从某个侧面给人以必要的启示，帮助管理者进行正确的思考和分析，但没有哪一种方法能够让人直接得到企业 IT 发展的解决方案。

（一）战略目标集转化法

战略目标集转化法（Strategy Set Transformation，SST）是由 William King 于 1978 年提出的，他把整个战略目标看成"信息集合"，由使命、目标、战略和其他战略变量组成，MIS 的战略规划过程是把组织的战略目标转变为 MIS 战略目标的过程，如图 4-4 所示。

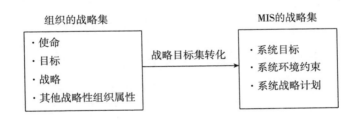

图 4-4 战略目标集转化法

战略目标集转化法的实施步骤如下：

1. 识别组织的战略集

先考查一下该组织是否有成文的战略式长期计划，如果没有，就要去构造这种战略集合，步骤如下：

（1）描绘出组织的关联集团，如经理、雇员、供应商、顾客、贷款人、政府代理人、地区社团及竞争者等，他们是与该组织利益相关的人员。

（2）识别关联集团的要求。组织的使命、目标和战略反映了每个关联集团的要求，不仅要对每个关联集团的要求的特性作定性描述，还要对这些要求被满足程度的直接和间接度量方法给予说明。

（3）识别每个关联集团的使命及战略。识别组织的战略后，应立即交给企业组织负责人审阅，收集反馈信息，经修改后进行下一步工作。

2. 将组织战略集转化成 MIS 战略

MIS 战略应包括系统目标、环境约束以及战略计划等。这个转化的过程包括三个步骤：首先，对应组织战略集的每个元素识别对应的 MIS 战略约束；其次，提出整个 MIS 的结构；最后，选出一个方案提交给组织领导。如图 4-5 所示为一个企业应用战略目标集转化法的例子。

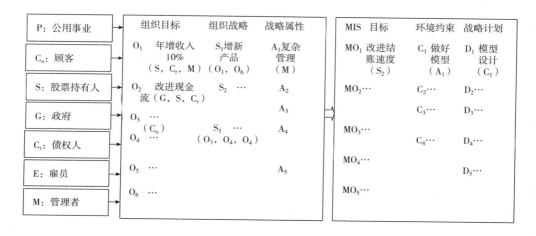

图 4-5 战略目标集转化法

由图 4-5 我们可以看出组织目标是由不同群体引出的。例如，组织目标 O_1 由股票持有人 S、债权人 C_r 以及管理者 M 引出；组织战略 S_1 由目标 O_1 和 O_6 引出；依次类推。这样就可以列出 MIS 的目标、环境约束以及战略计划。

SST 方法从另一个角度识别管理目标，反映了各种人的要求，而且给出了按这种要求分层，进而转化为信息系统的目标的结构化方法，能保证目标比较安全，疏漏比较少。

（二）关键成功因素法

1970 年哈佛大学教授 William Zani 在管理信息系统模型中用了关键成功变量，这些变量是确定信息系统成败的因素。过了 10 年，麻省理工学院教授 John Rockart 把关键成功因素法（Critical Success Factors，CSF）提升为信息系统的战略，用以满足高层管理的信息需求，特别是解决那些每月收到大量计算机生成的报表却几乎找不到任何有价值的信息的问题。关键成功因素法的主要思想是"抓主要矛盾"。借助这种方法，可以对影响企业成功的重要因素进行识别，确定组织的信息需求，规划开发能够满足这些需求的信息系统。

1. CSF 的基本概念

关键成功因素指的是对企业成功起关键作用的因素。关键成功因素法就是以关键因素为依据来确定系统信息需求的一种 MIS 总体规划的方法。在现行系统中，总存在着多个变量影响系统目标的实现，其中若干个因素是关键的和主要的（即成功变量）。通过对关键成功因素的识别，找出实现目标所需的关键信息集合，从而确定系统开发的优先次序。

2. CSF 的重要性

关键成功因素是企业 IT 支持最先要解决的问题，也是投资最先予以保证、质量要求最高的环节。例如，物流企业和供应公司的物资管理环节、出版公司的排版系统和员工 E-mail 系统等，都是直接影响企业竞争力的关键环节。

3. CSF 法的应用步骤

（1）了解企业战略目标。

（2）逐层（总裁层、主管层）了解，识别所有的成功因素。主要是分析影响战略目标的各种因素和影响这些因素的子因素。

（3）确定关键成功因素。不同行业的关键成功因素各不相同，即使是同一个行业的组织，由于各自所处的外部环境的差异和内部条件的不同，其关键成功因素也不尽相同。因而，对所有的成功因素进行评价，根据组织的现状及目标确定出关键成功因素，可以使用德尔菲法或模糊综合评价法等。

（4）明确各关键成功因素的性能指标和评估标准。

图 4-6 可以表示这四个步骤。

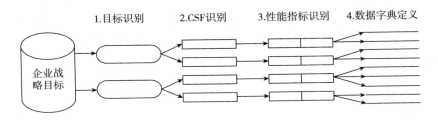

图 4-6　关键成功因素法

关键成功因素就是要识别与系统目标相联系的主要数据类及其关系，识别关键成功因素所用的工具是树枝因果图。如图 4-7 所示，某企业有一个目标，是提高产品竞争力，可以用树枝图画出影响它的各种因素，以及影响这些因素的子因素。

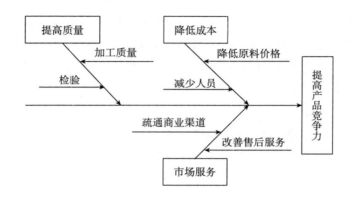

图 4-7　识别关键成功因素的树枝图

4. CSF 法的优缺点

CSF 法的优点是：①抓住关键问题。因为只有高层管理者参与面谈，所以问题也集中在少数几个关键性成功因素上，而不是泛泛地调查使用哪些和需要哪些信息。②能够使所开发的系统具有很强的针对性，较快地取得收益。

CSF 法的主要局限是：①数据的汇总过程和数据分析都是一种随意的方式，缺乏一种专门、严格的方法将众多个人关键性成功因素汇总成一个明确的企业关键性成功因素。②在被访问者中，个人和组织的关键性成功因素往往是不一致的，两者的界限有时混淆了。也就是说，对管理者个人而言是关键性的因素，而对组织就未必重要。而且用这种方法时由于高层管理者参与面谈，最终结果容易明显地倾向于他们的意见。③由于环境和管理常常迅速发生改变，会出现新的关键成功因素，因此信息系统也须做出相应的调整。

5. 适用场合

CSF 法主要适合在高层领导人员中使用，在中层管理者中，采用 CSF 法也具有较大的作用。管理者可以决定自己的关键成功因素，并且为这些因素建立良好的衡量标准，确定需求信息及其类型，据此开发数据库，进而开发一个对管理者有意义的信息系统。这样就可以限制那些非必要数据的高成本积累，而一些虽经常生成但无有效价值的报表数据也可以被精减掉。CSF 法通过灵活的查询及报表系统支持管理者确定信息需求。

（三）企业系统规划法

1. 企业系统规划法概述

企业系统规划法（Business System Planning，BSP）是 IBM 在 20 世纪 70 年代提出的，是用于企业内部系统开发的一种方法。这种方法基于信息支持企业运行的思想，首先自上而下地识别企业目标、企业过程与数据，其次自下而上设计系统目标，最后把企业的目标转化为管理信息系统规划，如图 4-8 所示。

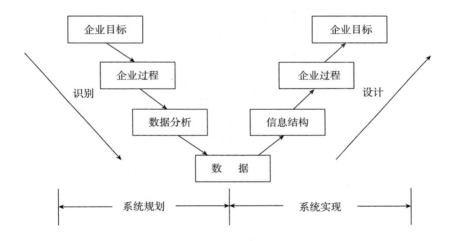

图 4-8　BSP 方法的基本过程

2. BSP 法的工作步骤

BSP 法是将企业目标转化为信息系统（IS）战略，工作步骤如图 4-9 所示。

（1）准备工作。BSP 工作是一项系统性工程，准备环节十分重要。准备工作包括接受任务和组织队伍。一般接受任务是由一个委员会承担。这个委员会要明确规划的方向和范围，在委员会下应有一个系统规划组，委员会委员和系统组成员思想上要明确"做什么"（What）、"为什么做"（Why）、"如何做"（How），以及"希望达到的目标是什么"。

（2）调查研究。委员会成员通过查阅资料，深入各级管理层了解企业的决策过程、组织职能以及部门的主要活动和存在的主要问题。

（3）确定目标。为了确定信息系统的目标，需要调查了解企业目标和为了达到此目标所采取的方针、措施及约束条件等。一个企业的目标可由若干子目标组成，子目标还可以进一步细分。例如，一个企业的总目标是年产值和年利润达到多少指标，跃居国内同行第一，其子目标可分为产品生产与开发、市场定位、各项管理（财务、设备、材料、人力等）的目标。整个目标可构成一棵目标树，只有明确企业的管理目标，信息系统才可能给企业提供最直接的支持。

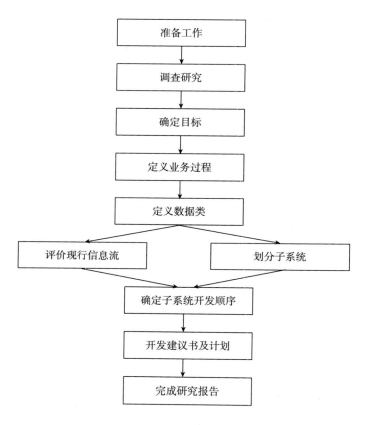

图 4-9　BSP 方法的工作流程

（4）定义业务过程。定义业务过程也称为定义管理功能，是 BSP 方法的核心。业务过程是指企业管理中逻辑相关的、为了完成某种管理功能的一组决策和活动的集合，这些决策和活动是管理企业所必需的。定义业务过程的目的是了解信息系统的工作环境和建立企业的过程。BSP 法强调管理功能应独立于组织机构，从企业的全部管理工作中分析归纳出相应的管理功能。这样设计的信息系统可以相对独立于组织机构，较少受体制变动的影响。例如，不论招生工作是属于教务处还是属于学生工作处，其业务过程都是一样的。定义企业过程的步骤如图4-10所示。

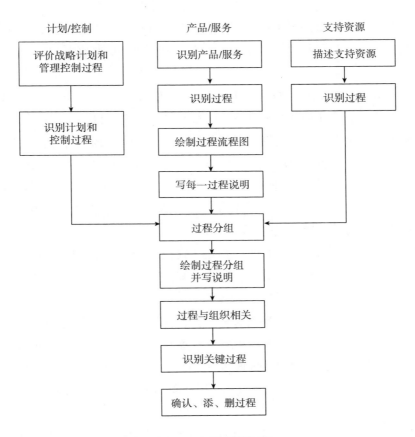

图 4-10　BSP 识别过程

任何企业的活动均由三方面组成：一是计划和控制；二是产品和服务；三是支持资源。这可以说是三个源泉，任何活动均由这里导出。在业务过程的定义中要结合业务流程重组的思想，对低效或不适合计算机信息处理的过程进行优化处理。另外，系统规划阶段只是在宏观上对现行系统最主要的过程进行定义，为信息系统的结构划分提供基本依据。

（5）定义数据类。在总体规划中，把系统中密切相关的信息归成一类数据，称为数据类，如客户、产品、合同等，都可称为数据类。识别数据类的目的在于了解企业目前的数据状况和数据要求，以及数据与企业实体、业务过程之间的联系，查明数据共享的关系，为定义信息结构提供基本依据。

（6）定义信息系统结构。数据类和业务过程都被识别出来后，就可以定义信息系统的总体结构。定义信息系统结构的目的是刻画未来信息系统的框架，即划分子系统。其思想就是尽量把信息产生的企业过程和使用的企业过程划分在一个子系统中，减少子系统之间的信息交换，可以使用功能/数据类（U/C）矩阵来实现。

（7）确定总体结构中的优先顺序。由于资源的限制，对信息系统总体结构中的子系统按先后顺序确立开发计划。一般来说，确定项目的优先顺序应考虑以下四类标准。①潜在效益：近期内项目的实施是否可节省开发费用，长期内是否对投资回收有利，是否明显增强竞争优势。②对组织的影响：是不是组织的关键成功因素或待解决的主要问题。③成功的可能性：从技术、组织、实施时间、风险情况以及可利用资源等方面，考虑项目成功的可能性。④需求：用户的需求、项目的价值以及与其他项目间的关系。

（8）形成最终研究报告。BSP工作最后提交的报告就是信息系统建设的具体方案，包括系统构架、子系统划分、系统的信息需求和数据结构、开发计划。

3. 利用U/C矩阵定义系统的总体结构

在对实际系统的业务过程和数据类做了描述以后，就可以在此基础上进行系统化的分析，以便整体性地考虑新系统的功能子系统和数据资源的合理分布。

U/C矩阵是用来分析过程与数据两者之间关系的有效工具。矩阵中的行表示数据类，列表示过程，并以字母U（Use）和C（Create）来表示过程对数据类的使用和产生。

（1）U/C矩阵的作用。U/C矩阵在定义系统的总体结构的过程中具有以下作用：①通过对U/C矩阵的正确性检验，发现调研工作的疏漏和错误。②通过对U/C矩阵的正确性检验来分析数据的正确性和完整性。③通过对U/C矩阵的求解，对子系统进行划分。④通过子系统之间的联系（"U"），可以确定子系统之间的共享数据。

（2）工作步骤。利用U/C矩阵划分子系统的步骤如下：

1）U/C矩阵的建立。用表的行和列分别记录企业系统的数据类和过程，如表4-1所示。

表 4-1 U/C 矩阵的建立

过程＼数据类	客户	订货	产品	加工路线	材料表	成本	零件规格	原料库存	成品库存	职工	销售区域	财务	计划	设备负荷	材料供应	工作令
经营计划						U						U	C			
财务计划						U				U		U	U			
产品预测	U		U								U		U			
产品设计开发	U		C		U		C									
产品工艺			U		C		C	U								
库存控制								C	C						U	U
调度			U											U		C
生产能力计划				U										C	U	
材料需求			U		U										U	
作业流程				C										U	U	U
销售区域管理	C	U	U													
销售	U	U	U								C					
订货服务	U	C	U													
发运		U	U							U						
会计	U		U									U				
成本会计		U				C										
人员计划										C						
人员招聘考核										U						

2）U/C 矩阵的正确性检验。

一是完备性（Completeness）检验：指对具体的数据项必须有一个产生者（即"C"）和至少一个使用者（即"U"），每个过程则必须产生或使用（U 或 C）数据类，否则这个 U/C 矩阵是不完备的，如表 4-1 中的第 8 列无使用者，经过检验，将第 6 行第 8 列的符号"C"改为"U"，这样就符合完备性。

二是一致性（Uniformity）检验：指每一个数据类仅有一个产生者，即在矩阵中每个数据类只有一个"C"。如果有多个产生者的情况出现，则会产生数据不一致的现象，如表 4-1 中的第 8 列存在两个产生者，将第 6 行第 8 列的符号"C"改为"U"即可。

三是无冗余性（Non-verbosity）检验：指每一行或每一列必须有"U"或"C"，即不允许有空行空列。若存在空行空列，则说明该过程或数据的划分是没有必要的、冗余的。

3）求解 U/C 矩阵。开始时数据类和过程是随机排列的，U、C 在矩阵中的排列也是分散的，必须加以调整。

首先，过程这一列按过程组排列，每一过程组中按资源生命周期的四个阶段排列。过程组是指同类型的过程，如"经营计划""财务计划"属计划类型，归入"经营计划"过程组。

其次，排列"数据类"这一行，使得矩阵中 C 最靠近主对角线。因为过程的分组并不绝对，在不破坏过程成组逻辑性的基础上，可以适当调配过程分组，使 U 也尽可能靠近主对角线。表 4-1 的过程/数据类矩阵经上述调整后，得到表 4-2 所示的过程/数据类矩阵。

表 4-2 U/C 矩阵的调整过程

过程 \ 数据类	计划	财务	产品	零件规格	材料表	原料库存	成品库存	工作令	设备负荷	材料供应	加工路线	客户	销售区域	订货	成本	职工
经营计划	C	U													U	
财务计划	U	U													U	U
产品预测	U		U									U	U			
产品设计开发			C	C	U							U				
产品工艺			U	C	C	U										
库存控制						C	C	U		U						
调度			U					C	U							
生产能力计划									C	U	U					
材料需求			U		U					C						
作业流程								U	U	U	C					
销售区域管理			U									C		U		
销售			U									U	C	U		
订货服务			U									U			C	
发运			U			U								U		
会计			U									U				U
成本会计														U	C	
人员计划																C
人员招聘考核																U

4）系统功能划分和确定数据的分布。

一是系统逻辑功能的划分：在求解后的 U/C 矩阵中画出一个个方块，每个小方块即为一个子系统，如表 4-3 所示。

划分子系统时应注意两点：①沿对角线一个接一个地画，既不能重叠，又不能漏掉任何一个数据和过程；②小方块的划分是任意的，但必须将所有的"C"元素都包含在小方块内。

表4-3　划分子系统

数据类\过程	计划	财务	产品	零件规格	材料表	原料库存	成品库存	工作令	设备负荷	材料供应	加工路线	客户	销售区域	订货	成本	职工
经营计划	C	U													U	
财务计划	U	U													U	U
产品预测	U		U									U	U			
产品设计开发			C	C	U							U				
产品工艺			U	C	C	U										
库存控制						C	C	U		U						
调度			U					C	U							
生产能力计划									C	U	U					
材料需求			U		U					C						
作业流程								U	U	U	C					
销售区域管理			U									C		U		
销售			U									U	C	U		
订货服务			U									U		C		
发运			U				U							U		
会计			U									U				U
成本会计														U	C	
人员计划																C
人员招聘考核																U

二是确定子系统之间的联系：所有数据的使用关系都被小方块分隔成了两类，一类在小方块以内，另一类在小方块以外。在小方块以内所产生和使用的数据，则今后主要放在本系统中处理；而在小方块以外的"U"，则表示各子系统之间的数据联系，这些数据资源今后应考虑放在网络上供各子系统共享或通过网络来相互传递数据，如表4-4所示。通过对U/C矩阵的求解最终得到子系统的划分。

表 4-4　子系统之间的数据联系

过程＼数据类	计划	财务	产品	零件规格	材料表	原料库存	成品库存	工作令	设备负荷	材料供应	加工路线	客户	销售区域	订货	成本	职工
经营计划	1														U	
财务计划															U	U
产品预测	U		技术准备子系统									U	U			
产品设计开发												U				
产品工艺						U										
库存控制						生产制造子系统										
调度			U													
生产能力计划																
材料需求			U		U											
作业流程																
销售区域管理			U													
销售		U	U									销售子系统				
订货服务		U	U													
发运		U	U				U									
会计		U	U									U				
成本会计												U			2	U
人员计划																
人员招聘考核																3

注：1 为经营计划子系统；2 为财会子系统；3 为人事子系统。

（四）BSP 方法的优缺点

1. BSP 法的优点

（1）企业系统规划法展示了组织状况、系统或数据应用情况以及差距，它尤其适用于刚刚启动或产生重大变化的情况。

（2）保证信息系统独立于企业的组织机构，也就是能够使信息系统具有对环境变更的适应性，即使将来企业的组织机构或管理体制发生变化，信息系统的结构体系也不会受到太大的冲击。

2. BSP 法的缺点

（1）BSP 方法的核心是识别企业过程，在识别过程阶段，由于过于注重局部，没有强调从全局上描述整个企业业务流程，不能保证功能的完整性和整体性。在定义数据类时，比较常见的是分析每一过程利用什么数据，产生什么数据，这同样没有从全局上考虑整个数据流程，无法保证数据的一致性和数据流程的畅通性。

（2）BSP 在需求分析阶段带有一定的盲目性，例如在识别过程时，它要求尽可能地列出更多的过程，不管这些过程是否符合逻辑，大小是否一致，而这一点正是后面合并和调整过程阶段浪费时间的原因，列出的过程过多、过于琐碎导致分析矩阵过大而难以对其进行分析，也因此增加了对企业问题评价和子系统划分的难度。

第二节　管理信息系统的系统分析

一、系统分析的任务

在管理信息系统开发实践中，经过成功和失败的教训，使人们认识到，为了使开发出来的目标系统能满足实际需要，在着手编程之前，按照中国共产党的二十大报告提出的必须坚持问题导向，聚焦实践遇到的新问题，不断提出真正解决问题的新理念新思路新办法。认真考虑以下问题：

（1）系统所要求解决的问题是什么？

（2）为解决该问题，系统应做些什么？

（3）系统应该怎么去做？

在总体规划阶段，通过初步调查和可行性分析，建立了系统的目标，回答了上面的第一个问题。而第二个问题的解决，正是系统分析的任务。第三个问题则由系统设计阶段解决。

系统分析是指在总体规划的指导下，对系统进行深入详细的调查研究，确定新系统的逻辑模型过程。简单来说，系统分析阶段的任务就是将系统目标具体化为用户需求，再将用户需求转换为系统的逻辑模型，系统的逻辑模型是用户需求明确、详细的表示，它们之间的关系如图 4-11 所示。

图 4-11　新系统目标、用户需求和新系统逻辑模型

1. 了解用户需求

要解决"系统要做些什么"的问题，系统分析人员必须与用户密切协商，这是系统分析工作的特点之一。根据现行信息系统与计算机信息系统各自的特点，认真调查和分析用户需求。所谓用户需求，是指新系统必须满足的所有性能和限制，通常包括功能要求、性能要求、可靠性要求、安全保密要求以及开发费用、开发周期、可使用的资源等方面的限制。

用户是新系统的使用者，因此在系统分析过程中，一定要从用户的需求出发，做大量细致的工作。用户对开发的系统是否满意取决于系统是否满足用户的需求。因此，需求分析是系统分析阶段一项非常重要的工作，是整个信息系统开发的基础。

2. 确定系统逻辑模型，形成系统分析报告

在详细调查的基础上，运用各类系统开发的理论、开发方法和开发技术，确定系统的逻辑功能，再用一系列图表和文字表示出来，形成系统的逻辑模型，为下一步系统设计提供依据。逻辑模型包括数据流程图、数据字典、基本加工说明等。它们不仅在逻辑上表示新系统目标所具备的各种功能，而且还表达了输入、输出、数据存储、数据流程和系统环境等。逻辑模型只告诉人们目标系统要"干什么"，而暂不考虑系统怎样来实现的问题。

系统分析报告是系统分析阶段的最终结果，通过一组图表和文字说明描述了新系统的逻辑模型。

二、系统分析阶段的工作步骤

1. 详细调查

在总体规划时所做的初步调查只是为了总体规划和进行可行性分析的需要，相对来说是比较粗糙的。现在，则应在初步调查的基础上，进一步详细调查现行系统的情况和具体结构，并用一定的工具对现行系统进行详尽的描述，这是系统分析最基本的任务。在充分了解现行系统现状的基础上，进一步发现其存在的薄弱环节，并提出改进的设想，这是决定新系统功能强弱、质量高低的关键所在。

2. 组织结构与业务流程分析

在详细调查的基础上，用图表和文字对现行系统进行描述，详细了解各级组织的职能和有关人员的工作职责、决策内容对新系统的要求、业务流程各环节的业务及信息的来龙去脉。其目的是把系统的内在关系分析清楚，以便确定形成新

系统的逻辑模型。

3. 系统数据流程分析

以业务流程分析为基础,分析数据的流程、传递、处理与存储过程,用数据流程图进行描述,建立数据字典。

4. 提出新系统的逻辑模型

在详细调查和用户需求分析的基础上提出新系统的逻辑模型。逻辑模型仅在逻辑上确定新系统模型,而不涉及具体的物理实现。用户可通过逻辑模型了解新系统,并进行讨论和改进。

5. 编制系统说明书

对上述采用图表描述的逻辑模型进行适当的文字说明,就组成了系统说明书。它是系统分析阶段的主要成果。系统说明书既是用户与开发人员达成的书面协议或合同,也是管理信息系统生命周期中的重要文档。

三、详细调查

详细调查是系统开发工作中最重要的环节之一。实事求是地全面调查是系统分析和设计的基础,其工作质量对整个系统开发的成败具有决定性影响。系统调查工作的工作量很大,所涉及的业务、人员、数据、信息都非常多。所以,系统开发工作首先需要保证科学地组织和展开详细调查。

现行系统的调查研究是一项烦琐而艰巨的工作,为了使调查工作能顺利进行并获得预期成效,需要掌握有关的方法、要领和一定的技巧。在管理信息系统开发中所采用的调查方法通常有以下六种:

1. 收集资料

就是将各部门科室和车间日常业务中所用的计划、原始凭据、单据和报表等的格式或样本统一收集起来,以便对它们进行分类研究。

2. 调查会

管理中的有些问题常牵涉到众多的人员,通过开征询会、讨论会的方式往往有利于尽快地弄清这些问题的来龙去脉,把握住问题的本质。如果有条件还可以通过打电话和召开电视会议进行调查,但只能作为补充手段,因为许多资料需要亲自收集和整理。在深度调查和征询有关人员对建立系统的看法时,开会讨论的方式更能发挥作用。这是一种集中征询意见的方法,适合于对系统的定性调查。

3. 重点询问方式

重点询问方式就是通过调查了解促使企业的各个岗位成功的"关键成功因子"，列出若干个可能的问题，自顶向下地、尽可能全面地对用户进行提问，然后分门别类地对询问的结果进行归纳，找出影响企业管理工作成败的"关键因子"。

4. 问卷调查

根据系统特点设计调查问卷，向有关单位和个人征求意见和收集数据。如果企业已经具有网络设施可通过 Internet 网和局域网发电子邮件进行调查，这可大大节省时间、人力、物力和金钱。问卷调查适用于比较复杂的系统。调查问卷可由问题和答案两部分组成，问题由主持调查工作的系统分析人员列出，答案主要由被调查单位的人员给出。

5. 业务需求调查方式

对企业的全面业务需求进行调查可采用事先设计调查表，由企业业务人员填写调查表的方式，这种调查方法一般用于对基层业务管理部门的业务调查。该调查方法要求设计能够全面了解业务情况并能够进行一致性和完备性检查的一组调查表。这里说的一致性和完备性检查是指通过比较一组调查表的每一个调查表所填写的内容，检查发现填表是否正确，是否完全描述了所调查部门的机构任务、信息等方面的情况。这就要求在设计调查表格时，对于关键问题要以不同形式、不同层次在两个或两个以上表中出现。通过实践，我们认为，业务需求调查一般要设计三张表格，即组织机构调查表、目标功能调查表、信息需求调查表。

6. 深入实际的调查方式

通过问卷调查和业务需求调查后，需要对调查结果进行整理、分析。一旦在整理过程中发现结果前后有矛盾或不一致时，就必须带着问题到实际的工作岗位工作一段时间，摸清详细的业务和数据流程，弄清问题所在并解决。

深入实际的调查方式是完善信息系统调查工作的一种方法，一般用于了解业务处理中的不规范处理情况和处理细节。企业在管理过程中，采取深入实际的调查方式有助于系统分析人员系统、全面地了解并描述业务过程。

四、组织结构与功能分析

现行系统中的信息流动是以组织结构为基础的。各部门之间存在着各种信息和物质的交换关系，只有理顺了各种组织关系，才能使系统分析工作找到头绪，而有了调查问题的突破口，才能使我们按照系统工程的方法自顶向下地进行分析。

（一）组织结构调查

组织结构是一个组织内部部门的划分及其相互之间的关系。组织结构调查旨在弄清组织内部的部门划分、各部门之间的领导与被领导关系以及各部门的职能。

在组织结构调查中常用的调查工具就是组织结构图（见图4-12）。组织结构图是用来描述组织的总体结构以及组织内部各部分之间的联系，反映组织内部各部门隶属关系的树状结构图。在进行管理信息系统分析时，我们只关心与我们要开发的管理信息系统相关的组织机构。也就是说，我们给出的组织结构图中一般只包括我们所开发的管理信息系统涉及的企业部门。

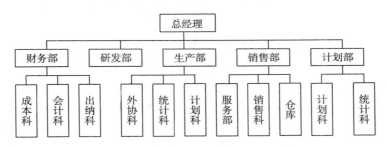

图4-12　某企业的组织结构图

（二）功能结构调查

功能指的是完成某项工作的能力。系统总目标的实现依赖于各子系统功能的完成，而各子系统功能的完成又依赖于下面各项更具体的功能的执行。系统功能结构调查的任务，就是要了解或确定系统的这种功能构造。因此，在掌握系统组织体系的基础上，以组织结构为线索，层层了解各个部门的职责、工作内容和内部分工，就可以了解系统的功能体系，并用功能结构图表示出来（见图4-13）。

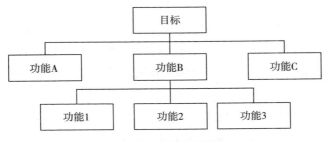

图4-13　功能结构图

功能要依靠组织机构来具体实现。因此，在理想情况下，功能和组织应该是一致的。但是由于客观情况的复杂性，在现行系统中，功能结构和组织机构并不能一一对应，这就要求我们在进行调查时要认真分析，加以划分。

（三）组织/功能分析

组织结构图反映了组织内部的上下级关系，但是对于组织内部各部分之间的联系程度、组织各部分的主要业务职能及其它们在业务过程中所承担的工作等却不能反映。通过组织/功能分析，可以使组织的功能进一步理顺，从而提高管理效率。组织/功能分析常用的工具是组织/功能联系表（见表4-5）。

表 4-5　某企业组织/功能联系表

序号	组织 / 业务功能	计划科	总工室	技术科	生产科	供应科	设备科	销售科	质检科	人事科	研究所	仓库	……
1	计划	○	√		×	×	×	×				×	
2	销售							○	√			×	
3	供应	√			×	○						√	
4	人事									○			
5	生产	√	○	×	○	×	×	√	×			√	
6	设备更新		√		×		○				√		
	…												

注："○"表示该项业务是对应组织的主要业务；"×"表示该单位是参加协调该项业务的辅助单位；"√"表示该单位是该项业务的相关单位；空格表示该单位与对应业务无关。

基于建立的组织/功能联系表，组织可以对组织与功能展开调整分析以及功能重组与组织变革分析。

调整分析的内容有：①现行系统中不合理的现象是什么？②不合理的部分对组织整体目标有什么影响？③产生的历史原因是什么？④改进措施是什么？对相关的部分（包括涉及的部门和人员的利益）的影响有哪些？

管理信息系统受到组织机构的影响，但同时管理信息系统对组织结构和功能也会产生重大影响。这种影响产生的结果是，组织结构发生重大变革，组织的功能出现重新组合。因此，需要对功能重组与组织变革进行分析，如组织结构由传统向现代化组织转变（如扁平化、学习型组织），根据业务流程重组理论，按业务流程对功能重组。

五、业务流程分析

组织结构与功能分析只反映了系统的总体情况而不能反映系统的细节情况。要弄清这些职能是如何在有关部门具体完成的，以及在完成这些职能时信息处理工作的一些细节情况，必须进行业务流程的调查与分析。业务流程分析可以帮助我们了解业务的具体处理过程，发现和处理系统调查工作中的错误和疏漏，修改和删除原系统的不合理部分，在新系统基础上优化业务处理流程。

（一）业务流程分析的含义

业务流程分析是对业务功能分析的进一步细化，从而得到业务流程图（Transaction Flow Diagram，TFD），是一个反映企业业务处理过程的"流水账本"。业务流程分析的任务是：形成合理、科学的业务流程。在分析现有业务流程的基础上进行业务流程重组，产生更为合理的业务流程。业务流程分析的主要内容包括：①原有流程的分析；②业务流程的优化；③确定新的业务流程；④新系统的人机界面。

（二）业务流程图

业务流程图是业务流程的描述工具，用一些规定的符号表示具体业务的处理过程。描述的主体是表单的业务处理，并且这些表单的流动路线与实际业务处理过程一一对应。

1. 业务流程图的基本符号及含义

业务流程图的画法目前还没有统一的标准，但大同小异，只是在一些具体的规定和所用的图形符号方面有所不同。在同一个系统开发过程中，要采用统一的图形符号和标准来描述系统业务处理的具体方法、规程与过程。图4-14是绘制业务流程图常用的符号。在符号的内部，解释则可直接用文字标于图内。其中，圆圈表示业务处理单位；方框表示外部单位；报表符号表示输出信息，即各种表单（如报表、报告、文件、图形等）；矢量连线表示业务过程联系，即信息传递。

图4-14　业务流程图的基本符号和含义说明

2. 业务流程图的绘制步骤

（1）业务流程图的绘制步骤。在绘制业务流程图之前，要对现行系统进行详细调查，并写出现行系统业务流程总结。业务流程图是一种用尽可能少、尽可能简单的方法来描述业务处理过程的方法。绘制业务流程图的步骤如图4-15所示。

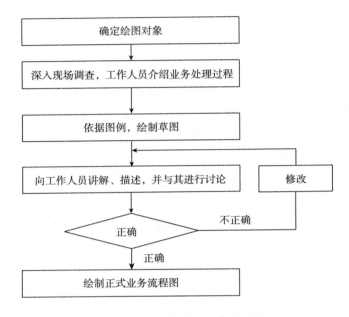

图4-15 业务流程图的绘制步骤

（2）绘制举例。在绘制业务流程图之前，要对现行系统进行详细调查，并写出现行系统业务流程总结。例如，开发人员在系统调查阶段了解到某企业的物资采购计划与审批的业务处理流程如下：

1）供应处计划科对各分厂需求计划表的审核方式为：依据计划处制订的相应分厂的"主生产计划"（即产品产量计划）及技术处提供的"生产用物资消耗定额"需按公式"物资需求量＝产品计划产量×物资消耗定额"计算出每一种产品所需物资的消耗量。然后按物资进行归纳汇总，得出该分厂每一种物资的需求总量。若得出的物资需求量与该分厂物资需求计划表相符（误差不超过10%），就认为合理，否则要与该分厂协商后才能完成审核工作。

2）供应处综合科对审批后的需求计划表的综合处理方式为：对审核后的各

分厂需求计划进行汇总，获得物资需求量。

3）供应处处长对物资需求汇总表的审批处理方式为：依据掌握的企业财务及生产要求和可能不可预计的物资消耗，对物资需求量进行修正。

4）供应处计划员计算物资采购量所依据的模型为：

物资采购计划量＝物资需求量＋合理库存量－当前库存量

其中，物资的"合理库存量"和"当前库存量"由物资仓库的"库存台账"获取。生成的物资采购计划将被送至采购部门。

根据上述业务流程可以绘制出该企业物资计划采购制订与审批处理业务流程图，如图 4-16 所示。

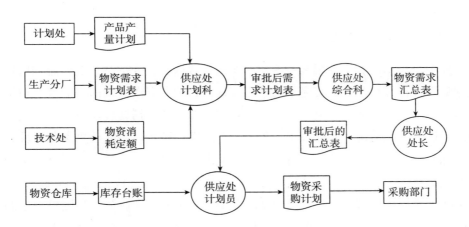

图 4-16 某企业物资采购计划制订与审批业务流程图

（三）表格分配图

为了传递信息，管理部门经常将某种单据或报告复印多份并分发到其他多个部门，在这种情况下，可以采用表格分配图来描述有关业务。它可以帮助系统分析人员描述系统中复制多份的报告或单据的数量以及这些报告或单据都与哪些部门发生业务联系。图 4-17 是一张采购业务的表格分配图。

由图 4-17 可知，采购单一式四份。这四份采购单被分配给不同的部门：供货单位、财务部门、收货部门及采购部门，分别被用作供货凭证、登记应付账、登记收货清单和存档。

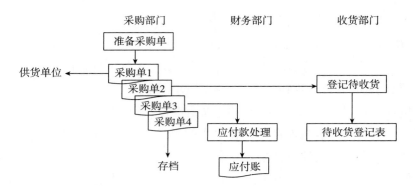

图 4-17　采购业务的表格分配图

六、数据流程分析

业务流程图没有完全脱离一些物质要素，数据流程分析是从业务流程中抽取数据处理过程，绘制成一套完整的数据流程图，把数据在组织内部的流动情况抽象地独立出来，单从数据流动过程来考查实际业务的数据处理模式。其从信息处理的角度将一个复杂的实际系统抽象成一个逻辑模型，因而能够更深刻地反映系统信息处理的本质。系统分析阶段必须全面准确地收集、整理、分析所收集的数据及其流程。

数据流程分析是通过分层的数据流程图来实现的。按业务流程图整理出的业务流程顺序，抽取出数据处理过程，绘制成一套完整的数据流程图，把数据在组织内部的流动情况抽象地独立出来，单从数据流动过程来考查实际业务的数据处理模式。

（一）数据流程图的概述

1. 数据流程图的定义

数据流程图（Data Flow Diagram，DFD）是一种全面地描述系统数据流程的主要工具，它用一组符号来描述整个系统中信息的全貌，综合地反映出信息在系统中的流动、处理和存储情况。数据流程图在逻辑上描述系统的功能、输入、输出和数据存储等，摆脱了其物理内容。数据流程图是系统逻辑模型的重要组成部分。

2. 数据流程图的基本组成及符号

数据流程图由四种基本符号组成，如图 4-18 所示。

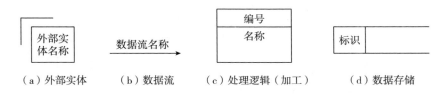

（a）外部实体　　（b）数据流　　（c）处理逻辑（加工）　　（d）数据存储

图4-18　数据流程图的基本符号

（1）外部实体。外部实体指在系统以外提供数据或获得数据的组织机构或个人等，它表达了该系统数据的外部来源或去处（又称为数据流的来源点或终点）。原则上讲，外部实体不属于数据流程图的核心部分，只是数据流程图的外围环境部分。在实际问题中它可能是顾客、员工、供货单位等。外部实体也可以是另外一个信息系统。外部实体用方框表示，如图4-18（a）所示。在小方框中用文字注明外部实体的编码属性和名称。

在绘制某一个子系统的数据流程图时，凡是本系统之外的人和组织都被列为外部实体。外部实体向所开发的系统发出或接收信息，系统开发不能改变这些外部项本身的结构和固有特性。

（2）数据流。数据流指数据的流动，包括数据的传递、抽取、存入等。数据流可以从加工流向加工，从加工流向文件或从文件流向加工，也可以从来源点流向加工或从加工流向终点。数据流由一个或一组确定的数据组成。例如"发票"为一个数据流，它由品名、规格、单位、单价、数量等数据组成。数据流用带有名字的具有箭头的线段表示，名字称为数据流名，表示流经的数据，箭头表示流向，如图4-18（b）所示。

对数据流的表示有以下约定：

1）流进或流出文件的数据流可以不标注名字，因为文件本身就足以说明数据流，而别的数据流则必须标出名字，名字应能反映数据流的含义。

2）数据流不允许同名。

3）两个数据流在结构上相同是允许的，但必须体现人们对数据流的不同理解，例如图4-19（a）中的合理领料单与领料单两个数据流，它们的结构相同，但前者增加了合理性这一信息。

4）两个加工之间可以有几股不同的数据流，这是由于它们的用途不同，或它们之间没有联系，或它们的流动时间不同，如图4-19（b）所示。

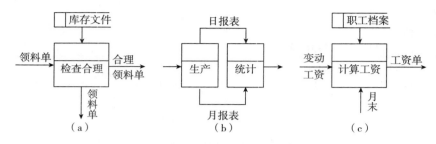

图 4-19　简单的数据流图举例

5）数据流图描述的是数据流而不是控制流，如图 4-19（c）中"月末"只是为了激发加工"计算工资"，是一个控制流而不是数据流，所以应从图中删去。

（3）处理逻辑（加工）。处理逻辑是对数据进行的操作，它把流入的数据流转换为流出的数据流。每个加工处理都应取一个名字来表示它的含义，并规定一个编号以标识该加工在层次分解中的位置［见图 4-18（c）］。名字中必须包含一个动词，例如"计算""打印"等。

对数据加工转换的方式有两种：①改变数据的结构，如将数组中各数据重新排序；②产生新的数据，如对原来的数据求平均值。

（4）数据存储。逻辑意义上的数据存储环节不考虑存储的物理介质和技术手段，用一个右边开口的长方形来表示，图形右部填写存储的数据和数据集的名字，左边则填写该数据存储的标识［见图 4-18（d）］。文件和加工之间的箭头有指向文件、背离文件和双向三种。其中，指向表示数据流写入文件；背离表示加工要从文件读出数据；双向表示加工既要从文件读出数据，又要将加工后的数据写入文件。

（二）数据流程图的绘制

1. 绘制数据流程图的步骤

绘制数据流程图的一般步骤如下：

（1）确定与本系统有关的外部实体，即确定与本系统有关的单位、部门和人。

（2）确定系统的处理单元，即确定系统中需要处理的文件和数据。

（3）确定系统的存储单元，即确定系统中需要存储的文件和数据。

（4）确定合理布局。数据流程图的各种符号要布局合理、分布均匀、整齐、清晰，使用户一目了然。一般作为系统数据主要来源的外部实体尽量安排在左方，而作为数据主要去处的外部实体则尽量安排在右边，数据流的箭线尽量避免交叉或过长。

（5）组织用户领导、管理人员和业务人员等各方面代表反复讨论、分析、比较，直到得到用户和开发人员都能理解、满意的数据流程图。

2. 绘制数据流程图的方法

（1）按照由外向里和数据流动方向详细描述四个要素。对于不同的问题，数据流程图可以有不同的画法。在具体绘制每一张数据流程图时，一般遵循"由外向里"的原则，按数据流动方向和数据加工的顺序，详细描述四个要素：外部实体、加工处理、数据流、数据存储，即先确定系统的边界或范围，再考虑系统的内部，先画加工的输入和输出，再画加工的内部。

一张数据流程图就是一张子系统图。要从识别系统的输入和输出入手，从输入端至输出端画数据流和加工，在数据流的值发生变化的地方就是一个加工，需要保存或者需要共享数据的地方就是数据存储，对加工的分解遵循"自顶向下"的原则。在绘制数据流程图时，各种符号要布置合理，分布均匀，尽量避免交叉线。

（2）自顶向下地绘制分层的数据流程图。绘制数据流程图采用自顶向下、逐层分解的方法。数据流程图由顶层图、一级细化图、二级细化图等所组成。

1）顶层图只有一张，在顶层图中，将系统视为由一个处理功能所构成的系统。它描述了系统总的处理功能及系统的外部环境，即向系统提供数据的外部实体和输入数据流、接收系统输出数据流的外部实体和输出数据流。分层数据流程图的顶层称为0层，顶层图的加工编号为"0"。

2）一级细化图是对顶层图处理功能的分解与细化，这是从整体到部分的细化。一级细化图称为第1层图，是0层图的子图，又是第2层图的父图，以此类推。第1层加工编号为1，2，3，…，n。例如1表示第1层图的1号加工处理。

3）二级细化图又称为第2层图，它是对一级细化图中的每个处理功能的进一步分解与细化。第2层及以下各层，其加工编号由父图号加上子加工的编号组成，子加工的编号为1，2，3，…，n。

对于规模较大的系统的分层数据流图，如果一下子把加工直接分解成基本加工单元，则一张图上画出过多的加工将使人难以理解，也增加了分解的复杂度。然而，如果每次分解产生的子加工太少，会使分解层次过多，进而增加作图的工作量，使得阅读也不方便。

（三）数据流程图实例

1. 订货处理系统的数据流程图

（1）绘制顶层的数据流程图。先确定与本系统有关的外部实体——用户，而处理过程则表示销售部门接到用户的订单后根据库存情况决定向用户发货，如图 4-20 所示。

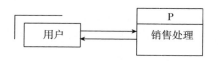

图 4-20　顶层数据流程图

（2）绘制一级的数据流程图。对顶层数据流程图的分解从"处理逻辑"（加工）开始，将"销售处理"分解为五个主要的处理逻辑。此外，根据具体情况还应该对一级数据流程图再进行细化和分解，并考虑处理过程中的例外情况，如图 4-21 所示。

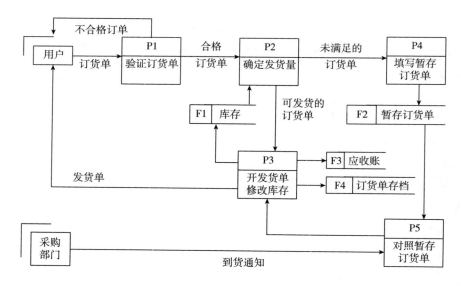

图 4-21　订货处理系统的数据流程图

1）验收订货单。将填写不清的订货单和无法供应的订货单退回顾客，将合格的订货单送到下一"处理"。

2）确定发货量。查库存台账，根据库存情况将订货单分为两类，分别送至下一"处理"。

3）开发货单、修改库存、记应收账和将订货单存档。

4）填写暂存订货单。对未满足的订货填写暂存订货单（即等有货后发货的发货单）。

5）对照暂存订货单。接到采购部门到货通知后应对照暂存订货单。如可发货，则执行"开发货单 修改库存"。

2. 物资采购计划制订及审批业务的数据流程图

图4-16为某企业物资采购计划制订及审批业务流程图，从业务流程图中可以看出该业务处理的各项活动及完成各项活动部门的"流水账"。图4-22是基于上述的流程图，依照数据流程图绘制的基本步骤，经过分析处理所绘制的数据流程图。

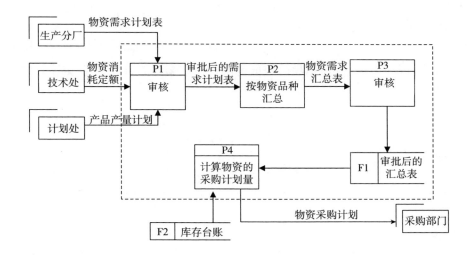

图4-22 物资采购计划制订及审批业务的数据流程图

在物资采购计划制订及审批业务的数据流程图中，虚线框内的部分是该业务的处理流程，该业务的执行部门为物资供应处的相关管理部门及个人，即该业务的范围在物资供应处内部，因此相对该业务来说，各"生产分厂""技术处"

"计划处""采购部门"均为外部实体。

（四）数据字典

数据流程图只给出了数据流和加工之间的关系，勾勒出了系统的框架，但没有说明数据元素的含义。为使数据流程图上的数据流、数据存储的数据结构、加工处理方式等具有确切的解释，建立数据字典。

数据字典（Data Dictionary，DD）是指以特定的格式对数据流图中的各个基本元素（数据流、加工、存储和外部实体）的具体内容和特征所做的完整的定义和说明。数据流程图配以数据字典，就可以从图形和文字两个方面对系统的逻辑模型进行完整的描述。一部数据字典主要由以下六种条目组成：

1. 数据项

数据项又称为数据元素，是系统中最基本的数据组成单位，也是不可再分的数据单位，如学号、姓名等。

一般分析数据特性应从静态（类型、长度、取值范围、每天或每月发生业务量）和动态〔分为固定值属性（个体不动值不动）、固定个体变动属性（个体不变值变，如电费扣款一项，人不动，电费动）、随机变动属性（即个体与值均变，如病事假扣款）〕两个方面去进行。

数据字典仅定义数据的静态特性，具体包括：①数据项名称；②数据项编号；③别名；④简述；⑤数据项的取值范围；⑥数据项的长度；⑦数据类型。如表4-6所示。

表4-6 数据项的定义

数据项编号	数据项名称	别名	简述	类型	长度	取值范围
I03-04	库存量	数量	某零件的库存数量	数值	6byte	0~999999

2. 数据结构

数据结构描述某些数据项之间的关系。一个数据结构可以由若干个数据项组成，也可以由若干个数据结构组成，还可以由若干个数据项和数据结构组成。在数据字典中对数据结构的定义包含以下四个方面的内容：①数据结构名称；②数据结构编号；③简述；④数据结构组成。如表4-7所示。

表4-7 用户订货单数据结构描述

数据结构编号	数据结构名称	简述	数据结构组成
DS03-01	用户订货单	用户所填的用户情况及订货要求等信息	DS03-02+DS03-03+DS03-04

如果是一个简单的数据结构，只要列出它所包含的数据项；如果是一个嵌套的数据结构（即数据结构中包含数据结构），则需列出它所包含的数据结构的名称，因为这些被包含的数据结构在数据字典的其他部分已有定义，如表4-8所示，订货单就是由三个数据结构组成的数据结构，表中用 DS 表示数据结构，用 I 表示数据项。

表4-8 用户订货单的数据结构描述

DS03-01：用户订货单		
DS03-02：订货单标识	DS03-03：用户情况	DS03-04：配件情况
I 1：订货单编号	I 3：用户代码	I 10：配件代码
I 2：日期	I 4：用户名称	I 11：配件名称
	I 5：用户地址	I 12：配件规格
	I 6：用户姓名	I 13：订货数量
	I 7：电话	
	I 8：开户银行	
	I 9：账号	

3. 数据流

数据流由一个或一组固定的数据项组成。定义数据流时，不仅要说明数据流的名称、组成等，还应指明它的来源、去向和数据流量等。在数据字典中对数据流的定义包含以下八个方面：①数据流名称；②数据流编号；③简述；④数据流来源；⑤数据流去向；⑥数据流组成；⑦数据流量；⑧高峰流量。如表4-9所示。

表4-9 领料单数据流描述

数据流编号	数据流名称	简述	数据流来源	数据流去向	数据流组成	数据流量	高峰流量
D03-08	领料单	车间开出的领料单	车间	发料处理模块	材料编号+材料名称+领用数量+日期+领用单位	10 份/时	20 份/时 每天上午 9：00~11：00

4. 处理逻辑的定义

它仅对数据流程图中最底层的处理逻辑加以说明。在数据字典中对处理逻辑的定义包含以下七个方面：①处理逻辑名称；②编号；③简述（对处理逻辑的简明描述，其目的是使人了解这个处理逻辑的作用）；④输入的数据流；⑤处理过程；⑥输出的数据流；⑦处理频率。如表 4-10 所示。

表 4-10　计算电费的处理逻辑描述

编号	名称	简述	输入的数据流	处理过程	输出的数据流	处理频率
P02-03	计算电费	计算应交纳的电费	数据流电费价格，来源于数据存储文件价格表；数据流电量和用户类别，来源于处理逻辑"读电表数字处理"和数据存储"用户文件"	确定该用户类别；确定该用户的收费标准，得到单价；单价和用电量相乘得该用户应交纳的电费	一是外部实体用户；二是写入数据存储用户电费账目文件	对每个用户每月处理一次

5. 数据存储

数据存储是数据结构停留或保存的场所。数据存储在数据字典中只描述数据的逻辑存储结构，而不涉及它的物理组织。在数据字典中对数据存储的定义包含以下六个方面：①数据存储的编号；②名称；③简述；④数据存储组成（指它所包含的数据项或数据结构）；⑤关键字；⑥相关联的处理。如表 4-11 所示。

表 4-11　库存账的数据存储描述

编号	名称	简述	数据存储组成	关键字	相关联的处理
F03-08	库存账	存放配件的库存量和单价	配件编号+配件名称+单价+库存量+备注	配件编号	P02，P03

6. 外部实体定义

外部实体是系统的"人—机"界面，也就是系统的数据流由外部实体流入，或者系统的数据向外部流出。主要内容包括：①外部实体编号；②外部实体名称；③简述；④输入的数据流；⑤输出的数据流。表 4-12 是对用户外部实体的描述。

表 4-12　用户外部实体的描述

编号	名称	简述	输入的数据流	输出的数据流
S03-01	用户	购置本单位配件的用户	D03-06，D03-08	D03-01

编写数据字典是系统开发的一项重要的基础工作。一旦建立，并按编号排序之后，就是一本可供查阅的关于数据的字典，从系统分析一直到系统设计和实施都要使用它。在数据字典的建立、修正和补充过程中，始终要注意保证数据的一致性和完整性。

（五）表达处理逻辑的工具

数据流程图中比较简单的计算性的处理逻辑可以在数据字典中做出定义，但还有逻辑上比较复杂的处理，需借助于其他描述工具加以说明。

1. 结构式语言

人们常用自然语言描述各种问题。自然语言语义丰富、语法灵活，可描述十分广泛而复杂的问题，表达人们丰富的感情和智慧。但自然语言没有严格的规范，理解上容易产生歧义。在信息处理中人们广泛使用的计算机语言，是一种形式化语言，各种词汇均有严格定义，语法也很严格、规范，但使用的词汇限制在很小范围内，叙述方式烦琐，难以清晰、简洁地描述复杂问题。结构式语言是一种介于自然语言与程序设计语言之间的语言。它由程序设计语言的框架和自然语言的词汇（如动词、名词和程序设计语言的保留字）组成，其语言易于编写，又能简明地描述较复杂的处理逻辑。

（1）祈使语句。

例：获取收发数据

计算补充定货量

（2）条件语句。

例：如果　成绩≥60分

则：将及格人数+1

否则：将不及格人数+1

（3）循环语句。

例：对于每个库存项目（循环条件）

获取收入数据

将在库数+收入数据，更新在库数

获取发出数据

将在库数−发出数据，更新在库数

如果　在库数≤临界库存数

则：发出补充订货信号

接下来利用结构式语言来描述下面的处理逻辑。

例：某银行发放贷款的原则如下：①对于贷款未超过限额的客户，允许立即贷款。②对于贷款超过限额的客户，若过去还款记录好且本次贷款在 2 万元以下，可做出贷款安排，否则拒绝贷款。

如果　贷款>限额

　　则：如果　过去还款记录好

　　　　则：如果　本次贷款≤2 万元

　　　　　　则：可以做出贷款安排

　　　　　　否则：拒绝贷款

　　否则：拒绝贷款

否则：立即贷款

2. 判断树

如果决策或判断的步骤较多，使用结构化语言时，则语句的嵌套层次太多，不便于基本处理逻辑功能的清晰描述。判断树是以树图形式形象描述一个加工，如图 4-23 所示。其中，左边节点为树根，称为决策节点；与决策节点相连的称谓方案枝；最右边的方案枝的端点（即树梢）表示决策结果，即所采用的策略；中间各节点为分段决策节点。

在绘制判断树时，首先要确定有哪些条件；其次需要确定每一个条件有几种可能的状态，即有几种取值；接着确定有哪些行动；最后需要确定每一项行动要依赖哪些条件及取值。

下面我们用判断树来描述上述例子中的发放贷款处理。

有三个条件：贷款限额、过去还款记录和本次贷款额。

第一个条件有两个状态：超额和未超额。

第二个条件有两个状态：过去还款记录好，过去还款记录不好。

第三个条件有两个状态：本次贷款在 2 万元以下（含 2 万元），本次贷款超过 2 万元。

有三个处理动作，即拒绝贷款、可做出贷款和立即贷款。

因而，绘制出的决策树如图 4-23 所示。

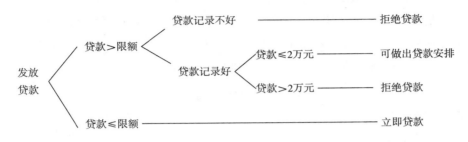

图 4-23　某银行发放贷款决策树

3. 判断表

所谓判断表是指用表格形式，根据某些条件来描述一个加工。对一个复杂的加工，如果判断的条件较多，各条件又相互结合，且相应的决策方案较多的情形下，很难用自然语言来表达，或者表达出来也不太好理解，这时用判断表更合适，它是描述条件比较多的决策问题的有效工具。

判断表的表格分成四个部分：左上角为条件说明；左下角为行动说明；右上角为各种条件的组合说明；右下角为各条件组合下相应的行动。构建判断表时，首先应确定有哪些条件；其次确定每一个条件有几种可能的状态，即有几种取值；接着确定会采取的行动；然后给出所有条件的组合；最后确定每一项行动要依赖哪些条件及取值。下面我们仍以上述某银行发放贷款为例，最终得到的判断表如表 4-13 所示。

表 4-13　某银行发放贷款判断表

	决策规则号	1	2	3	4	5	6	7	8
组合条件	贷款是否超过限额	Y	Y	Y	Y	N	N	N	N
	过去还贷记录是否好	Y	Y	Y	N	Y	Y	N	N
	本次贷款是否大于 2 万元	Y	N	Y	N	Y	N	Y	N
采取行动	立即放贷					√	√	√	√
	拒绝贷款	√		√	√				
	可做出贷款安排		√						

注：符号"Y"表示条件满足；符号"N"表示条件不满足；符号"√"表示采取的行动。

判断表是根据组合条件进行判断的，表 4-13 中每个条件只存在"Y"和"N"两种情况，所以三个条件共有 $2^3 = 8$ 种可能性。在实际使用中，有的条件组合可能是矛盾的，需要剔除，有的则可以合并。因此，需在原始判断表的基础上进行整理和综合，才能得到简单明了且实用的判断表（见表 4-14）。同时，在整理过程中还可能对用户的原有业务过程进行改进和提高。

表 4-14 合并整理后的判断表

	决策规则号	1	2	3	4
组合条件	贷款是否超过限额	Y	Y	Y	N
	过去还贷记录是否好	Y	Y	N	—
	本次贷款是否大于 2 万元	Y	N	—	—
采取行动	立即放贷				√
	拒绝贷款	√		√	
	可做出贷款安排		√		

注：符号"—"表示"Y"或"N"均可。

判断表的内容十分丰富，除了上面介绍的有限判断表（Limited Entry Table），根据表中条件取值的状态不同，还有扩展判断表（Extended Entry Table）和混合判断表（Mixed Entry Table）。它们都各有特色，若能合理选择和灵活运用，则可描述、处理更为广泛、复杂的判断过程。

在实际工作中，处理逻辑经常用多种方式描述。在管理信息系统中，以自然语言为主，辅以判断表或判断树。

第三节 管理信息系统设计

系统设计又称为物理设计，所谓物理设计就是根据新系统的逻辑模型建立物理模型，也即根据新系统逻辑功能的要求，考虑实际条件，进行各种具体设计，确定系统的实施方案，解决"系统怎么做"的问题。系统设计的指导思想是结构化。结构化系统设计，是指用一组标准的准则和图表工具确定系统有哪些模块，用什么方式联结在一起从而构成最好的系统结构，并在这个基础上进行各种输入、输出、处理和数据存储的详细设计。

一、管理信息系统模块结构设计

总体设计需要合理地进行系统模块结构的分析和定义，将一个复杂的系统设计转为若干个子系统和一系列基本模块的设计，并通过模块结构图把分解的子系统和一个个模块按层次结构联系起来。

结构化系统分析与设计的基本思想就是自顶向下将整个系统划分为若干个子系统，子系统再分子系统（或模块），层层划分，然后再自上而下地逐步设计。在系统分析阶段，系统已经被划分为不同的子系统，但它只是将系统进一步划分的基础。在实际工作中，往往还要根据用户的要求、地理位置的分布、设备的配置情况等重新进行划分。

系统逻辑模型中数据流程图中的模块是逻辑处理模块，模型中没有说明模块的物理构成和实现途径，同时也看不出模块的层次分解关系，为此在系统结构设计中要将数据流程图上的各个逻辑处理模块进一步分解，再用模块结构图确定系统的层次结构关系，并将系统的逻辑模型转变为物理模型。

二、代码设计

代码是事物、概念的名称、属性或状态的代表符号。代码设计是计算机管理的前提条件。计算机是通过对代码的处理来识别事物、概念、属性或状态的。因此，使用计算机时，必须把物体和事件数据化、字符化。

（一）代码的作用

1. 便于录入

用汉字表示事物的名称、属性和状态时，使用的汉字多，因而录入量大、录入速度慢。采用代码后，代码的字符个数远远少于汉字字符的个数，这样不仅减少了录入量，而且录入速度大大提高。

2. 节省存储空间，提高处理速度

采用代码比采用汉字使用的字符少，因而可以节省存储空间。同时，由于代码位数减少，提高了存取速度，这样就使运算、传递的速度得到提高，从而提高了效率。

3. 便于计算机识别和处理

由于采用统一编码，要查询、通信、分类、统计、分析时，可以充分利用编码的规律，十分方便地进行。

4. 提高数据标准化程度

（1）为实体或属性提供了唯一的标识。否则标识一种物资就必须列出它的名称、型号、规格、技术参数。例如，员工姓名容易重名，为避免二义性，唯一表示每个人，编制职工代码。

（2）提高数据全局一致性。对在不同场合有不同叫法的同一事物，可以通过编码统一起来。

（3）统一字符数，实现长短标准化。而用汉字表示事物的名称、属性、状态时，汉字多少不一，有时只有一个汉字，有时则多达十几个汉字，长短不齐，不利统一。

5. 提高处理精度

由于代码统一，可以使用相应的代码校验方法及时查错，从而提高整个处理工作的精度和质量。

（二）代码设计的原则

代码设计直接影响系统的质量、实用性与生命力。一个代码的小修改，将会引起多个文件和程序的修改，代码的大修改可能还会引起数据库的重新设计和建立。故代码设计一定要作全面地考虑和仔细地推敲，力争优化。在优化过程中，一般应遵循以下六项原则：

1. 唯一性

每个代码代表系统中唯一的一个实体或属性，而一个实体或属性也只能由一个代码表示，如每一种材料、物资、设备等只能有一个代码，不能重复。在现实世界中有很多东西如果我们不加标识是无法区分的。所以，唯一地加标识是编制代码的首要任务。

2. 扩展性

代码结构必须能适应实体或属性集合不断扩充的需要，以便增加新的实体或属性时，不致重新设计整个代码系统。代码设计要预留足够的位置，否则在短时间内，改变编码结构对设计工作来说是一种严重浪费。

3. 实用性及系统性

代码要尽量满足原业务处理的习惯，以便于识别与记忆，便于分类处理。同时，要建立完整的代码体系，并注意本代码体系与其他业务代码的一致性联系，以便于调用。

4. 明义性

通过编码能够比较容易地识别被编码对象，如物资编码"WJTQ002"表示类别为五金，品种为台钳的第2号物资。另外，要注意避免引起误解，不要使用易于混淆的字符，如O、Z、I、S、V与0、2、1、5、U易混，不要把空格作代码，要使用24小时制表示时间等。

5. 合理性

要注意尽量采用不易出错的代码结构，例如"字母—字母—数字"的结构（WW2）比"字母—数字—字母"的结构（如W2W）发生错误的机会要少。当代码长于4个字母或5个数字字符时，应分成小段，这样人们读写时不易发生错误，如726-499-6135比7264996135易于记忆，并能更精确地记录下来。

6. 标准化

代码的设计要尽量采用国际或国内的标准，以方便信息的变换和共享，并可以减少以后系统更新和维护的工作量。在实际工作中，一般企业所用的大部分编码都有国家或行业标准。

（三）代码的种类

代码设计就是确定代码的种类和结构。代码的种类有很多，下面介绍7种常用代码的种类：

1. 顺序码

用连续数字代表编码对象，通常从1开始编码。用连续数字代表编码对象的码，例如在一个拥有数千人的企业中，用1001代表张三、1002代表李四，以此类推。在学校里用01代表物理系、02代表化学系，以此类推。

顺序码的优点是短而简单，易扩充。其缺点在于：无逻辑含义，不能说明任何信息特征，不便于分类和记忆；新增加的数据只能放到最后，删除则造成空码。

顺序码一般适用于被编码对象数目较少的情况，或者作为其他码分类中细分类的一种补充手段。例如，表4-15就是某企业采用数字顺序码对6个物资仓库的编码。

表4-15 某企业6个物资仓库编码

编码对象	仓库1	仓库2	仓库3	仓库4	仓库5	仓库6
编码	01	02	03	04	05	06

2. 区间码

区间码把数据项分成若干组，每一区间代表一个组，码中数字的值和位置都代表一定意义。例如我国公民身份证号码，在 18 位身份证号码中，前 6 位表示地区编码，中间 8 位表示出生年月日，最后 4 位表示顺序号和其他状态（性别等）。再如，表 4-16 是某企业的用户分类代码。依据该分类代码，若该企业某用户的编码为"21"，则代表该用户为采购总量小于 10000 元的零售单位。

表 4-16　用户分类代码

用户类型（第一位）		采购总量（第二位）	
码	分类	码	分类
1	批发部门	1	<10000 元
2	零售单位	2	10000~19999 元
3	教育界	3	20000~29999 元
4	国防部门	4	30000~39999 元
5	其他部门	5	>39999 元

区间码的优点是信息处理比较可靠，排序、分类、检索等操作易于进行；缺点是码的长度与它分类属性的数量有关，有时可能造成很长的码。在许多情况下，码有多余的数。同时，这种码的修改也比较困难。一般当编码对象具有两层（或以上）的分类时，可采用区间码进行编码。

3. 十进制码

这是世界各地图书馆常用的分类法。它先把整体分成 10 份，进而把每份再分成 10 份，这样继续不断。该分类对于那些事先不清楚产生什么结果的情况是十分有效的。

例如：

531 ·　　　机构

531 · 1　　机械

531 · 11　　杠杆和平衡

……

在上述十进制码的例子中，"531 · 1"小数点左边的数字组合代表主要分类，其中"5"代表自然科学，"3"表示物理学，"1"表示机构，小数点的右边为子分类。十进制码适用范围较窄，分类比较清晰，子分类划分虽然很方便，但所占位数长短不齐，不适于计算机处理。显然，只要把代码的位数固定下来，仍可利用计算机处理。

4. 助记码

用纯字符形式（英文、汉语拼音）把直接或间接表示编码化对象属性的文字、数字、记号原封不动地作为编码。其特点是可通过联想帮助记忆（原封不动地表示代码化对象属性，亦记亦读）。

例如：

TVB14   14 寸黑白电视机

TVC20   20 寸彩色电视机

DFI1×8×20   规格 1″×8″×20″的国产热轧平板钢

助记码的优点是可以通过联想帮助记忆，容易理解。缺点是随着编码数量的增加，其位数也要增加，占用计算机容量太多，会给处理带来不便。

助记码适用于数据项数目较少的情况（一般≤50 个），否则容易引起联想出错，常用于物资的性能、尺码、重量、容积、面积和距离等。

5. 缩写码

把习惯缩写字直接用作代码，如 Lb 表示磅、YD 表示码、kg 表示千克、cm 表示厘米。

6. 尾数码

尾数码的末尾位有一定的含义，即利用末位数字修饰主要代码，如用 2301 表示 230mm、用 2302 表示 230cm。

7. 混合码

混合码是最常用的一类编码形式，用两种以上的编码进行组合，从两个以上的角度来识别、处理编码对象。通常用"数字+字符"的形式进行编码（见表 4-17）。

表 4-17 某企业库存管理账本编码

编码对象	编码
五金库的第 1 本账	WJ001
五金库的第 2 本账	WJ002
化工库的第 1 本账	HG001
化工库的第 2 本账	HG002
…	…

混合码的优点是容易进行大分类、增加编码层次，做各种分类统计也很容易；缺点是位数和数据项目个数比较多。当编码对象具有两层（或以上）的分类时，采用合成码。

（四）代码校验

代码的正确性直接影响计算机处理的质量，为了保证输入的正确性，需要对输入计算机中的代码进行校验。校验代码的一种常用做法是事先在计算机中建立一个"代码字典"，然后将输入的代码与字典中的内容进行比较，若不一致说明输入的代码有错。

校验代码的另外一种做法是设校验位，即设计代码结构时，在原有代码基础上另外加上一个校验码，使其成为代码的一个组成部分，校验值通过事先规定的数学方法计算出来。使用时与原代码一起输入，计算机会以同样的数学方法按输入的代码计算出校验值，并将它与输入的校验值进行比较，以证实是否有错。

1. 校验位可以发现的错误种类

（1）易位错。例如"1234"记录为"1243"。

（2）双易位错。例如"1234"记录为"1432"。

（3）抄写错。例如"1234"记录为"1235"。

（4）随机错误。包括以上两种或三种综合性错误或其他错误，例如"1234"记录为"2243"。

产生校验码的方法有许多种，如算术级数法、几何级数法、质数法等，这些方法各具不同的优缺点。通常根据使用设备的复杂程度或功能以及某项应用要求的可靠性而决定采取哪种方法。

2. 校验码的生成过程

（1）对原代码中的每一位加权求和 S。

N 位代码为：C_1　C_2　C_3　…　C_n

权因子为：P_1　P_2　P_3　…　P_n

加权和为：$C_1 \times P_1 + C_2 \times P_2 + C_3 \times P_3 + \cdots + C_n \times P_n = S$

即：$C_1 \times P_1 + C_2 \times P_2 + C_3 \times P_3 + \cdots + C_n \times P_n = \sum_{i=1}^{n} C_i \times P_i = S$

其中，权因子可任意选取，常用的有：算术级数 1，2，3，…；几何级数 2^0，2^1，2^2，…；质数 3，5，7，11，…；有规律的数，如 1，2，1，2，…。

（2）求余数 R。用加权和 S 除以模数 M 可得余数 R，即 S/M = Q…R（Q 为商数）。其中，模数 M 也可任意选取，常用的模数为 10、11、13。

（3）选择校验值。可选用下述方法中的一种获得校验值：①余数 R 直接作为校验值；②把模数 M 和余数 R 之差（即 M−R）作为校验值；③取 R 的若干位作为校验值。通常把获得的校验值放在原代码的最后作为整个代码的组成部分。

3. 校验码的使用过程

用校验位检查代码的过程是上述生成过程的逆过程，下面举一例来说明此过程。

例如，设原代码为 27333，权数采用算术级数法，求其检验码。

解：相应的五个权数　1，2，3，4，5，

　　取模　11

则，

　　原代码　2　7　3　3　3

　　权因子　5　4　3　2　1

　　乘积和　10+28+9+6+3＝56

　　56/11＝5…余数：1

因此，其校验位为：1

带校验位的新代码为 27333 ⬚1

当原代码 27333 输入为 27353，接收方根据同样的算法进行检验，求出其校验位：$2×5+7×4+3×3+5×2+3×1=60$，$60 \bmod (11) = 5$，由于 $1 \ne 5$，则输入错误被检出。对于准确性要求很高的代码，可以考虑增加校验位的位数。

三、数据库设计

数据库设计是管理信息系统设计的重要组成部分，主要是以数据流程图和数据字典为依据的。良好的数据库设计有利于减少数据冗余，提高存取效率，满足多种查询要求，也会提高系统处理的效率。

数据库设计是在选定的数据库管理系统基础上建立数据库的过程。数据库设计的内容是：在对环境进行需求分析的基础上，进行满足要求及符合语义的逻辑设计，进行存储结构的物理设计，实现数据库的运行等。也就是说，数据库设计除用户要求分析外，还包括概念结构设计、逻辑结构设计和物理结构设计三个阶段。

（一）数据库设计的基本步骤

根据生命周期的观点，开发一个数据库系统大致包括以下内容：

1. 需求分析

进行数据库设计首先必须准确了解与分析用户需求（包括数据需求与处理需求）。需求分析是整个设计过程的基础，是最困难、最耗费时间的一步。需求分析的结果是否准确地反映了用户的实际要求，将直接影响后面各个阶段的设计，并影响到设计结果是否合理和适用，是进行其他设计的基础。

2. 概念结构设计

概念结构设计是整个数据库设计的关键，它通过对用户需求进行综合、归纳与抽象，形成一个独立于具体 DBMS 的概念模型。其主要工作就是设计概念模型，该模型能将用户的需求明确地表达出来。

3. 逻辑结构设计

逻辑结构设计实质上是把概念模型转换为所选用的 DBMS 所支持的模式，其主要任务就是设计数据的结构，按照数据库管理系统提供的数据模型转换已设计的概念模型。

4. 物理结构设计

物理设计是为一个给定的逻辑结构选取一个最合适应用环境的物理结构的过程。物理设计与逻辑设计是一个问题的两个方面：逻辑设计是面向用户的设计，物理设计是面向计算机的设计。逻辑设计的好坏直接影响到物理设计，因为逻辑设计的输出是物理设计的输入。

5. 实施阶段

实施阶段即系统的实现，是开发人员把系统设计所得的、类似于设计图纸的新系统方案转换成为应用软件。这一阶段需要投入大量的人力、财力和物力，实现的任务繁杂，占用时间较长。

6. 运行和数据库维护

（二）概念结构设计

概念结构设计形成反映组织信息需求的概念模型，这种模型独立于任何数据库管理系统，不能直接表现用户数据库的实现，但它提供了更加一般化的形式，具有更强的表达能力。在概念结构设计中常用的方法是实体联系模型，即 E-R 模型。

1. 实体联系模型（E-R 模型）

实体联系模型反映的是现实世界中的事物及其相互联系，具有三个基本要素：实体、属性和联系。

（1）实体，是观念世界中描述客观事物的概念。实体是 E-R 模型的基本对象，任何客观存在的事物均可以是实体。它可以是人，比如职工、学生等；也可以是物或抽象的概念，比如数据库、工作过程、操作步骤等。在 E-R 图中，实体用方框表示［见图 4-24（a）］。

（2）属性，是实体的某一方面的性质或特性。例如实体"职工"，可以有职工号、姓名、出生年月、性别、职称等属性。属性的取值范围为域如性别的域为（男、女），月份的域为 1~12 的整数。在 E-R 图中，属性用椭圆表示［见图 4-24（b）］。

（3）联系，信息世界中联系分为两类：一是实体内部的联系，如组成实体的属性之间的联系；二是实体之间的联系。在 E-R 图中，联系用菱形表示［见图 4-24（c）］。

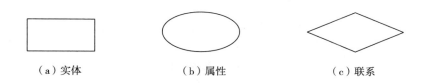

（a）实体　　　　　　　　（b）属性　　　　　　　　（c）联系

图 4-24　E-R 模型的成分

实体之间的联系可以分为三类：

设 A、B 为两个包含若干个体的总体，其间建立了某种联系，则其联系方式可分为三类：

1）一对一联系（1∶1）：如果对于 A 中的一个实体，B 中至多有一个实体与其发生联系；反之，B 中的每一实体至多对应 A 中的一个实体，则称 A 与 B 是一对一联系。例如，一个部门有一个经理，而每个经理只在一个部门任职，则部门与经理之间的关系就是一对一的联系，如图 4-25（a）所示。

2）一对多联系（1∶n）：如果对于 A 中的每一实体，实体 B 中有一个以上实体与之发生联系；反之，B 中的每一实体至多只能对应于 A 中的一个实体，则称 A 与 B 是一对多联系。例如，一个部门有若干个职工，而每个职工只在一个部门工作，则部门与职工之间的关系就是一种一对多的联系，如图 4-25（b）所示。

3）多对多联系（m：n）：如果对于 A 中的每一实体，实体 B 中有一个以上实体与之发生联系；反之，B 中的每一实体也与 A 中一个以上实体发生联系，则称 A 与 B 为多对多联系。

例如，一个车间可以加工多个零件，而一个零件又需要多个车间的多道工序才能加工完成，则车间与零件之间就是多对多的联系，如图 4-25（c）所示。

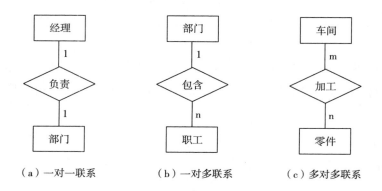

（a）一对一联系　　　　　（b）一对多联系　　　　　（c）多对多联系

图 4-25　实体间的联系

2. E-R 模型设计的主要步骤

（1）确定局部应用范围，设计局部 E-R 图。概念结构设计的依据是需求分析阶段的数据流程图和数据字典。在数据流程图中选择适当层次的 DFD，作为设计局部 E-R 图的出发点。

1）确定实体集合。这是绘制 E-R 图关键的一步，要根据具体情况决定实体集合，数据流、数据源、目的、数据存储常作为实体集合。

2）确认实体集间的联系。需要判断所有两两实体集之间是否存在或存在着怎样的联系，标明：1：1，1：N，M：N。

3）确认实体集及联系集的属性。属性名尽量和数据流中数据项名相同。作为属性的"事物"与实体之间的联系，必须是一对多的关系，作为属性的"事物"不能再有需要描述的性质或与其他事物具有联系。为了简化 E-R 模型，能够作为属性的"事物"尽量作为属性处理。

4）画出局部 E-R 模型。

（2）集成局部 E-R 图。

1）在设计局部 E-R 图的基础上，将局部 E-R 图集成为初步全局 E-R 图。由于各局部 E-R 模型设计时所考虑问题的角度不同和各自业务需要的不同，合并各局部 E-R 模型时可能会存在许多不一致的地方，称为冲突。而这些冲突（命名冲突、属性冲突、结构冲突）必须在合并局部 E-R 模型时进行合理的消除。

2）对初步全局 E-R 图进行修改与重构。其最基本的任务是消除不必要的冗余，得到基本 E-R 图。对冗余信息的消除需要根据用户的整体需求来确定。常用的消除冗余的方法有分析方法和规范化理论。

3. E-R 模型实例

例 4-1：设计一个教学管理系统。

各部门对教学管理系统的要求是：①学生处：管理各院系班级学生的基本情况；②教务处：掌握学生各门课程的成绩情况；③各院系：登录本院系学生各门课程的成绩。

（1）确认实体集。对上述教学管理系统，需要的实体集包括院系、班级、学生、课程。

（2）确认实体集间的联系。院系和班级之间，存在"管理"这个关系，是一个 1：N 的关系；班级和学生之间，存在"包含"这个关系，是一个 1：N 的关系；学生和课程之间，存在"学习"这个关系，是一个 M：N 的关系；学院和课程之间，存在"开设"这个关系，是一个 M：N 的关系。

（3）确定属性。

1）实体属性。院系：院系编号、院系名称、联系电话、系主任；班级：班级编号、班级名称、班长；学生：学号、姓名、性别、出生日期；课程：课程编号、课程名、学时、学分。

2）联系的属性。学习：成绩；管理、隶属、开设这几个联系没有单独的属性。

（4）画出 E-R 模型。

1）绘制局部 E-R 模型（见图 4-26）。

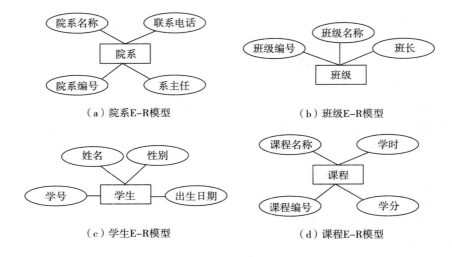

（a）院系E-R模型　　　　　　　　（b）班级E-R模型

（c）学生E-R模型　　　　　　　　（d）课程E-R模型

图 4-26　教学管理系统各实体描述

2）集成全局 E-R 模型（见图 4-27）。

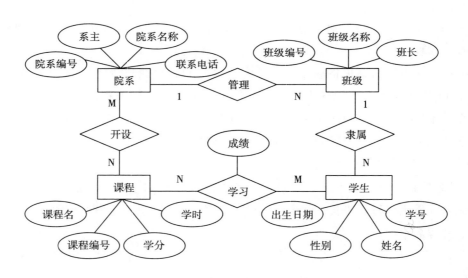

图 4-27　教学管理系统 E-R 模型

（三）逻辑结构设计

E-R 模型是概念模型的表示，是对现实世界的客观事物及其联系的抽象，是用户对系统的应用需求的概念化表示，但计算机不能直接处理它。逻辑结构设计是将概念模型转换成选用的数据库管理系统所支持的数据模型。

逻辑结构设计以关系数据库管理系统为基础，考虑如何将 E-R 模型转换成关系数据模型，其主要目的是保证数据共享，消除结构冗余，实现数据的逻辑独立性。数据库逻辑结构设计主要完成两项工作：一是形成初始的关系数据库模式；二是关系模式的规范化。

E-R 模型实际上是实体及实体间的联系所组成的有机整体，关系模型的逻辑结构是一系列关系模型的集合。所以将 E-R 模型转化为关系模型，实质上就是将实体和联系转化为关系模型，即如何用关系模型来表达实体以及实体集之间的联系的问题。

（1）转换的过程。

1）E-R 图中每个实体，相应转换为一个关系，该关系包括对应实体的全部属性，并确定出该关系的关键字。在关系数据库管理系统中，实体被表示成二维表的形式，其中列标题表示实体的属性，行表示关于实体的实际数据。

2）对于"联系集"，根据联系方式不同，采取不同手段建立关系模型。

如果两实体间是 1∶1 联系，转换时只要将其中一方的关键字纳入另一方就能实现彼此的联系。

如果两实体间是 1∶N 联系，则将"1"方的关键字纳入"N"方实体对应的关系中作为外部关键字，同时把联系的属性也一并纳入多方的关系中。

如果两实体间是 M∶N 联系，则两实体的关键字将作为联系的关键字（组合关键字）。另外，若该联系有属性，则将其也归入此关系中。

（2）转换实例。

例 4-2：将例 4-1 中的教学管理系统 E-R 模型转换成关系模型。

根据上述的转换过程，可以得到以下 6 个关系模式（带下画线的为主键，带双下画线的为外键）。

1）院系（<u>院系编号</u>，院系名称，联系电话，系主任）。

2）班级（<u>班级编号</u>，<u>院系编号</u>，班级名称，班长）。

3）学生（<u>学号</u>，<u>班级编号</u>，姓名，性别，出生日期）。

4）课程（<u>课程编号</u>，课程名，学时，学分）。

5）学习（<u>课程编号</u>，<u>学号</u>，成绩）。

6）开设（<u>院系编号</u>，<u>课程编号</u>）。

（四）物理结构设计

物理结构设计是为逻辑数据模型在设备上选定适合的存储结构和存取方法，以获得数据库的最佳存取效率。物理结构设计的目的在于确定数据库的存储结构，它的主要内容包括：

（1）库文件的组织形式。例如选用顺序文件组织形式、索引文件组织形式等。

（2）存储介质的分配。例如将易变的、存取频度大的数据存放在高速存储器上，将稳定的、存取频度小的数据存放在低速存储器上。

（3）存取路径的选择。数据库必须支持多个用户的多种应用，因此必须建立多个辅助索引，提供存取数据库的多个入口、多个存取路径。

（4）数据块大小的确定等。这些参数的大小会影响存取时间和存储空间的分配。

这些工作都与硬件环境紧密相关，所以物理设计包含了许多复杂和细致的工作。但是这部分工作由数据库管理系统（DBMS）完成。

四、输入输出设计

输入输出设计是管理信息系统与用户的界面。系统是否好用，数据是否能够无差错地进入系统，以及用户对于系统的印象，在很大程度上取决于输入输出设计的结果。

（一）输出设计

输出是系统产生的结果或提供的信息。任何一个管理信息系统都必须通过输出才能为用户服务。因此，对于多数用户来说，输出是系统开发的目的和评价系统开发成功与否的标准。输出设计的最终目标是满足用户的要求。因此，系统设计过程与实施过程相反，不是从输入设计到输出设计，而是从输出设计到输入设计。输出设计的内容包括：

（1）信息使用方面的内容，包括信息的使用者、使用目的、报告量、使用周期、有效期、保管方法和复写份数等。

（2）输出信息的内容，包括输出项目、位数、数据结构、数据类型（文字、数字）、取值范围及精度、数据的生成途径等。

（3）输出格式，如表格、图形或文件。

（4）输出设备，如打印机、显示器、卡片输出机、绘图仪、多媒体设备等。

（5）输出介质，如纸张（专用纸、普通白纸）、磁盘/带等。

（二）输入设计

输出数据的正确性直接决定处理结果的正确性，因而输入设计对系统的质量有着决定性的重要影响。输入设计工作是依据功能模块的具体要求给出数据输入的方式、用户界面和输入校验的方式。进行输入设计工作时，要注意在整个系统中统一设计风格。输入设计的内容包括：

1. 输入界面设计

在管理信息系统中，最主要的输入是向计算机输送原始数据。在输入界面设计时，应根据具体业务要求来确定。

2. 数据输入设备的选择

输入设计首先要确定输入设备的类型和输入介质，目前常用的输入设备有以下三种：

（1）键盘—磁盘输入装置。由数据录入人员通过工作站录入，经拼写检查，可靠性验证后存入磁记录介质（如磁带、磁盘等）。这种方法成本低、速度快，易于携带，适用于大量数据输入。

（2）光电阅读器。采用光笔读入光学标记条形码或用扫描仪录入纸上文字。光符号读入器适用于自选商场、借书处等少量数据录入的场合。

（3）终端输入。终端一般是一台联网微机，操作人员直接通过键盘输入数据，终端可以在线方式与主机联系，并及时返回处理结果。适用于常规、少量的数据和控制信息的输入以及原始数据的录入。

（三）用户界面设计

用户界面是系统与用户之间的接口，也是控制和选择信息输入、输出的主要途径。因此，用户界面设计必须从用户操作方便的角度来考虑，与用户共同协商界面应反映的内容和格式。

1. 用户界面设计的原则

用户界面设计的任务是与用户共同确定人机对话方式、内容和具体格式。设计时应该从用户角度出发，遵循以下四个原则：

（1）对话要清楚、简单，用词要符合用户观点和习惯。

（2）对话要适应不同操作水平的用户，操作方式应可以选择，便于维护和修改。用户开始使用时，要让操作人员觉得系统在教他如何使用，鼓励他使用。随着用户对系统的熟悉，又会觉得太详细的说明、复杂的屏幕格式太啰唆。

（3）错误信息设计要有建设性。好的错误信息设计中，用词应当友善、简洁清楚，并要有建设性，即尽可能告知使用者产生错误的可能原因。

（4）关键操作要有强调和警告。对于某些要害操作，无论操作人员是否操作有误，系统应进一步确认，进行强制发问，甚至警告，而不能一接到命令立即处理，以致造成恶劣的后果。

2. 用户界面设计的几种形式

（1）菜单式。通过屏幕显示出可选择的功能选项，由操作者根据需要进行选择，将菜单设计成层次结构，通过层层调用，引导用户使用系统的每一个功能。随着软件技术的发展，菜单设计也更加趋于美观、方便和实用。目前，系统设计中常用的菜单设计方法主要有：

1）一般菜单：在屏幕上显示出各个选项，每个选项指定一个代号，然后根据操作者通过键盘输入的代号或单击鼠标左键，即可决定何种后续操作。

2）下拉菜单：它是一种二级菜单，第一级是选择栏，第二级是选择项。用户可以利用光标控制键选定当前选择栏，在当前选择栏下立即显示出该栏的各项功能，供用户进行选择。

3）快捷菜单：选中对象后单击鼠标右键所出现的下拉菜单，将鼠标移到所需的功能项目上，然后单击左键即执行相应的操作。

设计菜单时要注意选单的深度和广度的安排。如果选单过深，则选择一个指令必须通过好几个层次，会影响系统运行效率；层次过浅，选单的广度又可能太长。因此，要合理设计选单的深度。

（2）填表式。填表式一般用于通过终端向系统输入数据，系统将要输入的项目显示在屏幕上，然后由用户逐项填入有关数据。另外，填表式界面设计常用于系统的输出。如果要查询系统中的某些数据，可以将数据的名称按一定的方式排列在屏幕上，然后由计算机将数据的内容自动填写在相应的位置。由于这种方法简便易读，并且不容易出错，所以它是通过屏幕进行输入输出的主要形式。

（3）回答式。程序运行到一定阶段，屏幕上显示问题，等待用户回答。回答方式也应在屏幕上提示，让用户简单地回答。系统根据用户的回答决定下一步执行什么操作。通常用在提示操作人员确认输入数据的正确性，或者询问用户是否继续某项处理等方面。例如，当用户输入完一条记录后，可通过屏幕询问"输入是否正确（Y/N）？"然后由用户决定是继续输入数据还是修改数据。

（4）提问式。这种方式主要用于用户查询。例如，查询某学生的基本情况时，屏幕上提示："请输入学号"，用户回答之后屏幕上显示有关内容。

第四节　管理信息系统实施

系统实施是指把新系统设计的物理模型转换成可实际运行的新系统，也就是解决系统"具体做"的问题。系统实施阶段既是成功地实现新系统的重要阶段，又是取得用户对新系统信任的关键阶段。因此，必须制订系统实施计划，确定系统实施的方式、步骤及进度、费用等，以保证系统实施工作的顺利进行。

一、系统实施阶段的主要任务

系统实施是一项复杂的工程，管理信息系统的规模越大，实施阶段的任务越复杂。一般来说，系统实施阶段的主要任务包括：物理系统的实施、程序设计、系统调试、人员培训、系统切换并交付使用、系统评价。

1. 物理系统的实施

物理系统的实施包括硬件环境、软件环境和网络环境的建立等方面的工作。系统实施需要依据系统设计中给出的管理信息系统的硬件结构和软件结构购置相应的硬件设备和系统软件，建立系统的软、硬件平台。一般情况下，中央计算机房还需要专业化的设计及施工。为了建立网络环境，要进行结构化布线，网络系统的安装与调试。

2. 程序设计

计算机程序设计也常常被称为软件开发。进行计算机程序设计的目的是实现系统分析和设计中提出的管理模式和业务应用。在进行软件开发之前，开发人员要学习所需的系统软件，包括操作系统、数据库系统和开发工具。必要时，需要对程序设计员进行专门的系统软件培训。

3. 系统调试

在完成计算机程序设计之后，需要进行系统调试。系统调试，就是在计算机上用各种可能的数据和操作条件反复地对程序进行试验，发现的错误越多说明调试的收效越大，越成功。系统调试工作量占系统实施工作量的40%～60%。系统调试的目的是发现并改正隐藏在程序内部的各种错误以及模块之间协同工作存在的问题。

4. 人员培训

人员培训可以分为两种类型：一种类型指的是在软件开发阶段对程序设计人员的培训，另一种类型是在系统切换和交付使用前对系统使用人员的培训。这里指的是第二种情况。在管理信息系统投入使用之前，需要对一大批未来系统的使用人员进行培训，包括系统操作员、系统维护人员等。

5. 系统切换并交付使用

管理信息系统的切换包括进行基本数据的准备、数据的编码、系统的参数设置、初始数据的录入等多项工作。在系统正式交付使用之前，必须进行一段时间的试运行，以进一步发现及更正系统存在的问题。在系统切换和交付使用的过程中，每项工作都有很多人员参加，而且会涉及多个业务部门。因此，该阶段的组织管理工作非常重要，要做好系统切换计划，控制工作的进度，检查工作的质量，及时地做好各方面的协调，保证系统的成功切换和交付使用。

6. 系统评价

管理信息系统投入使用一段时间后，需要对系统进行全面的评价，根据使用者的反映和运行情况的记录，评价系统是否达到了设计要求，指出系统改进和扩充的方向。系统评价的结果应写成系统评价报告。

二、物理系统的实施

任何一个管理信息系统的运行都离不开特定的系统环境。管理信息系统的物理系统的实施是计算机系统和通信网络系统设备的订购、机房的准备和设备的安装调试等一系列活动的总和。根据系统建设目标，新的完整的系统环境配置方案应在系统设计阶段加以规划完整，在管理信息系统的实施阶段付诸实现。

1. 系统硬件环境准备

系统硬件环境准备是按照系统物理配置方案的要求，选择购置该系统所必需的硬件设备（计算机系统）。硬件设备包括主机、外围设备、稳压电源、空调装置、机房的配套设施以及通信设备等。

另外，为了防止由于突然停电造成的事故发生，应安装备用电源设备，如功率足够的不间断电源。

2. 系统软件环境配置

在建立硬件环境的基础上，还需建立适合系统运行的软件环境，它是管理信息系统的重要支撑，因为管理信息系统的功能是由软件来实现的。一个性能良好的计算机硬件系统能否发挥其应有的功能，取决于为之配置的软件是否适当，是否完善。

系统软件环境配置包括购置系统软件和应用软件包。按照设计要求配置的系统软件包括操作系统、数据库管理系统、程序设计语言处理系统、诊断和控制系统及各种应用软件包等。在企业管理系统中，有些模块可能有商品化软件可供选择，其他则需自行编写。在购买或配置这些软件前应先了解其功能、适用范围、接口及运行环境等，以便做好选购工作。

计算机硬件和软件环境的配置，应当与计算机技术发展的趋势相一致，硬件选型要兼顾升级和维护的要求，软件选择特别是数据库管理系统，应选择 C/S 或 B/S 模式下的主流软件产品，为提高系统的可扩展性奠定基础。总之，系统软件环境、硬件环境配置的主要依据是信息量、系统处理功能、系统将来的可扩充性、企业可能的投资费用。

3. 网络系统的实施

计算机网络是现代管理信息系统建设的基础，是创建和测试数据库、编写和测试程序的平台。在许多情况下，所开发的信息系统是基于已有的网络架构。如果是这样就可以跳过这项活动的工作。但是，如果新开发的信息系统要求创建新网络或修改已有的旧网络，那么就必须建立和测试新网络。网络环境的建立应根据所开发的系统对计算机网络环境的要求，选择合适的网络操作系统产品，并按照目标系统将采用的 C/S 或 B/S 工作模式进行有关的网络通信设备与通信线路的架构与连接、网络操作系统软件的安装和调试、整个网络系统的运行性能与安全性测试以及网络用户权限管理体系的实施等。

三、程序设计

在购置和安装完各种设备、建立起网络环境之后，开始进行程序的设计与调试。程序的设计就是通过应用计算机程序语言来实现系统设计中的内容。程序设计工作一般由程序设计员来完成。随着计算机技术的发展，程序设计的思想和方法也在不断发展。目前，程序设计的方法主要有结构化程序设计方法、面向对象程序设计方法和利用软件生成工具的方法。随着计算机在信息系统中的广泛应用，各种各样的软件及程序的自动设计、生成工具日新月异，为各种信息系统的开发提供了强有力的技术支持和方便的实用手段。利用这些软件生成工具，可以大量减少手工编程环节的工作，避免各种编程错误的出现，极大地提高系统的开发效率。目前市场上可供系统选用的编程工具十分丰富。比较流行的编程工具可分为六类：一般编程语言、数据库系统、程序生成工具、专用系统开发工具、客户/服务器（Client/Server，C/S）型工具以及面向对象的编程工具。

选择适当的程序开发工具，应考虑用户的要求、语言的人机交互能力、丰富的软件支持工具、软件的可移植性以及开发人员以往的经验与熟练程度。

四、系统调试

当一个管理信息系统按照详细设计中规定的算法用具体的编码实现以后，为了保证新系统运行的正确性和有效性，需要进行系统的调试。系统调试工作要事先准备好调试方案，以提高工作效率，压缩时间，降低费用。完成系统测试后，应完成编写测试报告、绘制程序框图、打印系统源程序清单等工作。

系统调试就是要在计算机上以各种可能的数据和操作条件反复地对程序进行试验，发现存在的错误并及时加以修改，使其完全符合设计要求。需要注意的是，调试只能证明程序有错误而不能证明程序没有错误。人们经常会认为调试的目的是为了说明软件是没有问题的，因此程序编完后，只要找几个数据，使程序能够走通就完成了测试任务。这种认识不仅不正确，而且是十分有害的。因为出于这个目的，人们会自觉或不自觉地寻找容易使程序通过的调试数据，回避那些易于暴露软件错误的调试数据，致使隐藏的错误不被发现。恰恰相反，系统调试是以找错误为目的，我们不是要证明程序无错，而是要精心选取那些易于发生错误的调试数据，要以十分挑剔的态度去寻找程序的错误。这种关于调试目的的观念对于测试工作是有很大影响的。实践证明，由于人类思维的严密性是有限的，加之开发人员主观、心理、经验等方面的因素，一般大型的软件在调试前是不可能没有错误的，因此调试的目的就是发现程序的错误。

五、人员培训

对系统使用人员的培训是系统投入应用的重要前提。管理信息系统是一个人机系统，它的正常运行需要很多人参加工作，将有许多人承担系统所需输入信息的人工处理过程以及计算机操作过程。这些人通常来自现行系统，他们熟悉或精通原来的人工处理过程，但缺乏计算机处理的有关知识，为了保证新系统的顺利使用，必须提前培训有关人员。

六、系统切换和交付使用

在系统调试完毕的基础上，进行系统切换工作。此处的系统切换包括将原来全部用人工处理的系统切换到新的以计算机为基础的信息系统，也包括从旧的信息系统向新的信息系统的切换过程。切换工作包括旧系统的数据文件向新系统数据文件切换，人员、设备、组织机构的改造和调整，有关资料的建档和移交等。系统切换的终结形式是将全部控制权移交用户单位。

（一）系统的切换

1. 系统切换前的准备

（1）数据准备。

1）数据收集。保证数据收集的准确性是系统实施成功的最基本保证。错误的数据导入会导致整个系统的瘫痪。一般原始数据的收集都来源于旧系统中已有的数据，但由于新旧系统需要的数据字段不尽相同，新系统需要的字段通常会更详尽、更系统，所以数据采集的工作量尤其大，特别是新系统实施之前完全采用手工记录的部门更是如此。

2）数据整理。根据系统配置要求、编码原则等对基础数据进行整理是数据切换过程中工作量最大的一部分。应合理运用各种数据处理软件，以最大限度地保证在数据准确性的基础上减少工作量。值得一提的是，这是保证数据唯一性和数据系统正常工作的关键环节，一定不能出差错。

3）数据导入。数据导入应尽可能地自动化，一般系统的设计都会有数据批量导入的程序接口，节省了大量的人力、物力、财力。但必须保证程序的正确性和数据导入格式的准确性，这就要求在数据正式导入运行环境之前，先在测试环境中做好测试，以保证数据的完整性和安全性。同时，在数据切换过程中，必须有严格的输入控制。应启用所有的系统控制措施，以保护数据不接受未经授权的访问和避免错误数据的输入。

（2）文档的准备。总体规划、系统分析、系统设计、系统实施、系统测试等各项工作完成后，应有一套完整的开发资料，它记录了系统开发的全过程，是系统开发人员的工作依据，也是用户运行、维护信息系统的依据，因此文档资料要与开发方法相一致，并符合一定的规范。在系统运行之前要将文档准备齐全，形成正规的文件。

2. 系统切换的方式

系统切换是系统调试工作的延续，对系统最终使用的安全、可靠、准确性来说，是一项十分重要的工作。系统转换的方式有四种，分别为直接切换、并行切换、阶段切换和试点切换，如图 4-28 所示。

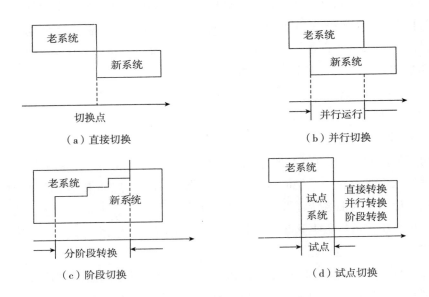

图 4-28　系统切换方式

（1）直接切换。直接切换就是在原有系统停止运行的某一时刻，新系统立即投入运行，中间没有过渡阶段。直接切换的优点是转换最简单，费用最省，但风险性大。由于新系统尚未承担过正常的工作，可能会出现很多意想不到的问题，因此这种方式对重要系统不太适用，但对于新系统不太复杂或原有系统完全不能使用的场合适用。直接切换要求新系统在切换之前必须经过详细调试和严格测试。同时，切换时应做好准备，万一新系统不能达到预期目的时，须采取相应措施。在实际应用时，应有一定措施，以便新系统一旦失灵，旧系统尚能顶替工作。

（2）并行切换。并行切换就是新系统和原系统平行工作一段时间，经过这段时间的试运行后，再用新系统正式替换原有系统。在并行工作期间，手工处理和计算机处理系统并存，一旦新系统有问题就可以暂时停止而不会影响原有系统的正常工作。

并行切换通常可分两步走：先以原有系统的作业为正式作业，以新系统的处理结果作为校核，直至最后原有系统退出运行。根据系统的复杂程度和规模大小不同，并行运行的时间一般为 3~5 个月。在这段时间内，既保持系统工作不间断，又可以对照两个系统的输出，利用老系统对新系统进行检验。经过一段时间的运行，在验证新系统处理准确可靠后，原系统停止工作。

采用并行切换的风险较小，在切换期间还可同时比较新、旧两个系统的性能，并让系统操作员和其他有关人员得到全面培训。并行切换的主要问题是费用太高，这是因为在并行期间新老系统的工作人员也要并行，需要双倍的费用。当系统太大时，费用开销更大。并行切换一般适用于较大的管理信息系统，用于银行、财务和一些企业的核心系统中。

（3）阶段切换。阶段切换是上述两种方式的结合，采取分期分批逐步切换。对由多个部分构成的系统分多个步骤进行切换，每次用部分新系统代替老系统中的某些部分，平衡后再进行下次切换，直到整个系统切换完成。例如，公司可以先切换旧的订单录入系统，然后再切换库存系统。

此方式能防止直接转换产生的危险性，也能减少平行运行方式的费用。但最大的问题就是接口的增加。系统各部分之间往往是互相联系的，当老系统的某些部分切换到新系统去执行，其余部分仍然由老系统去完成时，已切换部分和未切换部分之间就出现了如何衔接的问题，这类接口是十分复杂的。因此，在混合运行过程中，必须事先考虑它们之间的接口。阶段切换一般比较适合于大的系统，能保证平稳运行，费用也不太大。但是，当新旧系统差别太大时，不宜采用此种方式。

（4）试点切换。试点切换是指先在一个部门或地区试点安装运行新系统，如果试点成功，可以采取上述三种切换方法中的一种继续逐渐推广新系统。这种转换方式时间短、费用低，通过试点的成功切换，可大大增强系统用户或管理者对新系统的信心。

在实际的系统切换工作中，并行切换方式用得较多，因这样做既安全，技术上也简单。当然，也有为数不少的系统是将四种切换方式配合起来使用，例如不重要部分采用直接切换，重要部分采用平行切换等。

无论一个系统采用何种切换方式，都应该保持系统的完整性，或者说，系统的切换结果应当是可靠的。因此，系统切换也存在着一个控制问题。在新、老系统交替前，必须为系统建立验证控制，如用户应掌握新老系统处理的全部控制数字记录，以此来验证系统切换是否破坏了系统的完整性。

（二）系统的运行管理与维护

系统切换后可开始投入运行，系统运行包括系统的日常操作、维护等。任何一个系统都不是一开始就完全符合用户需求，总是经过多重地开发、运行、再开发、再运行的循环不断上升。开发的思想只有在运行中才能得到检验，而运行中不断积累的问题是新的开发思想的源泉。

所谓运行管理就是对信息系统的运行进行控制，记录其运行状态，进行必要的修改与补充，以便使信息系统真正符合管理决策的需要，为管理决策服务。系统运行管理的目标是使信息系统在一个预期的时间内能正常地发挥其应有的作用，产生应有的效益。

系统维护是指在管理信息系统交付使用后，为了改正错误或满足新的需要而修改系统的过程。管理信息系统是一个复杂的人机系统，系统内外环境以及各种人为的、机器的因素都不断地在变化着。为了使系统能够适应这种变化，充分发挥软件的作用，产生良好的社会效益和经济效益，就要进行系统的维护工作。

本章小结

本章讨论了管理信息系统的规划、分析、设计和实施。首先，介绍了信息系统的规划方法，介绍了战略集转化法（SST）、关键成功因素法（CSF）和企业系统规划法（BSP）三种方法的基本概念、实施的步骤及优缺点。其次，介绍了系统分析的工作步骤，即详细调查、组织结构与功能、业务流程分析和数据流程分析。再次，介绍了每一个工作中使用的工具，包括组织/功能联系表、业务流程图、数据流程图及数据字典。然后，在信息系统设计中对模块结构设计、代码设计、数据库设计和输入输出设计进行了介绍。最后，介绍了管理信息系统实施的主要任务，详细讲述了物理系统的实施、程序设计、系统调试、人员培训以及系统切换的几种方式以及各自的特点。

习 题

1. 为什么要对信息系统的开发进行规划?

2. 制订信息系统规划时采用的 SST、CSF、BSP 三种方法的优缺点分别是什么?

3. U/C 矩阵的正确性检验包括哪些内容?

4. 什么是管理信息系统开发中的系统分析? 其主要任务有哪些?

5. 管理信息系统分析为什么要对组织结构进行调查和分析?

6. 简述数据流程图绘制的主要步骤。

7. 系统分析中有哪些描述处理逻辑的工具?

8. 如何进行代码设计?

9. 什么是系统实施? 系统实施的主要任务是什么?

10. 系统切换的方式有几种? 它们各自的优缺点是什么?

11. 车间填写领料单后到仓库领料, 库长根据用料计划审批领料单, 未批准的退回车间。库工收到已批准的领料单后, 首先查阅库存账, 若有货, 则通知车间前来领取所需物料, 并登记用料流水账, 否则将缺货通知采购人员。采购人员根据缺货通知, 查阅订货合同单, 若已订货, 则向供货单位发出催货请求, 否则就临时申请补充订货。供货单位发出货物后, 立即向订货单位发出提货通知。采购人员收到提货通知单后, 就办理入库手续。接着是库工验收入库, 并通知车间领料。此外, 仓库库工还要依据库存账和用料流水账定期生成库存的报表, 呈送有关部门。请依据题意绘制业务流程图及第二层数据流程图。

12. 学校的奖学金有两种, 记为奖学金 A 和奖学金 B。对于奖学金 A, 凡各科成绩平均分在 88 分以上、单科成绩不低于 75 分、英语平均在 80 分以上者可申请一等奖学金 (金额 400 元); 凡各科成绩平均分在 85 分以上、单科成绩不低于 70 分、英语平均在 80 分以上者可申请二等奖学金 (金额 300 元)。对于奖学金 B, 凡各科成绩平均分在 92 分以上、单科成绩不低于 85 分、英语平均在 90 分以上者可申请特等奖学金 (金额 1500 元); 凡各科成绩平均分在 90 分以上、单科成绩不低于 80 分、英语平均在 85 分以上者可申请一等奖学金 (金额 800 元);

凡各科成绩平均分在 88 分以上、单科成绩不低于 75 分、英语平均在 80 分以上者可申请二等奖学金（金额 400 元）；凡各科成绩平均分在 85 分以上、单科成绩不低于 70 分、英语平均在 80 分以上者可申请三等奖学金（金额 300 元）。请用判断树描述。

13. 设某商业集团数据库中有三个实体集：一是"公司"实体，属性有公司编号、公司名、地址等；二是"仓库"实体，属性有仓库号、仓库名、地址等；三是"职工"实体，属性有职工编号、姓名、性别等。公司与仓库之间存在"隶属"关系，每个公司可管辖若干个仓库，每个仓库只能属于一个公司管辖；仓库与职工存在"聘用"关系，每个仓库职工人数在 10~40 人，每个职工只能在一个仓库工作，仓库聘用职工有聘用期限和工资。根据上述描述，试绘制 E-R 图，并将 E-R 图转换为关系模型。

第五章 管理信息系统的技术发展

信息系统与信息技术的发展是互相促进的。一方面，信息技术的迅猛发展，推动管理信息系统的应用不断拓展广度与深度；另一方面，管理信息系统的广泛应用，也对信息技术提出了更高的要求。近年来，信息技术在数据处理采集、存储、加工、应用方面有了进一步发展，本章将对其进行系统介绍。

第一节　数据仓库与数据挖掘

数据库是信息组织与管理的基础，数据库管理系统提供了处理数据库的工具，适合于联机事务处理（OLTP）。但是，管理者和组织所需要的不仅是数据和信息，还需要商务智能。商务智能可以帮助企业判断关于企业客户、竞争对手、合作伙伴、竞争环境等信息的准确内涵，辅助制定有效的、重要的商业决策，从而增加企业竞争优势。

管理者和组织作决策时，需要综合分析组织中各部门的数据。这些数据可能分散在不同的位置，甚至可能由不同的系统管理，如销售系统、财务系统等，使得管理者难以获得完整的信息，做出有效决策。在这种实际需求的背景下，数据仓库技术应运而生。数据仓库是一种特殊形式的数据库，是继数据库技术之后进一步的发展。它从许多业务数据库中提取用于支持特定决策所需要的数据，产生一致的、可靠的、易于访问的数据形式，为不同使用者提供所需要的完整数据。

当我们构建了数据仓库，并用数据挖掘工具发现的有价值信息支持决策、解决问题时，就实现了构建商务智能的目标。

一、数据仓库

（一）数据仓库的定义

被誉为"数据仓库之父"的比尔·英蒙（Bill Inmon）对数据仓库（Data Warehouse，DW）的定义是：数据仓库是支持管理决策的，是一个面向主题的、集成的、随时间变化的，但信息本身相对稳定的数据集合。

（1）"主题"是指用户使用数据仓库辅助决策时所关心的重点问题，每个主题对应一个客观分析领域，如销售、成本、利润的情况等。所谓"面向主题"就是指数据仓库中的信息是按主题组织的，按主题来提供信息的。

（2）"集成的"是指数据仓库中的数据不是事务处理系统数据的简单拼凑，而是经过了系统地加工整理，是相互一致的、具有代表性的全局数据。

（3）"随时间变化"是指数据仓库中存储的是一个时间段的数据，而不仅仅是某一个时间点的数据，所以主要用于进行时间趋势分析。一般数据仓库内的数据时限为 5~10 年，数据量也比较大，一般为 10GB 左右。

（4）"信息本身相对稳定"是指数据一旦进入数据仓库以后，一般情况下将被长期保留，极少有更新或删除操作。

（二）数据仓库的特征

1. 数据仓库将来自不同数据库的信息结合在一起

数据仓库将企业中各个业务数据库中的信息结合了起来（通过汇总与合计）。当人们从各类业务数据库中析取信息创建数据仓库时，只收集决策所需的信息，如图 5-1 所示。这种"所需的信息"是用户按照他们对逻辑化的决策信息的需求而确定的，所以数据仓库只包含与用户决策有关的信息。

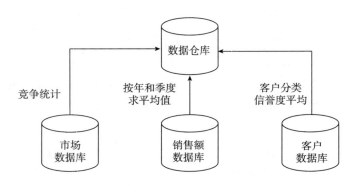

图 5-1　业务数据库析取信息建立数据仓库

2. 数据仓库具有多维性

关系数据库模型中，信息是用一系列二维表表示的，而大多数的数据仓库包含若干层的行和列，具有多维度性，因而称为多维数据库（Multidimensional Database）。数据仓库中的层根据不同的维度来表示信息，这种多维度的信息图表被称为超立体结构（Hypercube）。图 5-2 是一个表达产品信息的超立体结构，它用产品种类和区域（列和行）、年份（第 1 层）、顾客群（第 2 层）、广告媒体的时机（第 3 层）来表达产品信息。利用这个超立体结构，管理人员很容易了解到"地方电视广告播出后，西南地区 A 客户群体的 1#产品的销售额占总销售额百分之多少"。这类信息可以通过商业智能查询得到。

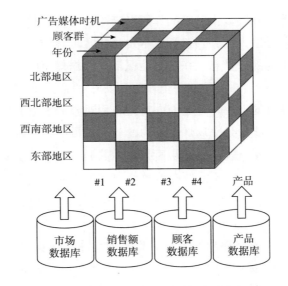

图 5-2　来自多个业务数据库的多维数据仓库

数据仓库是一种特殊式的数据库。用户只关心自己需要的信息，而不关心数据在哪一行、哪一列、哪一层。数据仓库还有一个数据字典，其内容除包括信息的逻辑结构外，还包括两个附加的重要特征，即信息的来源和处理方式，也就是说，数据仓库的数据字典总是追踪信息是由何种方法（总计、计数、平均、标准差等）、从哪个业务数据库中生成的。

图 5-2 表明数据仓库是一个或多个业务数据库中数据信息的综合产物。超立体结构的任一特定部分的子立方体都包含了取自各业务数据库的综合信息。例

如，最前面一层的顶部左侧的子立方体就包含了北部地区、某年、#1 产品的相关信息。这些信息包括总销售额、平均销售额、销售数量等。

3. 数据仓库支持决策而不是事务处理

企业中大多数数据库是面向事务的，都支持联机事务处理（OLTP），因此这类数据库是一种事务型数据库。数据仓库不是面向事务的，是用来支持企业中各类决策任务的。因此，数据仓库支持联机分析处理（OLAP）。

数据仓库的立方体包含的是综合信息。例如当数据仓库可能包含某种产品某年总销售额时，就不必再包括特定产品针对每位个体顾客的每笔销售清单了。从这个角度来看，数据仓库是不能用于事务处理的。

（三）数据集市

数据仓库在管理和决策中所起的作用渐渐被认可，但是要建立一个企业级数据仓库，其工作量是巨大的，且投资成本也是非常可观的。然而，有些情况仅需要存取数据仓库中的部分信息，在这种情况下，数据集市应运而生。

数据集市（Data Marts）是一种更小、更集中的数据仓库，为公司分析数据提供了一种相对廉价的方法。它是面向特定应用对象的数据仓库，主要是具体部门级的应用，一般只能为某个局部范围内的管理人员服务。因此，数据集市也被称为部门级的数据仓库。较小的、易于管理的数据集市使员工更加充分地利用其中的信息。如果企业的员工不需要存取整个组织范围内的数据仓库信息，便可以考虑构建一个适合他们特殊需求的小型数据集市。目前，对数据仓库的投资大部分集中在数据集市中。

根据数据集市与数据仓库的关系，将数据集市分为两种：一种是从属数据集市，可以看成是数据仓库的子集，优势是可以提高使用部门查询数据集市的速度，并且能够保持数据的一致性；另一种是独立数据集市，它和数据仓库除了在数据量大小和服务对象上有区别外，逻辑结构并无多大的区别。一般投资方出于资金方面的考虑，会建设独立数据集市，用来解决个别部门迫切的决策问题。

（四）数据仓库的体系结构

数据仓库通常采用三层体系结构，如图 5-3 所示。

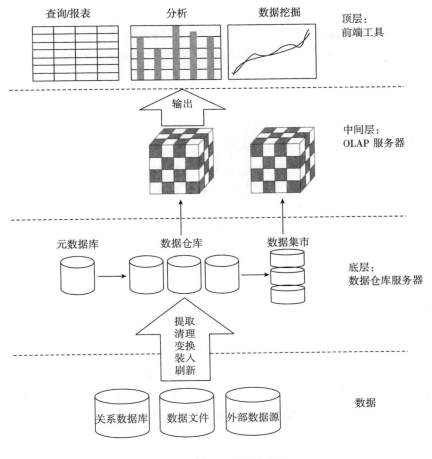

图 5-3　三层数据仓库结构

1. 数据仓库服务器

构建一个数据仓库，充足的数据来源是非常必要的。它包括由联机事务处理系统生成和管理的数据，如企业中心数据库的数据，企业各部门的数据库或文件系统中的数据，工作站和私有服务器上的私有数据，外部系统的数据等。

底层的数据仓库系统使用后端工具和实用程序加载和刷新数据，主要包括数据提取（由多个异构的外部数据源收集数据）、数据清理（检测数据中的错误，可能时订正）、数据变换（将数据由宿主格式转换成数据仓库格式）、装入（排序、汇总、合并、计算视图、检查完整性，并建立索引和划分）和刷新（由数据源到数据仓库的更新）。数据清理和数据变换是提高数据质量，从而提高其后的数据挖掘质量的重要步骤。

整个数据仓库的结构是由元数据来组织的。元数据不包含任何与业务相关的实际数据信息，但对数据仓库中的各种数据进行了详细的描述和说明，所以也称为"数据的数据"，是整个数据仓库中的核心部件。

元数据库包括：

（1）数据仓库结构的描述，包括仓库模式、视图、维、分层结构、导出数据的定义，以及数据集市的位置和内容。

（2）操作元数据，包括数据血统（迁移数据的历史及其所使用的变换序列）、数据流通（主动的、档案的或净化的）和管理信息（仓库使用的统计量、错误报告和审计跟踪）。

（3）用于汇总的算法，包括度量和维定义算法，数据所处的粒度、划分、主题领域、聚集、汇总、预定义的查询和报告。

（4）由操作环境到数据仓库的映射，包括源数据和它们的内容，数据划分，数据提取、清理、转换规则和数据刷新规则，以及安全性（用户授权和存取控制）。

与数据仓库中的其他数据相比，元数据扮演着不同的角色。例如，元数据用作目录，帮助决策支持系统分析者对数据仓库的内容进行定位；当数据由操作环境向数据仓库环境转换时，可作为数据映射的指南；将当前详细数据汇总成轻度综合数据，或将轻度综合数据汇总成高度综合的数据时，它也是指南。元数据应当持久存放和管理。

2. OLAP 服务器

数据仓库系统的中间层是 OLAP 服务器，其主要任务是为商务用户提供数据仓库或数据集市的多维数据，因而高效的立方体计算技术、存取方法和查询处理技术就显得至关重要。OLAP 服务器的实现常常使用关系 OLAP（ROLAP）模型（即扩充的关系 DBMS，它将多维数据的操作映射为标准的关系操作）或者多维 OLAP（MOLAP）模型（即专门的服务器，直接实现多维数据和操作）。

3. 前端客户层

数据仓库系统的顶层是前端客户层，包括查询和报告工具、分析工具、数据挖掘工具。商务用户利用这些终端用户访问工具与数据仓库打交道。

（五）数据仓库在现代组织中的应用

1. 数据仓库的使用给组织带来的好处

数据仓库的最终目的是将企业范围内的全体数据集成到一个数据仓库中，它提供了一个决策支撑环境，是一种数据管理和数据分析的技术。数据仓库将给组织带来以下好处：

（1）提高企业决策能力。数据仓库提供较全面的企业数据，让决策者能进行更多、更有效的分析。数据仓库在企业决策中可实现数据可视化、综合查询、多功能浏览、多种数据融合、多维分析、企业数据组合、数据仓库与 ERP 整合等，从而为企业良好运行和实现高效能提供有力支持。

（2）竞争优势。企业将数据仓库与现有的信息系统集成，决策者能方便地存取许多过去不能存取或很难存取的数据，所以能凭借数据仓库做出更准确的决策，为企业获得更大的竞争优势：能够通过抽取现有系统中的即时数据，将其加工后成为支持企业经营决策所需的即时信息，进而实现即时管理，从而可以比其他竞争对手更快地调整企业的管理和运作，及时响应市场的要求，建立自身竞争优势；能够快速有效地搜集准确描述组织机构的信息，从而增强对组织变化的支持，促进生产率的提高；能够促进企业与顾客的联系，因为它跨越所有商务门类、所有部门、所有市场提供了顾客和商品的一致视图；能够以一致、可靠的方式长期跟踪趋势、式样、异常，可以降低成本。

（3）潜在的高投资回报。数据仓库不是一个项目而是一个不断演进的、长期的过程，在实施和运行维护过程中，各种变化也会对数据仓库项目的成功构成威胁。数据仓库的价值主要体现在被数据仓库支持的业务活动和业务策略可以使成本降低、收入增长。因此，为确保成功实现数据仓库，企业需要冷静地进行投资回报分析，提高数据仓库项目成功的概率，使之在企业未来的运营中充分发挥效力。据国际数据公司（IDC）1996 年的研究，对数据仓库三年的投资利润可达 40%。

2. 数据仓库在组织中的应用实例

数据仓库在电信行业发挥了巨大作用。电信行业竞争激烈，可能出现企业客户的流失，进而使电信企业面临巨额的损失。数据仓库的使用，可以帮助电信企业预测客户流失，并了解哪些客户将转换到竞争对手企业。如果企业能够事先预测，并在客户流失前采取适当的措施，将可能挽留这些客户，减少客户的流失。保留老客户能给电信企业带来巨大的收益，从而使电信企业在较短的时间内收回数据仓库的投资成本。

数据仓库在银行业也得到了较为广泛的应用。目前，我国许多大银行建立了自己的数据仓库系统，储存了大量的客户信息。数据仓库有效地帮助银行从这些海量的信息资料中发掘出有价值的部分。银行基于数据仓库分析现有客户的消费行为，挖掘现在顾客的潜在消费；分析信用卡的使用情况，预防信用卡犯罪的发生；分析不同类型客户对金融产品的偏好，协助市场营销部门针对不同类型的目标客户展开营销，为客户提供个性化的服务。

二、数据挖掘

随着数据库技术的广泛应用，数据库中的数据越来越多，人们迫切需要将这些数据转换成有用的信息和知识。数据库系统的录入、查询、统计等功能，无法深入分析数据，无法发现数据中存在的关系和规则，无法根据现有的数据预测未来的发展趋势，更缺乏挖掘数据背后隐藏知识的手段。这就急需新方法从多层次、多角度分析处理这些海量数据，发现数据中存在的关系和规则，挖掘出企业运行过程中潜在的商务运行规律，即企业知识，从而帮助企业获得竞争优势。于是，人们结合数据库、统计学、人工智能、机器学习等技术，提出应用数据挖掘技术来满足这一需求。

（一）数据挖掘的定义

数据挖掘（Data Mining，DM）的概念于 1989 年 8 月在第十一届国际联合人工智能学术会议上正式形成。

数据挖掘从技术角度来看，是从大量的、不完全的、有噪声的、模糊的、随机的实际应用数据中，提取隐含在其中的、人们事先不知道的但又是潜在有用的信息和知识的过程。这个定义包含以下三层含义：

（1）数据源必须是真实的、大量的、含噪声的，这是形成知识的源泉。数据挖掘的对象可以是任何类型的数据源。可以是关系数据库，此类是包含结构化数据的数据源；也可以是数据仓库、文本、多媒体数据、空间数据、时序数据、Web 数据，此类是包含半结构化数据甚至异构性数据的数据源。

（2）发现的是用户感兴趣的知识。在传统的决策支持系统中，知识库中的知识和规则是由专家或程序人员建立的，是由外部输入的，而数据挖掘的任务是从大量数据中发现尚未被发现的知识，是从系统内部自动获取知识的过程。对于那些决策者明确了解的信息，可以用查询、联机分析处理或其他工具直接获取；

而另外一些隐藏在大量数据中的关系、趋势等信息，就需要数据挖掘技术来完成。数据挖掘是一个复杂的过程，它充分利用了人工智能、机器学习、统计学等多门学科的知识，并把它们同其他辅助技术结合起来，从大量的数据中找出潜在的、有用的知识。

（3）在特定前提和约束条件下，面向特定领域发现的知识是相对的，不要求放之四海而皆准，但同时发现的知识要可接受、可理解、可运用。

数据挖掘从商业角度来看，是一种新的商业信息处理技术，其主要特点是对商业数据库中的大量业务数据进行抽取、转换、分析和其他模型化处理，从中提取辅助商业决策的关键性数据。简而言之，数据挖掘其实是一类深层次的数据分析方法。不同于早期的用于科学研究的数据收集和分析，现在是为商业决策提供真正有价值的信息，其目的是提高市场决策能力、检测异常模式、在过去的经验基础上预言未来趋势等，进而获得利润。

综上所述，数据挖掘可以描述为：按企业既定业务目标，通过一定的工具与方法探索和分析企业大量的数据，揭示隐藏的、未知的或验证已知的规律性，并进一步将其模型化的数据分析方法。

（二）数据挖掘的过程

实施数据挖掘前，需要制定步骤，明确每一步都做什么，达到什么样的目标，才能保证数据挖掘有条不紊地实施并取得成功。一般情况下，数据挖掘过程由以下五个阶段组成：定义问题、数据准备、数据挖掘、结果表述和解释以及知识的运用，如图5-4所示。

（1）定义问题。针对不同问题所建立的模型是不同的，因而数据挖掘必须首先清晰地定义出业务问题，确定数据挖掘的目的。

（2）数据准备。这个阶段又可进一步分为三个子步骤：数据集成、数据选择、数据预处理。数据集成是合并处理文件或多数据库运行环境中的数据，包括解决语义模糊性、处理数据中的遗漏和清洗脏数据等。数据选择是在大型数据库和数据仓库中提取数据挖掘的目标数据集，缩小处理范围，提高数据挖掘的质量。数据预处理是为了克服目前数据挖掘工具的局限性，进行数据再加工，包括检查数据的完整性及数据的一致性，填补丢失的域，删除无效数据等。

（3）数据挖掘。根据数据功能的类型和数据的特点选择相应的算法，对净化和转换过的数据集进行数据挖掘，主要包括：①决定如何产生假设，是让数据挖掘系统为用户产生假设，还是用户自己对数据库中可能包含的知识提出假设；

②选择合适的工具；③挖掘知识的操作；④证实发现的知识。

（4）结果表述和解释。根据最终用户的决策目的，分析提取的信息，区分最有价值的信息，并且通过决策支持工具提交给决策者。

（5）知识的运用。将分析所得到的知识集成到业务信息系统的组织结构中去。

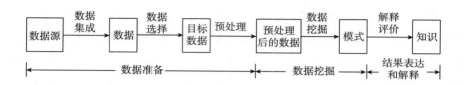

图 5-4　数据挖掘的过程

（三）数据挖掘的主要功能

数据挖掘利用其强大的功能，将企业数据转化为有用的信息以帮助决策，从而在市场竞争中获得优势地位。数据挖掘的任务一般分为两类：描述和预测。描述性挖掘任务刻画数据库中数据的一般特性；预测性挖掘任务推断当前数据，并加以预测。通常将它们分为以下四种类型：

1. 分类分析

分类分析就是分析对象特征，找出描述数据集合典型特征的模型，以便分类识别未知数据的归属或类别。也就是说，分类过程首先从数据中选出已经分好类的训练集，在该训练集上运用数据挖掘技术，建立一个分类模型，然后将该模型应用于未分类数据进行分类。例如，银行根据已有的数据将客户分成不同的类别，然后根据这些分类特征区分新申请贷款的客户属于哪种类别，从而采取相应的贷款方案。再如，电话公司担心失去客户，则管理人员可以利用分类模型，用即将流失的顾客的特征去识别现有客户，判断其是否有流失倾向，从而针对这些客户设计促销活动。

2. 聚类分析

聚类分析是将数据按照某种标准进行划分，使得同类数据具有极高的相似性，不同类数据的相似性很低。聚类与分类的区别在于：后者获取分类模型所使用的数据是已知类别归属的，是有监督的学习方法；而聚类分析所处理的数据是无类别归属的，也就是说划分的类是未知的，属于无监督的学习方法。例如，数据库中的数据虽然具有"消费额""购买频率""收入水平"等多个评价指标，但是没有办法用一个指标对数据分类，这种情况就可以考虑聚类分析，按照数据间的自然联系把分散的记录"聚"成几类，然后再对每类顾客进行深入分析，然后以组为单位来推荐商品。

3. 关联分析

关联分析的目的是挖掘隐藏在数据间的相互关系。例如，一项对超市交易记录的研究表明，购买玉米片时，同时购买可乐的概率是 65%；而当有促销活动时，购买可乐的概率是 85%。如果管理人员事先了解了促销所带来的获利可能性，这些信息可以支持管理人员做出更好的决策。

4. 异类分析

异类分析是对分析对象中少数的、极端的特例的描述，提示内在的原因。例如，银行 100 万笔交易中有 500 例的欺诈行为。银行为了稳健经营，需要发现这500 例的内在因素，减少以后经营的风险。异类数据可以利用数理统计分析方法获得。

近几年发展起来的数据挖掘技术还包括文本数据挖掘、Web 数据挖掘、可视化系统、空间数据挖掘和分布式数据挖掘等。文本数据挖掘主要是为了满足对非结构化文本数据的挖掘需要。Web 数据挖掘是针对网络上大量公共资源的挖掘，它的目标是从 Web 超链接、网页内容和使用日志中探寻有用的信息。依据在挖掘过程中使用的数据类别，Web 挖掘的任务可以被划分为三种主要类型：Web 结构挖掘、Web 内容挖掘和 Web 使用挖掘。Web 结构挖掘从表征 Web 结构的超链接中寻找知识，Web 内容挖掘从网页内容中抽取有用的信息和知识，而 Web 使用挖掘则从记录每位用户点击情况的使用日志中挖掘用户的访问模式。

数据挖掘的各项功能不是独立存在的，它们在数据挖掘中互相联系，发挥作用。

（四）数据挖掘的应用

数据挖掘是国际上数据库和信息决策领域的最前沿研究方向之一，得到了广泛的重视。越来越多的大中型企业开始利用数据挖掘技术分析公司的数据，以辅助决策。目前，数据挖掘应用领域广泛，逐渐成为企业在市场竞争中制胜的法宝。

1. 在商业经营方面

商业尤其是零售业内普遍使用 MIS 和 POS，尤其是条形码技术的应用使得企业可以方便地、不断地收集到大量客户购买数据，因而零售业也成为最早运用数据挖掘技术的行业。利用数据挖掘技术，分析客户购物数据，可以了解客户购物行为特征，为商业决策提供可靠的依据。数据挖掘技术在零售业应用广泛，可以运用于市场定位、客户描述、客户细分、客户保留、辅助制定市场营销策略，可以运用于销售预测、交叉销售、库存需求、零售点的选择、货架的摆放、价格分析等。

数据库营销（Database Marketing）是通过交互式查询、数据分割和模型预测等方法选择潜在客户并向他们推销产品。首先，对已有的客户信息进行手工分类，分类的依据可以由专家根据客户的实际表现给出，从而得到分类的训练数据；其次，数据挖掘建立客户分类模式；最后，当新客户到来时，系统根据分类模型自动将顾客分为不同级别，级别越高，预测其购买产品的可能性就越大，就可以针对性地进行推销。

购物篮分析就是分析一段时间内所有客户购物篮内商品的规律与特性，更好地用于超市商品的排列、采购、推广与营销，最终提升用户体验，产生商业价值。例如，如果 A 商品被选购，B 商品一起被购买的可能性为 90%，那么就调整商店货架的布局以促销某些商品，并且在进货的选择和搭配上也更有目的性。

随着电子商务的迅猛发展，推动了 Web 数据挖掘技术更广泛的应用，帮助电子商务企业最大限度地实现数据资源整合。例如，客户在电子商务平台浏览时，系统会分析客户的浏览类型、搜索类型和浏览时长等，推断客户的消费习惯、偏好、性别、年龄段等内容，再次建立一个分类系统，进行范围性的推荐，使得用户更便捷地获得自己喜爱的商品，提高用户的满意程度和忠诚度。还可以根据用户消费习惯，改进电子商务平台的布局设计，针对性地设计网站，帮助电子商务企业更好地发展。

2. 在金融保险方面

由于银行和金融系统对数据质量的要求较高，经过长时间的运营，这些行业通常拥有大量的且相对较完整、可靠和高质量的数据，为行业的数据挖掘提供了条件。例如，利用分类分析方法可以对贷款偿还进行预测，利用聚类分类可以对目标市场客户进行分析和归类，利用关联规则可以对金融欺诈进行分析等。典型的金融分析包括投资评估和股票交易市场预测。由于金融投资的风险很大，进行投资决策时，一般采用模型预测法分析各种投资方向的有关数据。数据挖掘在金融领域的应用广泛，还包括数据清理、账户分类、信用评估、金融市场分析预测等。

保险业运用数据挖掘技术分析如何为不同行业、不同年龄段、不同社会层次的人确定保险金。通过险种关联分析，分析购买了某种保险的人是否又同时购买了另一种保险，预测什么样的顾客将会购买新险种。数据挖掘也可应用于案件调查、诈骗检测、犯罪行为分析等。银行、信用卡发行和健康保险行业往往面临企业诈骗。由于诈骗类型复杂多样，企业诈骗很难防范。应用数据挖掘的异类分析可以减少诈骗风险。

数据挖掘除了在商务领域的广泛应用外，还在制造、公共设施、教育、远程通信、软件开发、运输等多个领域得到了很好的应用。据 IDC 对采用了商务智能技术的 62 家企业所进行的调查分析发现，这些企业的 3 年平均投资回报率为 400%，其中 25% 的企业投资回报率超过 600%，因此商务智能将逐步成为企业信息化建设的热点。

（五）数据挖掘在组织中的应用实例

案例 1：加拿大 Laurentian 银行的 SAS 信用卡管理

数据挖掘的应用无处不在，它能帮助商家做出更好的决策。在金融服务业，加拿大的 Laurentian 银行求助于主要的统计工具提供商 SAS 来创建一个信用评级模型，以用于对雪地汽车、全地形汽车、船艇、娱乐车和摩托车的贷款的批准。

Laurentian 银行希望改善对数据采掘和分析工具的应用，开发一个内部的计分卡。开发一个柔性系统来帮助银行了解申请贷款的消费者和商家。最终，一个叫 SAS 信用计分的系统为每一个贷款申请者设立了一个信用风险计分卡，它以包括社会经济数据在内的多种信息为基础，用计分的形式确定贷款申请者的风险级别。

在短短的几个月内，这家银行就实现了 33% 的投资收回率，而且预计在汽车贷款上的亏损将降低 8%。

案例 2：英国 Safeway 超市的经营管理

Safeway 是英国的第三大连锁超市，年销售额超过 100 亿美元，提供的服务种类达 34 种。为了取得竞争优势，Safeway 开始发行会员卡，通过会员卡收集大量数据。然后每周从数据库中抽取数据存储到数据仓库中，Safeway 以客户为导向，利用数据挖掘技术，分析客户购买记录，并采取相应的营销手段，使得 Safeway 的销售量获得了较大幅度的增长。Safeway 根据客户的相关资料，将客户分为 150 类，再用关联的技术比较这些资料集合（包括交易资料以及产品资料），然后列出产品相关度的清单（例如，"在购买烤肉炭的客户中，75%的人也会购买打火机燃料"），并将关联度高的产品摆放在一起，既方便了客户，又增加了产品的销售。Safeway 还对商品的利润进行细分。例如 Safeway 发现，在 28 种品牌的橘子汁中有 8 种特别受消费者欢迎。因此，超市重新安排货架的摆设，使橘子汁的销量得以大幅增加。Safeway 还提升了对客户的服务，例如，一种销售额排名第 209 位的奶酪，如果用传统分析方法可能很快会被撤下货架，但是数据挖掘显示消费额最高的客户中有 25% 的客户经常购买它，Safeway 可不想得罪这些重要客户，于是该奶酪继续保留在货架上。Safeway 还通过对购买记录的分析，找出长期的经常性购买行为，再将这些资料与主数据库的人口统计资料结合在一起，根据每个家庭在不同季节的购买倾向，设计并发出相关商品信息邮件，刺激消费者购买。

每一个这样的例子都有一个共同的基础，它们利用在数据仓库里隐藏的关于客户的信息来减少费用并改善与客户的关系。这些组织现在可以集中精力于最重要的客户和有前景的商务，并设计可以最好实现这些目标的市场策略。

第二节　大数据与云计算

云计算（Cloud Computing）作为一种基于网络的、客户能够按需获取计算资源服务的计算模式，自提出就给 IT 领域带来了巨大的变革。云计算使组织的计算成本与活动程度相匹配，如销量上升，销售代表与顾客增加，则组织将从云端获取更多的计算资源。云计算提高了社会计算资源获得的便利性与利用率，改变了信息产业的现有生态，催生了新型的产业和服务。

随着互联网、移动互联网、物联网的快速发展，以及推特（Twitter）、微信等社交网络的推广，数据以几何级的速度增长。大数据（Big Data）作为数据处理方面的技术变革，通过对海量、多种类型的数据共享、交叉复用后，获取经济、政治、文化等方面最大的数据价值。

大数据与云计算的关系密不可分。大数据对海量数据的挖掘，必须采用分布式计算架构，必须依托云计算的分布式处理、分布式数据库、云存储和虚拟化技术。云计算是计算模式，也是商业模式，大数据对数据价值的挖掘提升了云计算的应用价值。当前，云计算与大数据高度融合，得到了前所未有的发展。

一、云计算概述

（一）云计算定义

云计算是 IT 领域的热门话题，那么到底什么是云计算？服务器厂商、网络供应商、操作系统开发公司、应用软件研发公司甚至存储厂商，对云计算都有着自己的定义和理解。现阶段，美国国家标准与技术研究院（NIST）的云计算定义被广为接受，他们指出：云计算通过网络以便利的、按需的方式访问共享资源池，以获取计算资源（如网络、服务器、存储、应用和服务）的模式。这些资源可配置，能够快速获取和释放，只需投入很少的管理工作或与服务供应商进行很少的交互。

从基于用户的视角来看，云计算中的"云"是指网络中能够提供的无穷计算资源（计算能力、网络基础设施、商业处理平台、存储空间、带宽资源等），云计算的目的是让使用者在不需要了解计算资源的具体状况下，按照与服务提供商约定的服务水平协议（Service Level Agreement，SLA），通过台式电脑、笔记本电脑、手机等方式接入数据中心，按需使用资源。这种模式将计算和处理能力转移到网络中，从而减少以往个人或公司维护计算机软件、硬件、带宽、能源等资源的开销。

云模式能够提高资源可用性，并且有五种基本属性、三种服务模式和四种部署。

1. 五种基本属性

云计算的业务可以描述为五种基本属性，这五种基本属性及其与传统计算方式的区别和联系如图 5-5 所示。

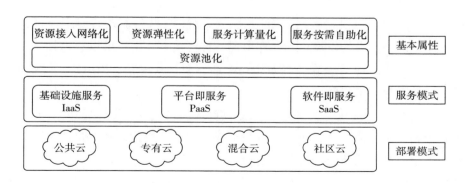

图 5-5 美国国家标准技术研究院的云计算定义图

（1）资源池化。云计算系统的一个重要特征是资源池化，就是将低效率、分散使用的资源集约化管理和输出。各种资源在大量时间不是处于等待状态，就是在低负荷地运行，因而分散的资源使用方法会造成资源的极大浪费。云计算服务提供商将资源（包括存储、处理能力、内存、网络带宽和虚拟机）集中管理后，可以大大提高资源的利用效率。通过多租户模式统一为多客户提供多样服务，并根据客户的需求动态提供或重新分配物理或虚拟化的资源。这些资源的位置相对独立，用户并不能控制这些资源和感知资源的准确位置，但是用户可以指定较高层次的位置，例如国家、州或数据中心。

（2）资源弹性化。随着资源需求的不断提高，资源池的弹性化扩张能力成为云计算系统的一个基本要求，云计算系统只有具备了资源的弹性化扩张能力才能有效应对用户不断增长的资源需求。大多数云计算系统都能方便地实现新资源的加入。对于用户来说，好像只要愿意付费，云资源的供应能力就是无限的，可以任意购买、随时购买。

（3）服务按需自助化。云计算系统给予用户最重要的好处就是适应用户对资源不断变化的需求，按需向用户提供资源从而节省用户的开支。用户无须购买、维护大量资源，只需按实际消费的资源量向云计算服务提供商付费。按需提供资源服务使用户在逻辑上可以认为资源池的大小是不受限制的，用户拥有更大的想象空间和创新空间，可以集中精力在应用上。云计算服务中，用户通过自助方式获取服务，获得了更加快捷、高效的体验。例如，用户可以根据需求自动地获取服务器计算时间和网络存储空间，而不需要和云服务提供商进行直接谈判。

（4）资源接入网络化。从最终用户的角度看，基于云计算系统的服务都是通过网络提供的。通过网络分发服务打破了地理位置的限制，打破了硬件部署环境的限制，实现了只要有网络就有服务，革命性地改变了人们使用计算机的习惯。因而，网络技术的发展是云计算出现的首要动力。用户可以通过标准机制访问云计算系统，各种用户端（例如移动电话、便携式电脑、PDA）、传统的或基于云的软件平台均可以使用云计算。

（5）服务计费量化。云计算服务提供商对服务对象（存储、处理能力、带宽等）保持实时跟踪，并以可量化的指标反映出来，提供服务计量能力，以自动控制和优化资源使用情况。资源的使用可以检测、控制、统计，进而为用户和服务商提供透明的服务使用量，便于对后台资源进行调整和优化。NIST 提出的五个特征非常形象地提炼出了不同云计算模式的共性。在绝大部分获得成功的云服务上，都能找到这五个特征。Amazon AWS 的 EC2 就是一个典型的例子。Amazon EC2 的服务全部可以在 Amazon AWS 的网站上自助开通，用户通过网络可获取 Amazon EC2 的后台计算资源。Amazon EC2 有一个完善的后台管理系统，能够在不同的数据中心之间调配资源，以满足瞬息万变的用户需要。这些服务特点将 Amazon EC2 塑造成一个优秀的、成功的云服务提供商。

2. 三种服务模式

就云计算服务模式而言，可以分为三种基本模式和其他的派生模式。这三种基本模式可以简写为"SPI 模式"，分别为 Software、Platform 和 Infrastructure（as a Service）。

（1）基础设施即服务（Infrastructure as a Service，IaaS）。IaaS 包括所有的基础设施资源，云计算服务提供商为用户提供处理能力、存储能力、网络和其他计算机基础设施，提供对基础设施资源的抽象能力，并且为这些抽象资源提供物理或是逻辑连接的功能。IaaS 为云用户提供应用程序接口（APIs）实现与这些基础设施的交互。用户可以使用这些资源部署或运行他们自己的软件，如操作系统或应用程序。用户无法管理和控制底层云基础设施，但可以控制操作系统、存储、部署的应用程序。IaaS 意味着用户可以从云计算服务供应商处获得多核的 CPU 资源、指定大小的内存、给定的网络带宽以及所需的存储空间，然而用户需要自行安装和开发应用程序和系统。

2021 年，IaaS 全球市场规模为 1326 亿美元。亚马逊网络服务（Amazon Web Service，AWS）是 IaaS 领域无可争议的市场领导者，其 EC2 和 S3 服务分别提供基本计算和存储服务。AWS 收入达到 530.4 亿美元，占据了全球 40.0%的市场份额；微软以 290.4 亿美元排名第二，占据 21.9%的市场份额；阿里云以 80.9 亿美元排名第三，占据 6.1%的市场份额，是亚太地区和中国的市场领导者。此外，谷歌云以 72.9 亿美元排名第四，IBM 以 33.2 亿美元排名第五。除了阿里云，我国腾讯云、华为云也侧重于 IaaS 层服务。

（2）平台即服务（Platform as a Service，PaaS）。PaaS 位于 IaaS 和 SaaS 之间，PaaS 是对开发环境抽象的封装和对有效服务负载的封装，主要用于构建应用程序开发环境、中间件和其他功能（如数据库、消息功能、排队功能）。PaaS 允许开发者在 PaaS 上开发自己的应用，并且支持相应的开发语言和工具。PaaS 可执行各个阶段的软件开发和测试，也可以专用于某个领域，如内容管理。用户可以将自己拥有的或是购买的应用程序通过使用云计算服务提供商提供的编程语言和工具部署到云基础设施上。云用户无法管理和控制底层云基础设施，包括网络、服务器、操作系统、存储，但可以控制他们部署的应用程序和应用程序的配置环境。PaaS 意味着用户可以从云计算服务供应商处获得包含基本数据库和中间件程序在内的一套完整系统，然而用户需要根据接口编写所需的应用程序。

2021 年，全球 PaaS 市场规模为 796.5 亿美元，是云计算服务模式中市场份额最小的。其中，美国 PaaS 市场的规模达到 547.2 亿美元，占全球 PaaS 68.7% 的市场份额。欧洲、中国、日本 PaaS 市场规模分别为 83.6 亿美元、34.1 亿美元、15.1 亿美元，分别占 10.5%、4.3%、1.9% 的市场份额，中国 PaaS 市场增速达 56.4%。国外 PaaS 市场已经有如亚马逊（SimpleDB）、Salesforce、谷歌（Google App Engine）、微软（Microsoft Azure App Service）、IBM、VMware 等重量级企业布局。2021 年，中国 PaaS 市场中阿里云、华为云、亚马逊云科技、腾讯云、用友和浪潮居于领导者地位。

（3）软件即服务（Software as a Service，SaaS）。SaaS 位于 IaaS 和 PaaS 之上，云计算服务提供商为用户提供的业务是运行在其云基础设施上的应用程序的使用能力，包括内容服务、内容呈现、商业应用和管理能力。云计算服务提供商将应用软件统一部署在自己的服务器上，这些应用程序能被各种客户端设备通过 Web 形式访问，例如 Web 浏览器。客户无法控制和管理云基础设施，包括网络、服务器、操作系统、存储，甚至独立的应用程序，但是云用户可以拥有一些受限的应用程序配置权限。用户可以根据自己的实际需求，通过互联网向云计算服务提供商订购所需的应用软件服务，按订购的服务的多少和时间的长短向厂商支付费用，并通过互联网获得厂商提供的服务。SaaS 意味着用户可以从云计算服务供应商处获得完整的应用程序，只需根据地址进行访问，通过设定好的账号和密码加以使用，或对多个不同的服务进行整合。

2021 年，SaaS 应用程序市场规模为 1778 亿美元。其中，微软以 193.8 亿美元排名第一，Salesforce 以 176 亿美元排名第二，SAP 以 80 亿美元排名第三，甲骨文以 64 亿美元排名第四，谷歌以 60.5 亿美元排名第五。主流的 SaaS 服务商有两大类：纯 SaaS 服务提供商与传统软件转云。SaaS 服务从职能维度来看，主要包括 CRM、ERP、HRM、SCM 等，用友、金蝶提供的就是 ERP SaaS 服务；从行业角度来看，包括金融、医疗、电商、地产等各垂直市场，广联达提供的就是面向建筑行业的 SaaS 服务。

3. 四种部署模式

不管是哪一种云计算服务模式，都有四种基本的部署模式。

（1）公共云。公共云面向大众用户或是大型企业集团，通常云拥有者和管理者为一个公司（云服务提供商）。公共云将来自不同用户的作业混合在云内的服务器、存储系统和其他基础设施上，用户不知道为其服务的同一台服务器、网络或磁盘上还有哪些用户。运行在公共云上的应用对云服务提供商和用户来说都是透明的。

（2）社区云。云基础设施被几个组织所共享，以支持某个具有共同需求（如任务、安全需求、策略域）的社区。社区云可以被该组织管理，也可以委托第三方管理。

（3）专用云。专用云主要面向需要大规模数据处理、存储的公司。专用云由单个用户拥有基础设施，该用户完全控制哪些应用程序在哪里运行。通常，专用云上的应用全是云拥有者的应用，专用云能提供对数据的最大控制权、最大的安全性和最优的服务质量，并且可以决定允许哪些用户使用基础设施，哪些应用可以部署在云上。一般来说，专用云的扩展性没有公共云高。

（4）混合云。云基础设施由两个或两个以上相对独立的云（专用云、社区云或公共云）组成，为了保证数据和应用程序的可移植性，通过标准化的接口或是专用技术为不同的云客户提供服务。通常当专用云的负载波动较大时，为了保证服务质量，可以使用公共云来弹性地扩展软硬件资源。混合云为云用户决定如何在公共云和专用云上部署他们的应用提供了一种灵活的措施，如果应用的数据量很小，但是需要很大的计算能力，那么混合云或许是一种比较好的选择，相反如果数据量较大，而需求的计算能力很小，将大量的数据发送到公共云上来处理就不是一种很好的选择。

上述四种云都有一种或两种的部署方式：内部或（和）外部。内部是指位于云拥有者的内部网络，享有和内部网络其他用户同样的网络安全策略，通常专用云一般都部署在内部。而外部是指部署在公有的网络上，公共云一般部署在外部。许多商业公司认为专用云更适合于他们公司的解决方案，因为专用云既提供了云计算的优点，同时又处于公司可控的安全防护措施中（如防火墙等）。因此它们会利用混合云。

需要强调的是，随着客户需求、云市场进一步成熟，还产生了一些基于这四种云的派生部署模式。例如，通过将租用的公共云部分私有化或半私有化，并将私有化的云与用户私有数据中心连接而形成的虚拟专用云，这两部分的连接通常是通过虚拟专用网络（VPN）来连接。不同的公司可以根据自己的需要选择不同的云，或是选择几种云来解决不同的问题。如果公司只是临时需要大规模的计算和存储能力，那么他们可以选择公共云，从而避免购买额外的硬件和软件资源。同样，如果公司需要部署一种持久的应用，或是对 QoS 或数据的安全有特殊的要求，那么可能更适合选择专用云或是混合云。

（二）云计算的特点

计算的虚拟化是云计算的核心特点。早期，云计算将大量低性能的服务器或运算单元虚拟成为一台具有极强运算能力的超级计算机来完成复杂的计算任务，这种技术可以理解为计算的多虚一。如今，一虚多技术在云计算领域广泛应用，并逐渐成为主流。一虚多技术是在一台服务器上定义多台虚拟机，将计算任务分配给多台虚拟机共同完成，目的是最大限度地发挥服务器的运算能力。根据多虚一和一虚多不同的技术发展方向，云计算可被分为集中云与分散云。

1. 集中云

集中云的技术基础是计算的多虚一。最早期的应用实例是 Google 应用于搜索引擎，搜索引擎是消耗大量运算资源的典型应用。当用户在网页上用关键词搜索时，每一个搜索任务在后台的工作量远远超过了几台大型服务器的能力范围。因此，采用多虚一技术，由后台几百上千台服务器统一计算产生搜索结果、处理网页内容，以解决这样的复杂问题。

多虚一技术可分为主备模式（Active-Standby）和负载均衡模式（Load Balance）两大类。

主备模式中，所有的服务器中只有一台工作，其他服务器则作为备用服务器。当监测到主服务器出现宕机等意外状况时，备用服务器才开始接管处理任务。因此，主备模式大多采用二虚一的方式，即由一台主服务器和一台备用服务器组成。

负载均衡模式中，服务器被分为协调者和执行者。协调者负责对任务进行分配及对结果进行整理，执行者负责对所分配的任务进行运算。在来回路径一致的负载均衡模式中，协调者将任务分配给执行者进行计算，计算完成后结果返回协调者，再由协调者整理并返回给用户。执行者不需要了解所分配任务之外的情况，可最大限度地发挥其运算能力。该方法常应用于搜索引擎和科研计算等的业务处理。

集中云主要应用于大型互联网服务提供商和大型研究机构所构建的云服务和数据中心。由于在集中云的计算中，服务器之间要进行大量的交互访问，因此云数据中心的网络内部流量巨大，对带宽和延迟都有着较高要求。

2. 分散云

分散云的技术基础是一虚多，是当前云服务的关键底层技术。一虚多的最主要目的是提高服务器的运算效率，通过在同一台服务器上安装多台虚拟机实现对CPU 运算能力最大限度地使用，并充分利用所有的内存和带宽资源。

一虚多在技术方面的实现方案大致可分为以下三类：

（1）操作系统虚拟化（OS-Level）。在操作系统中虚拟出多个运行应用程序的容器，各程序可共享内核空间。该方案中，一个 CPU 可虚拟 500 个虚拟服务器，但其缺点是操作系统唯一，即所有应用程序必须运行于同一个底层操作系统中。

（2）主机虚拟化（Hosted）。运用虚拟机管理软件平台构建出多套虚拟硬件平台（包括 CPU、内存、存储单元等）。根据需要，用户可在虚拟硬件平台上安装不同的操作系统和所需的应用软件程序。因此，该方案中的应用程序可根据需要运行于不同的操作系统中。

（3）裸金属虚拟化（Bare-Metal）。裸金属虚拟化中虚拟机管理平台不需要底层操作系统，直接管理调用硬件资源。这种方案的性能处于主机虚拟化与操作系统虚拟化之间。

当前，分散云数据中心服务器虚拟化采用的主要是裸金属虚拟化方案。分散云在服务器的内部实现了虚拟机之间的通信，然而由于对服务器硬件能力的极端榨取，造成了网络中任一服务器的流量压力都大幅增加，因此与集中云一样也存在着带宽扩展的强烈需求。分散云技术的实现，使得大型数据中心、中小企业用户、个人用户可以通过在 PC 和服务器上安装虚拟机实现以云计算的方法运行应用程序。

（三）云计算的发展

"云计算"的概念萌芽于 1961 年，在麻省理工学院一百周年纪念典礼上，约翰·麦卡锡（1971 年图灵奖获得者）第一次提出了"Utility Computing"的概念，指出"计算机将可能变成一种公共资源"。

现代云计算模式诞生于 20 世纪 90 年代，1999 年成立的 Salesforce.com 是公认的云计算先驱，它通过租赁向企业客户提供 CRM 软件服务，开创了 SaaS 模式

（软件即服务）的时代。企业客户只需要每月按月支付租赁费用，不用购买任何软件、硬件，也不用花费人力成本在软件运营上。Salesforce 提出"将所有软件带入云中"的愿景，这不仅是革命性的创举，也成了云计算的一个里程碑。

21 世纪，亚马逊（Amazon）接棒云计算的快速发展。亚马逊最早以网络书店为主营业务，为了处理庞大的商品和用户资料，亚马逊建立了庞大的数据中心。但是，网络销售有旺季和淡季，这就造成数据中心在大部分时间只有不到 10% 的利用率，剩下 90% 的资源都闲置着。于是，亚马逊开始寻找一种更有效的方式来利用自己的数据中心，它的目的是将计算资源从单一的、特定的业务中解放出来，在空闲时提供给其他有需要的用户。亚马逊首先在内部实施这一计划，并得到不错的反响，接着将这个服务开放给外部用户，并命名为 AWS（Amazon Web Service）。初期的 AWS 是简单的线上资源库，没有引起太大的关注，令 AWS 声名大噪的是 2006 年发布的 EC2（Elastic Computer Cloud）。EC2 是业界第一款面向公众提供基础构架的云服务产品，它将云计算的服务对象带入更多的领域。此外，亚马逊还发布了 S3、SQS 等其他云计算服务，组成了一个完整的 AWS 产品线，促使云计算成为 IT 产业的主流声音。

云计算作为一种新理念、新整合技术和网络应用模式，由谷歌（Google）于 2006 年首次提出。最初谷歌为了支撑其庞大的搜索业务，将大量廉价服务器集合起来，开发云计算平台。2003 年，随着微软宣布进军网络搜索市场，谷歌开始打造超级数据中心，将 PC 端的软件服务搬到线上，在网上提供一套与微软 Office 软件类似的办公软件，包括电子邮件、文件处理等，并推出浏览软件 Chromebook，以云端操作系统 Chrome OS 替代本地操作系统。

随着全球商业软件巨头涌进云计算领域，云计算类型也日益丰富，除了 Salesforce 和亚马逊 AWS 代表的 SaaS 和 IaaS，PaaS 也快速发展了起来。谷歌 2008 年发布 Google App Engine（GAE），通过专有 Web 框架，允许开发者开发 Web 应用并部署在其基础设施之上。微软也在 2008 年发布 Windows Azure Platform，为开发者提供一个平台，帮助开发可运行在云服务器、数据中心、Web 和 PC 上的应用程序。至此，亚马逊、谷歌、微软三大巨头均下场，2008 年也被视作云计算"鲤鱼跃龙门"的一年。

2008 年以来，商用云服务市场竞争日趋激烈。2013 年底，作为全球主要云计算服务供应商的亚马逊将其云计算服务产品 AWS 落地中国。2014 年起，HP、Cisco 纷纷计划投入约 10 亿美元以提供云计算服务。2015 年，AWS 46 亿美元的营收数据，不仅让外界知道了亚马逊的实力，也让大众清楚地认识到了云计算广阔的发展前景。据 Gartner 的分析，2019 年，美国云服务整体市场规模接近 1220 亿美元，且未来 5 年年复合增长率（CAGR）超过 14%。

在我国云计算产业的发展可分为起步期、快速发展期和成熟期三个阶段。2007~2010 年为起步阶段，这一阶段云计算概念逐渐清晰，硬件支撑技术相对为完善，各类云计算的解决方案和商业模式尚在尝试和探索阶段，云计算应用的广度和深度不足，主要依靠政府项目推动。2008 年，IBM 在中国无锡建立的中国第一个云计算中心投入运营。2008 年，蓬勃的网购带来激增的淘宝用户，导致阿里巴巴深陷数据处理瓶颈。每天早上八点到九点半之间，服务器的使用率飙升到 98%，阿里巴巴传统的 IOE 架构已经无法满足需要。在这样的背景下，阿里巴巴提出了"云计算"和"大数据"战略。2011 年，阿里云上线，开始大规模对外提供云计算服务。2009 年，腾讯为了支撑起 QQ 产品的正常运行，在一个月内额外采购与上架了几千台服务器。于是，腾讯开始思考一个问题：并不是每个合作伙伴都能有这么多的服务器和 IT 技术力量，腾讯如果可以提供后勤服务，那么前景巨大。2010 年，腾讯开放平台接入首批应用，腾讯云正式对外提供云服务。

2010~2015 年为快速发展阶段。2010 年，我国确定北京、上海、杭州、深圳、无锡五城市先行开展云计算服务创新发展试点示范工作，推进我国云计算产业发展和试点应用。同年，北京、上海、深圳等城市发布相关政策措施，推进云计算产业发展。2015 年，国务院发布了《国务院关于促进云计算创新发展培育信息产业新业态的意见》《关于积极推进"互联网+"行动的指导意见》等政策措施。在政府积极引导和企业战略布局等推动下，云计算已逐渐被市场认可和接受。2012 年，金山云、UCloud、百度云等云公司陆续成立。2013 年，腾讯云进一步面向全社会开放。2013 年，阿里云获得全球首张云安全国际认证金牌，推出金融云服务，余额宝全部核心系统迁移至阿里云。

2015 年至今，云计算市场进入成熟期。国内企业逐渐掌握了云计算核心技术，云服务模式快速发展，用户对云计算的接受程度显著提升，云计算产业链基本形成。2015 年，华为在中国区发布了企业云服务，同时在全球市场与电信运营商合作进入公有云；2019 年移动云发布；2020 年金山云上市；2020 年，阿里云宣布位于南通、杭州和乌兰察布的三座超级数据中心正式落成。

我国云计算的应用从游戏、电商、社交等个人消费领域进一步向制造、农业、政务、金融、交通、教育、健康等国民经济重要领域发展，特别是在政务和金融领域发展得尤为迅速。2020年，我国 IaaS 市场规模约为 774.3 亿元，PaaS 市场规模达到 70 亿元，SaaS 市场规模约为 413.76 亿元。

随着应用规模进一步扩大，国内云计算企业开始进入国际市场。2014年，阿里云在中国香港设立了第一个中国内地以外的数据中心，拉开了阿里云计算业务在海外布局的序幕，而后新加坡、美国、欧洲、中东、澳大利亚、日本等也先后设立了数据中心。2014年起，腾讯云陆续开放中国香港数据中心、北美数据中心、新加坡数据中心、印度尼西亚云计算数据中心；2021年新增泰国曼谷、德国法兰克福、日本东京以及中国香港四个国际数据中心，正式对外提供云计算技术和产业数字化解决方案。此外，华为、浪潮、Ucloud、小米等均在海外部署数据中心，实现云计算业务全球化。

经过十几年的发展，云计算已经在系统架构、基础技术、商业模式等方面取得了许多突破性的进展。现在的商用云计算平台仍多以 IaaS 和 PaaS 模式为主，极少能够提供高质量的 SaaS 服务。从基于云计算的信息管理系统的发展来看，SaaS 将成为云计算服务中的主流，中小企业和个人用户更倾向于租用 SaaS 以节约其管理信息系统的建设和维护费用，以便将有限的资源专注于自身核心业务的发展。

（四）基于云计算的企业信息化

云计算对现代企业信息系统的发展产生了巨大的影响。云计算改变了传统信息系统的服务交付和使用模式。用户可以通过网络以按需、易扩展的方式使用所需的数据及信息管理服务。当企业将信息化的方向转向云计算后，它们可以根据自己的需要选择数据存储、远程办公、智能数据分析等一系列的服务内容，并在这一服务模式下做出不同的解决方案选择。

根据云计算平台所提供的服务，以及用户对信息系统的需求和投资回报率，基于云计算的信息系统可以大致分为提供给使用者的信息系统、提供给开发者的信息系统以及整合服务的云计算平台。

1. 提供给使用者的信息系统

如果企业只想用云计算实现在线信息管理功能，而不需要定制开发，那么云计算就是它们的服务器和数据中心，企业也仅仅作为该数据中心的终端用户。提供 SaaS 模式的云服务平台可以为这些企业提供其所需的服务，而企业只需要使用供应商的服务器并为此支付使用费，不需要专门购买软件和设备。

提供这种信息系统服务的典型代表是微软的在线办公系统 Live Service，其包括 Office Live、Windows Live，其主要服务对象是中小型企业。在线办公系统为企业的事务管理带来了巨大的便利，企业可以使用基于云计算的 Web 工具来管理项目、联系人信息和日程安排，在报告、财务报表、文档及演示文稿等多方面进行协作。在有网络接入的地方，管理者都可以随时随地访问所需的资料。对于中小型企业来说，这种基于云计算的信息系统服务可以大大节省运作成本，同时提高生产效率。

随着技术迭代优化，SaaS 的产品不断升级，深入垂直行业各场景，包括物流、餐饮、教育、医疗、政企等，满足企业多样化需求。

2. 提供给开发者的信息系统

对于有信息系统自主开发需求的企业来说有两种选择：一种是使用云计算服务商所提供的 PaaS 平台；另一种是采用 IaaS 的模式。

在 PaaS 平台上，企业利用云计算服务商开发环境中的结构单元创建自己的客户应用，可以实现界面配置、功能配置、安全机制等各项应用服务。这一模式便于企业更简易地构建电子交易平台、ERP 系统、CRM 系统等。这种模式的典型代表是 Salesforce 提供的 Sforce 平台。Sforce 平台提供了专门的 API 开发工具包以及 App Exchange 应用交互平台。该平台允许用户利用 App Exchange 改造定制满足其个性化需求的信息系统。平台中的大部分应用是免费的，其他的应用也可以从平台购买或申请得到授权。对于缺乏购买服务器的资金并不希望从零开发的企业来说，使用 Sforce 平台能够直接调用成熟的销售分析工具、电子邮件工具、财务分析工具等与销售相关的应用模块，快速开发应用系统。

在 IaaS 模式中，用户需要租用或者购买基础设施。以亚马逊网络服务 AWS 为代表的 IaaS 就是采用租赁基础设施的方式提供远程云计算平台服务的。AWS 将计算机资源（如处理器、存储单元、带宽等）打包成类似于公共设施的可计量的服务，通过给这些资源定价来向租户收取使用费用。在 AWS 中，亚马逊采用了按需收费的模式和具备弹性的云计算平台服务功能。当用户的访问量大时，AWS 的云计算平台自动为企业分配足够的、满足企业需要的服务器；当企业的访问处于低谷时，又可以收回多余的服务器为其他用户提供服务。因此，对于那些用户访问量波动很大的企业来说，这种具有较强弹性的云计算服务模式非常适用，也为企业用户节省了大量的费用。

3. 整合服务的云计算平台

初创企业和小微企业更青睐于寻求便捷的、整合的一揽子服务，因此选择整合了一系列服务的云计算平台则更为适合。提供整合服务的云计算平台的最大优势在于企业可以把全部的信息管理工作交由平台提供商来负责。

这种模式的典型代表是阿里巴巴的电子商务云平台。阿里巴巴的电子商务云不仅提供云的计算、存储和网络服务，而且还采取基于 SaaS 的云模式，通过针对中小企业和个人的 SaaS 信息管理应用系统为用户提供与电子商务相关的系列服务。企业和个人用户无须安装任何软硬件，采用即插即用的方式自由定制功能，即可快速搭建自己想要的各种应用平台。阿里巴巴还计划将旗下电子商务平台上的商品信息、信誉体系、支付工具、用户资源等整合到阿里云中。届时，中小企业、个人网商、软件开发商都将能够通过阿里云享受到阿里巴巴电子商务的各种增值服务。

基于云计算的信息管理系统是云计算与经济、商务、管理、应用领域交叉和碰撞所产生的新型信息管理和商业服务模式。这些新型系统的出现也导致了企业在组织形式、盈利方式、营销手段、知识管理等方面发生了一系列重大变革。充分利用云技术在信息管理领域的特点，有效地利用云计算服务商的资源，降低成本，创新商业模式和应用模式，从而提高企业的核心竞争力，是现代化企业所必须面对和思考的问题。无论是硬件提供商、应用软件开发商，还是云计算平台服务商，都需要积极地转变思想，锐意创新，适应和迎接云计算和大数据时代的到来。

二、大数据概述

云计算、物联网、社交网络的发展使得人类社会的数据规模以前所未有的速度增长，数据种类五花八门。对海量异构数据的存储、管理、分析和挖掘成为信息学科的热门领域，大数据技术逐渐进入人们的视野。随着大数据时代的来临，人们有机会在各领域深入地获得和使用全面数据、完整数据和系统数据，得以深入探索现实世界的规律。

（一）大数据定义

和云计算类似，作为新生事物的"大数据"并没有一个明确的定义。

研究机构 Gartner 认为，大数据（Big Data）是需要新处理模式才能具有更强的决策力、洞察力和流程优化能力的海量、高增长率和多样化的信息资产。

麦肯锡是研究大数据的先驱，在其报告"*Big data：The next frontier for innovation，competition and productivity*"中提出，大数据通常指大小规格超越传统数据库软件工具抓取、存储、管理和分析能力的数据群。这个定义中没有说明什么规格的数据才是大数据，并强调并不是一定要超过特定太字节（1TB＝1024GB）值的数据集才算大数据。

　　国际数据公司 IDG 从大数据的四个特征来定义大数据，即海量的数据规模（Volume）、快速的数据流转和动态的数据体系（Velocity）、多样的数据类型（Variety）、巨大的数据价值（Value）。

　　综上所述，大数据指具备"4V"特征而难以进行管理的数据，借助专业化的数据存储、处理、分析技术，从而获得辅助组织决策的有价值的系统。

　　1. "4V"特征

　　"4V"是大数据的核心特征，包含：

　　（1）Volume（大量化）。随着信息技术的发展，数据量呈现爆炸式增长。大量化指的是现有技术无法管理的数据量。大数据在今天不同行业中的范围可以从几十 TB 到几 PB（1PB＝1024TB）。随着计算机软硬件技术的发展，符合大数据标准的数据集容量也会增长。若干年后，也许只有 EB（1EB＝1024PB）数量级的数据量才能够称得上是大数据。不同应用领域大数据的数据量也不同。相对于传统制造业，互联网领域的数据生成的速度更快，数据的获取也更加容易，因此互联网大数据要比传统制造业大数据的体量大得多。

　　（2）Variety（多样化）。大数据的数据类型是多样化的。数据从格式上分为文本、图片、音频、视频、光谱等；从数据关系上分为结构化、半结构化、非结构化数据；从数据所有者上分为公司数据、政府数据、社会数据；从数据来源上分为社会媒体数据、传感器数据、位置数据、系统数据等。随着全球互联网行业进入高速发展期，根据国际数据公司 IDC 预测，到 2023 年，中国的数据量将达到 40ZB（1ZB＝1024EB），其中非结构化数据（图片、音频、视频等）占总数据的 80% 以上，增长速度高达 63%，而结构化数据增长速度约为 32%。随着 5G 技术的普及，企业数据将成为中国数据的主流，数据市场将成倍增长。现代企业在数据分析中，除了采集传统的质量、销售、库存等结构化数据外，还采集和使用图片、语音和视频等各种非结构化数据。

　　（3）Velocity（高速化）。高速化主要表现在两个方面：一是数据产生的速度快；二是数据访问、处理、交付等的速度快。例如，POS 机（Point of Sales）产生的交易数据、电商网站中用户访问所产生的网站点击流数据、社交网站中用户发布的实时文本图像和视频数据、遍布全球的传感器和摄像头所采集的数据等。这些数据每天都以极高的速度被生产、存储和利用。数据实时分析和处理是一项颇具挑战性的课题，推动了流数据处理等新技术的出现和发展，也促成了一系列大数据管理信息系统和应用软件的出现。

（4）Value（价值化）。大数据背后潜藏的价值非常大，在商业应用领域显得更为关键。Facebook 分析 10 亿用户信息后，广告商可根据分析结果精准投放广告。对广告商而言，10 亿用户的数据价值上千亿美元。大数据价值密度与数据总量的大小成反比。以视频为例，连续一小时的监控，有用数据可能仅一二秒。因而，如何通过强大的机器算法更迅速地完成数据价值的挖掘和提纯，是当前大数据应用背景下亟待解决的难题。

2. 大数据技术

大数据处理的关键技术一般包括大数据采集、大数据预处理、大数据存储及管理、大数据分析及挖掘、大数据展现和应用。

大数据包括 RFID 数据、传感器数据、社交网络交互数据及移动互联网数据等海量数据。大数据采集重点突破大数据收集技术、大数据整合技术、数据质量技术。大数据预处理主要完成对已接收数据的辨析、抽取、清洗等操作。大数据存储与管理需要开发新型数据库技术，包括具备良好扩展性的非关系型数据库 NoSQL 数据库，需要开发大数据安全技术，包括改进数据销毁、透明加解密，突破隐私保护和推理控制，数据真伪识别和取证等。大数据分析及挖掘技术包括改进已有数据挖掘和机器学习技术，开发新型数据挖掘技术，突破大数据融合技术，突破用户兴趣分析、网络行为分析、情感语义分析等面向领域的大数据挖掘技术。

（二）大数据处理系统

大数据处理系统按系统服务对象分类，可以分为个体服务和整体服务。个体服务是指数据处理结果的受益者是特定的个体，即在系统中通过对大数据的分析为特定的个体提供其所需的分析结果或解决方案。整体服务是指分析结果的服务对象是某个集体或者整个社会。大数据处理系统按系统提供服务的时间分类，可以分为实时和批处理。实时是指向服务对象实时反馈数据分析的结果，批处理则不限制分析结果反馈的时机。

综合上述两种分类，大数据处理系统可分成四种类型：个体服务——批处理型、个体服务——实时型、整体服务——批处理型、整体服务——实时型，如表5-1所示。

表 5-1 大数据处理系统的分类

	实时	批处理
个体服务	为特定的个体提供最优的解决方案 （实时反馈）	为特定的个体提供最优的解决方案 （反馈的时机不限）
整体服务	为集体或者整个社会提供解决方案 （实时反馈）	为集体或者整个社会提供解决方案 （反馈的时机不限）

1. 个体服务——批处理型

个体服务——批处理型是指对特定个体进行相关数据的收集，并为该个体提供最优的解决方案，但是给出反馈的时机是不限的。例如，在电商网站中基于用户的浏览历史和购买记录所进行的一对一营销；保险公司通过对能够反映客户驾驶习惯的数据（如驾驶频率、速度、急刹次数等）进行收集和分析，以确定对保费所给予的折扣等。

2. 个体服务——实时型

个体服务——实时型也是对特定个体的相关数据进行收集，并为该个体提供最优的解决方案，但其推荐最优服务或方案的时机是实时的。例如，当顾客位于某门店附近或留在某购物网站的时候自动为其实时地推送相关信息；呼叫中心利用客户与接线员之间的好感度模型实时地为客户分配与其好感度最高的接线员等。

3. 整体服务——批处理型

整体服务——批处理型是指对大量的信息进行收集、存储和统计学分析处理，并得出对某个集体或者整个社会有益的解决方案，其反馈和执行优化的时机都是不限的。例如，通过对社交网络中的文本信息进行分析来预测市场趋势并确定对冲基金的操作策略；利用搜索引擎中的大量搜索信息来预测感冒流行趋势等。

4. 整体服务——实时型

整体服务——实时型是指对大量的信息进行收集、存储和统计学分析处理，并配合上下文实时提供对某集体或者整个社会有益的解决方案。例如，运用大量智能手机用户中 GPS 采集的位置信息来实时监测交通阻塞的状况并反映到地图软件中；利用智能电表收集到的用电信息对用电需求进行实时监控和预测等。

大数据处理的数据源类型多种多样，数据处理的需求各不相同。有些场合需要批处理数据，有些场合需要实时处理数据，有些场合需要反复迭代计算数据，有些场合需要分析计算图数据。目前，主要的大数据处理方式有数据查询分析计算、批处理、流式计算、迭代计算、图计算和内存计算。其中，数据查询分析计算具备对大规模数据进行实时或准实时查询的能力；流式计算具有很强的实时性，能处理源源不断产生的实时数据，常用于处理电信、电力等行业应用以及互联网行业的访问日志等。专业的图计算系统能存储和计算社交网络、网页链接等包含具有复杂关系的图数据。

（三）大数据处理的层次

运用大数据来解决现实问题，通常会遵循"对过去的分析→对现状的把控→对将来的预测→对行动的优化"这样的过程循序渐进地进行（见图5-6）。

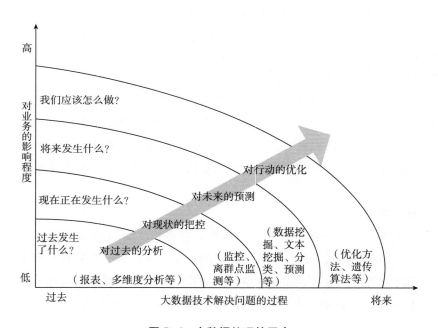

图 5-6　大数据处理的层次

1. 对过去的分析

大数据的运用从数据的采集开始。对历史数据进行积累并找到其中的规律和知识是大数据处理的第一步。随着互联网的普及以及物联网技术的广泛应用，大量有关人类活动的记录以及对环境的感知信息都被获取并保存下来。这些数据包含商品购买的数据、社交网站上的图片和文字、即时通信软件上的语音和视频、服务器日志、智能远程抄表系统的数据、获取的位置信息、轨道交通和航班的出发到达信息、温湿度信息等。在积累了大量数据之后，就需要使用数据挖掘、机器学习等技术，从海量数据中发现对业务有影响意义的模式。所谓模式就是从繁杂的历史数据中挖掘到的潜在的事实、规律或知识。

2. 对现状的把握

对现状的把握体现在对大量实时产生的数据进行监控的基础上。通过对数据（如交通状况数据、气象数据、机械装置的运行数据等）进行实时监控来发现异常的值和状态，这也是大数据处理的目的之一。除了能明显看出的异常情况之外，一般都需要事先确定异常值的定义和指标体系。异常值的确定又基于通过对大量历史数据的分析所发现的模式，因此对过去的分析也会指导对现状的把握。

3. 对将来的预测

如果能够通过对历史数据的分析发现潜在的模式，那么就可以通过将输入数据与这些模式相结合来对未来可能发生的状况进行预测。例如，通过历史交易数据和问卷调查数据分析预判出客户解约的可能性大小。

4. 对行动的优化

从过去到现在积累的大量数据中发现潜在的模式，并对将来做出预测，这是大数据应用的经典形式，但并不是大数据运用的最终形式。大数据处理的最后一个层次是对行动的优化。这里的优化指的是根据数据分析和预测的结果所能采取的最佳策略和应对措施，包括最佳路径的选择、最合适产品的推荐、在最佳时机推送最恰当的信息、给特定的客户提供最适合的打折优惠、根据传感器数据进行最佳的光照和温度控制等。

在大数据的应用中，具体的实现模式总是在不断地创新。如何对所挖掘到的模式和预测的结果进行合理的运用？如何根据具体问题创造性地优化所采取的行动和策略？这都是大数据处理领域的重要课题。

（四）大数据的应用

1. 商品推荐系统

大数据商品推荐系统根据客户信息、客户交易历史、客户购买过程的行为轨迹等客户行为数据为其推荐最合适的商品或服务。商品推荐系统是 Amazon 的发明，它为 Amazon 等电子平台赢得了近 1/3 的新增商品交易。它根据浏览该商品的客户还浏览了哪些商品，购买该商品的客户还购买了哪些商品，预测客户可能还会喜欢哪些商品；根据其他客户访问或购买同一商品的客户行为数据，进行客户行为的相似性分析，进而为客户推荐商品。

沃尔玛可以通过手机定位，分析顾客在货柜前停留时间的长短，判断顾客感兴趣的商品。在客户行为数据的基础上，结合社交网络上有关产品的大众评分，开发语义搜索引擎"Polaris"，给出优化的物品搜索结果，方便客户浏览，从而增加线上客户10%～15%，增加十多亿美元销售额。

不知从何时开始，淘宝、天猫、京东、当当等电商平台甚至浏览器都为人们推荐商品和感兴趣的内容，而人们不知从何时开始也习惯了这种推荐方式，又不知从何时开始，推荐的内容变得更加精确。

2. 计划与预测系统

大数据预测与计划系统基于系统大数据预测宏观、行业、企业可能发生的结果，并合理规划资源的分配与使用。

大数据预测可用于经济管理领域。IBM日本公司建立了一个经济指标预测系统，它从互联网新闻中搜索出影响制造业的480项经济数据，再利用这些数据进行预测，准确度相当高。淘宝网建立了"淘宝CPI"，通过采集、编制淘宝网上390个类目的热门商品价格来统计CPI，进而预测某个时间段的经济走势，其比国家统计局的CPI还提前半个月。

大数据预测与计划可用于农业领域。Google前雇员创办了Climate公司，其从美国气象局等数据库中获得近几十年的天气数据，用各地的降雨、气温和土壤状况及历年农作物产量做成图表，从而预测美国任一农场下一年的产量。农场主可以咨询明年种什么能卖出去、能赚钱，说错了该公司负责赔偿，赔偿金比保险公司还要高，但到目前为止还没赔过。Farmeron自2011年成立至今，已经在14个国家建立了农业管理平台，旨在为全世界的农场主提供数据跟踪和分析服务。农场主利用软件记录和跟踪农场饲养畜牧的情况，包括饲料库存、消耗和花费，畜牧的出生、死亡、产奶，还有农场收支等信息。Farmeron汇总农场零碎的生产记录，用先进的分析工具和报告针对性地检测分析农场状况，有利于农场主科学制订农业生产计划。

3. 客户管理系统

大数据客户管理系统基于客户信息、客户交易历史等客户数据挖掘客户潜在价值，提升客户满意度。

银行在信用卡服务方面，首先利用移动互联网技术的定位功能确定商圈与累计服务人次，其次利用用户活动轨迹追踪确定高价值商业圈并设计业务，最后利用大数据进行客户需求与客户体验分析，以提升客户满意度。

随着互联网金融向纵深发展，行业竞争日趋白热化。为了更好地获得最佳商机，金融行业也步入了大数据时代。阿里巴巴公司根据淘宝网上中小企业的交易状况筛选出财务健康和诚信经营的企业，给它们提供贷款，并且不需要这些中小企业的担保。目前阿里巴巴公司已放贷款上千亿元，坏账率仅 0.3%。

4. 营销系统

大数据营销系统基于大量的客户行为数据，深入了解用户需求，找到目标受众，实现更个性化、差异化、准确的服务，制订准确的营销计划。

《纽约时报》报道，一位愤怒的父亲投诉美国 Target 超市近期给他还是高中生的女儿邮寄婴儿用品折扣券。一周后，这位父亲向超市道歉，因为超市发来的折扣券不是误发，他的女儿确实怀孕了。Target 为什么能够做出这么神奇的营销呢？因为 Target 建立了大数据管理系统，研究准妈妈们的消费记录后，找出了 20 多种关联物，通过这些关联物对客户进行"怀孕趋势"预测，并寄送相应的优惠券，为消费推波助澜。Target 的大数据系统给每位客户编 ID 号，记录客户的基本信息（年龄、婚否、有子女否、住址、常访问的网址等）与消费行为（刷信用卡、使用优惠券、填写调查问卷、邮寄退货单、打客服电话、开启广告邮件、访问官网等）。这则故事让人感受到了信息化时代的变革正悄悄改变人们的生活。

耐克凭借一款"Nike+"产品成为大数据营销的创新公司。Nike+是指"Nike跑鞋或腕带+传感器"，只要用户穿戴 Nike+运动，iPod 就可以存储并显示运动日期、时间、距离、热量消耗等数据。用户将数据上传到耐克社区，可以与其他用户分享这些数据。耐克和 Facebook 达成协议，用户上传的运动数据可以实时更新到 Facebook 的账户里。随着用户不断上传跑步路线，耐克掌握了主要城市里最佳跑步路线的数据库，并创建了全球最大的网上运动社区，耐克借此与用户建立了前所未有的牢固关系。超过 500 万的活跃用户不停地上传数据，对耐克了解用户习惯、改进产品、精准投放和精准营销起到了不可替代的作用。因为用户跑步停下来休息时，交流最多的就是装备，比如"什么追踪得更准""又出了什么更炫的鞋子"。分析师称，Nike+的会员数在 2011 年增加了 55%，其中跑步业务收入增长了 30%，达到了 28 亿美元。

基于大数据应用的实例数不胜数，并且都带来了可观的效益，甚至可以改变游戏规则。随着大数据处理技术的进步，科幻片中出现的各种智慧情景在未来并不是遥不可及的梦想。

第三节　物联网

继计算机、互联网之后，物联网引领了全球信息产业的第三次革命，它的价值在于让物体拥有"智慧"，实现人与物、物与物之间的沟通。物联网已经在全世界得到极大重视，主要工业化国家纷纷提出了各自的物联网发展战略。我国将物联网视为战略性新兴产业，其已成为推动产业升级、经济增长的重要引擎。

一、物联网的定义

自 1999 年 Kevin Ashton 提出物联网（The Internet of Things）以来，物联网还没有统一的定义，而且随着物联网的发展不断给出新的解释。最初，物联网概念来自于 RFID（射频识别）领域，被认为是给每个物品打上电子标签，然后通过射频识别技术和通信技术形成信息网络，以实现物品的智能识别、定位和监控。随后，物联网的发展很快突破了这个定义，席卷了包括传感网、互联网在内的传统 IT 领域。那么，物联网究竟是什么？

物联网从本质上体现了虚拟数字世界和现实物理世界的融合趋势，蕴含着融合所带来的巨大创新空间，以及融合后产生的巨大价值。这种融合是双向的：第一个方向是现实世界向虚拟世界的融入，主要包括通过移动通信、嵌入式等技术使得现实世界中处处可以产生数字信息，接入通信网络，进入虚拟世界，完成信息的产生、存储、复制、共享等，使得虚拟数字世界无处无时不在，称为"数字世界泛在化"；第二个方向是虚拟世界向现实世界的融入，这主要包括通过传感器网络、RFID 等技术使得现实物理世界中的物体能够可感知、可识别、可控制，从而形成对物理世界的自动识别、控制、监控、管理等，为人类创造一个智能的环境，称为"物理世界智能化"。这两个方向相辅相成、相生相伴，两者的融合就完整展现了物联网的题中之义，并代表着物联网的价值所在。

在"数字世界泛在化"与"物理世界智能化"的融合过程中，物联网被赋予了多个维度的内涵，具有多重含义。为了全面了解物联网，我们进一步从领域（横向）和层次（纵向）两个维度来探讨物联网的概念和定义。

从领域的维度来看，物联网覆盖了信息技术和通信技术的众多领域，包括RFID、传感器、互联网、嵌入式、移动通信等，每个领域都能够从领域自身的视角给出物联网的定义。例如，对RFID领域来说，每个物品都贴上电子标签，然后通过后台信息系统构成一个借助于互联网所有物品都能互相联系起来的网络就称为物联网。对无线传感器领域来说，物联网就是一个广域的传感网。对互联网领域来说，物联网就是互联网的延伸，就是物物相连的互联网，与传统互联网不同的是能让物品也接入互联网。所有的理解都只是物联网的一个侧面，如果从更广泛的角度来说，物联网就是以"物"的信息感知、传输、处理为特征，利用包括移动通信、传感网等在内的通信技术使"物"具有信息处理能力，形成一个物物、人人、人物都能通信的系统。"物"既包括电器设备和基础设施，如家电、传感器、移动终端等，也包括生产和生活环境中诸如温度、光线等可感知的因素。

从层次的维度来看，物联网是一个层次化的网络（包含感知层、网络层、应用层），更是以此实现感知、互联、智能三重功能的智能信息系统。

第一层是感知层。利用二维码标签和识读器、RFID标签和读写器、摄像头、传感器、GPS等技术，大规模、分布式地获取物体的物质属性、环境状态、行为态势等静态与动态的信息，以随时随地辨识物体与状态。

第二层是网络层。利用互联网（IPv4/IPv6网络）、广电网络、移动通信网（如GSM、WCDMA、CDMA、无线接入网、无线局域网等）、卫星通信网等基础网络设置，将感知层采集的信息进行接入和传递，尤其是解决远距离地传输问题。

第三层是应用层。利用云计算、数据挖掘、中间件等技术分析和处理网络层传输来的数据，作出正确的控制和决策，实现智能化的管理、应用和服务。应用层根据不同行业用户需求集成相关的内容服务，如智能物流、智能交通、智能家居、污染监控等应用。这些应用与行业需要相结合，与行业专业技术深度融合，实现了行业智能化。

综上所述，物联网在本质上是数字世界和物理世界的融合网络，其以智能化和泛在化为特征的双向整合带来了创新价值和市场空间。随着物联网应用的开展，物联网的影响不仅局限在技术领域，还将深入经济生活、社会生活、文化生活等领域，全面改变人们的生活。

二、物联网设备与标识

物联网实现物物相联的目标主要依靠物品里的嵌入式设备或者部署在各个环境内的传感器，称为"物联网设备"。"物联网设备"是物理世界与数字世界融合的接口，是体现智能和泛在的基础设备。物品加到物联网中，除了借助基本的物联网设备获得通信能力和信息处理能力外，物品还需要标识物。物只有具有了标识，才能在物联网中进行基本的信息交互和共享，才能组成可以寻址、路由、搜索的网络。目前，最有代表性的就是射频标识 RFID 系统。

1. 嵌入式系统

嵌入式系统由硬件和软件组成，是能够独立运作的装置。硬件包括信号处理器、存储器、通信模块等，软件包括软件运行环境及其操作系统。嵌入式系统将智能嵌入物体，处理物联网中的信息。它与应用紧密结合，具有很强的专用性。

2. 传感器

传感器是一种检测装置，能感受到被测量的信息，并能将检测到的信息按一定规律变换成为电信号或其他所需形式的信息输出，以满足信息的传输、处理、存储、显示、记录和控制等要求。它是实现自动控制的首要环节。

物联网的目标首先是检测和连接所有事物，其次才是确保所有这些事物都有智能。传感器实现了物联网对事物的感知和检测功能，是物联网数据的输入端，在物联网中的位置是不可或缺的。传感器被广泛应用于各个领域，如工业、国防、医疗卫生、环境保护、安全防范、家用电器等。在物联网的典型应用中，有很多基于传感器技术的例子，比如通过对交通动态信息的采集，实现对交通的实时控制与指挥管理；通过部署传感器节点，实时检测与管理农作物。

3. 射频标识

射频识别技术（Radio Frequency Identification，RFID），也称电子标签技术，通过无线射频方式进行非接触双向数据通信，实现对目标对象的识别并获取相关数据。

RFID 系统包括 RFID 读写器、RFID 电子标签、中央信息系统。

（1）RFID 读写器的主要功能是利用射频技术读写 RFID 电子标签中的物体信息，并且可以将读出的数据信息传输到中央信息系统进行管理和分析。

（2）RFID 电子标签包括天线、射频模块、控制模块、存储器等。天线是

RFID 电子标签中信号的出入口，能够接收 RFID 读写器发出的射频信息，也能将电子标签处理过的射频信号发送出去。存储器保存着物体的相关数据信息，包括 RFID 电子标签，用于物体身份唯一标识的电子编码。存储器中的信息可以读取，也可以被改写。控制模块接收到写入信息时，解码信号写入存储器；存储器的信息被读取时，控制模块将信息编码传送到射频模块；射频模块对要发送的数据进行调制，再通过天线将数据发送出去。

（3）中央信息系统包含数据库，存储所有 RFID 电子标签的数据信息。用户通过中央信息系统可以查询相关的 RFID 电子标签信息；读写器读写 RFID 电子标签的数据时，可以实时更新数据库内的数据信息；中央信息系统与互联网连接时，数据库中电子标签的数据可以在更大的范围共享，用户也可以实现远程操作。

（4）RFID 系统的工作流程就是将 RFID 系统内的三个部分依次连接起来，完成一次信息的传输、交换及管理。首先，RFID 读写器通过其射频模块中的天线将无线电载波信号发射出去，形成读写器的有效识别范围。其次，当 RFID 电子标签（无源标签）进入有效识别范围时，电子标签被激活，通过读写器天线发出的电磁场提取工作能量，并通过电子标签内的射频模块将标签中存储的数据信息发射出去；读写器的天线接收到射频信号后，读写器内的射频模块对信号进行解调解码，通过中央信息系统或读写器自身判断其合法性后，针对不同的设定发出不同的指令，如读取信息、改写信息。最后，RFID 读写器将经过读写模块处理后的数据信息传输至中央信息系统，中央信息系统对这些信息进行实时更新，然后将这些信息共享给用户。

在物联网的架构中，RFID 在感知层和网络层扮演着重要的角色。随着 RFID 的迅速发展，它被广泛应用于工业自动化、商业自动化、交通运输控制管理等领域，如高速公路不停车收费系统、物品管理、动物管理、车辆防盗等。

三、物联网的应用

应用是物联网的核心价值，也是推动物联网发展的关键影响因素。物联网用途广泛，从面向企业的智能交通、电力抄表、环境保护、智能消防、工业监测、水系监测、公共安全、食品溯源等，到面向公众的个人医疗、老人护理、智能家居等领域，使人类能够以更加精细的方式管理生产和生活，达到"智慧"状态，从而节约成本，提高资源利用率和生产力水平，改善人与自然的关系。

1. 智能物流

智能物流是指货物从供应者向需求者的智能移动过程，包括智能运输、智能仓储、智能配送、智能包装、智能装卸以及智能信息的获取、加工和处理等多项基本活动，为供方提供最大化的利润，为需方提供最佳的服务，同时尽可能地消耗最少的自然资源和社会资源，最大限度地保护好生态环境，从而形成完备的智能社会物流管理体系。

智能物流系统的支撑技术涉及面很广，主要包括自动识别技术、数据仓库和数据挖掘技术、人工智能技术。其中，自动识别技术是高度自动化的数据采集技术，通过应用一定的识别装置，自动获取被识别物体的相关信息，并提供给后台的处理系统来完成相关后续处理的一种技术。它帮助人们快速、准确地自动采集海量数据，实现了运输、仓储、配送等环节数据的输入输出、业务过程的控制和跟踪，并且减少了出错率。条码识别技术是目前使用最广泛的自动识别技术，利用光电扫描设备识读符号从而实现信息自动录入。生物识别技术是利用人类自身生理（如指纹、脸形、虹膜、视网膜等）或行为（如签字、声音等）特征进行身份认定的技术。目前已经发展出了虹膜识别技术、视网膜识别技术、面部识别技术、签名识别技术、声音识别技术、指纹识别技术。射频识别技术有效地解决了物流管理上的自动识别问题。RFID 在零售环节可以改进零售商的库存管理，实现适时补货，减少出错，能监控商品的时效性，还能实现付款时自动扫描与计费，取代人工收款方式。

智能物流可以优化物流管理流程，提高工作效率，降低企业运营成本，同时加快物流信息反馈速度，避免信息流中断，提高物流时效性。客户电子签名则保障了签收的安全性，提高信息录入的准确性。物联网的应用促进了物流的智能化进程，这里包含三个基本要点：一是如何部署更加广泛、及时、准确的信息采集技术，如射频识别、各类传感器、地理定位系统、视频采集系统等；二是如何把这些信息实现互联互通，既满足专用的要求，也能实现方便地开放和共享；三是如何管理、加工、应用信息，解决各种现实问题，把虚拟世界的信息转化到实体世界的应用中来。

中国共产党的二十大报告中明确提出，"推动战略性新兴产业融合集群发展，构建新一代信息技术、人工智能等一批新的增长引擎"。"加快发展物联网，建设高效顺畅的流通体系，降低物流成本。加快发展数字经济，促进数字经济和实体经济深度融合，打造具有国际竞争力的数字产业集群。优化基础设施布局、结构、功能和系统集成，构建现代化基础设施体系。"因此，加快物联网发展，促进智能物流的广泛应用是建设现代化产业体系的目标之一。

2. 智能视频监控

智能视频监控借助计算机强大的数据处理功能，从视频图像序列中自动、高速地提取、描述、跟踪、识别运动对象，过滤掉用户不关心的信息，仅为监控者提供有用的关键信息。

智能视频监控的需求主要来自对安全要求敏感的场合，如军队、银行、商店、停车场等。当盗窃发生或发现异常时，系统及时准确地发出警报，从而避免犯罪的发生，同时也减少了雇用监视人员的人力、物力、财力投入。智能视频监控不仅将监控人员从繁重枯燥的任务中解脱出来，实现全天可靠监控；智能视频监控还能检测、识别视频场景中的可疑活动，并根据用户精确定义的威胁安全事件的特征，在事件发生前精确报警，降低误报与漏报现象，减少无用数据量。中国共产党的二十大报告明确提出，"坚持安全第一、预防为主，建立大安全大应急框架，完善公共安全体系，推动公共安全治理模式向事前预防转型。"因此，智能视频监控的发展，顺应了提高公共安全治理水平的方向。

智能视频监控具有传统监控无法比拟的优点，符合监控系统智能化、数字化和网络化的发展趋势。目前，智能视频监控正逐步取代传统视频监控，广泛应用于各行各业。智能视频监控的应用领域包括安全相关类和非安全相关类。

安全相关类的应用是目前智能视频监控市场上主要的应用，市场上的相关需求不断增长。这类应用的主要作用是协助政府或其他机构的安全部门提高室外公共环境的安全防护，主要包括高级视频移动侦测、物体追踪、人物面部识别、车辆识别、非法滞留等。

（1）高级视频移动侦测：在复杂的天气环境中（如雨雪、大雾、大风等）精确地侦测和识别单个物体或多个物体的运动情况，包括运动方向、运动特征等。

（2）物体追踪：侦测到移动物体之后，根据物体的运动情况，自动发送控制指令使摄像机能够自动跟踪物体，并在物体超出该摄像机监控范围之后，自动通知物体所在区域的摄像机继续进行追踪。

（3）人物面部识别：自动识别人物的脸部特征，并通过与数据库档案比较来识别或验证人物的身份。此类应用又可以细分为合作型和非合作型两大类。合作型应用需要被监控者在摄像机前停留一段时间，通常与门禁系统配合使用。非合作型则可以在人群中识别出特定的个体，此类应用可以在机场、火车站、体育场馆等安防应用场景中发挥很大的作用。

（4）车辆识别：识别车辆的形状、颜色、车牌号码等特征，并反馈给监控者。此类应用可以用在被盗车辆追踪等场景中。

（5）非法滞留：当一个物体（如箱子、包裹、车辆、人物等）在敏感区域停留的时间过长，或超过了预定义的时间长度就产生报警。典型应用场景包括机场、火车站、地铁站等。

传统的视频监控系统与网络视频监控系统所监控到的视频画面都只能应用于安全监视领域，而智能视频监控系统中的视频资源还可以应用到一些非安全相关类的应用中。这些应用主要面向零售、服务等行业，可以被看作是管理和服务的辅助工具，用以提高服务水平和营业额，主要包括以下四项：

（1）人数统计：统计穿越入口或指定区域的人或物体的数量。例如为业主计算某天其店铺的顾客数量。

（2）人群控制：识别人群的整体运动特征，包括速度、方向等，用以避免形成拥塞，或者及时发现异常情况。典型的应用场景包括超市、火车站等人员聚集的地方。

（3）注意力控制：统计人们在某物体前面停留的时间。可以用来评估新产品或新促销策略的吸引力，也可以用来计算为顾客提供服务所用的时间。

（4）交通流量控制：用于在高速公路或环线公路上监视交通情况。例如统计通过的车数、平均车速、是否有非法停靠、是否有故障车辆等。

随着技术的发展，智能视频监控的应用领域不断扩大，从自动目标检测到事件检测、自动目标识别，监控产品也逐渐由模拟化向数字化、网络化与智能化方向发展。智能视频监控具有更强的图像处理能力，能为用户提供更为高级的视频分析功能，提高视频监控系统的能力。随着全面信息化、互联网化概念的融入，可以将区域、楼宇的监控资源整合成城域范围的一体化监控资源，进而整合成广域资源。物联网前提下，不仅可以跨越空间距离获取信息，更关键的是可以在此基础上扩展智能分析应用，这是物联网对监控联网的最大价值。随着物联网应用范围的扩大，未来视频监控业务将沿着智能分析的方向继续前进。

3. 智能家居

智能家居又称智能住宅，是利用计算机技术、数字技术、网络通信技术和综合布线技术，将各种家庭设备（如安防系统、音/视频设备、照明系统、窗帘控制、网络家电等）有机地结合在一起，通过中央管理平台，实现对家庭设备的智能控制，让家居生活更加安全、舒适和高效。首先，它一般以住宅为基础平台，在家居中建立一个通信网络，为家庭信息提供必要的通路，在家庭网络的操作系统控制下，通过相应的硬件和执行单元，实现对所有家庭网络上的家电等设备的控制和监测。其次，它们都要通过一定的媒介平台，构成与外界的通信通道，以实现与家庭以外的世界沟通信息，满足远程控制/监测和交换信息的需求。最后，最终目的都是为满足人们对安全舒适、方便的需求。

智能家居将一批原来被动静止的家居设备转变为具有"智慧"的工具，提供全方位的信息交换功能，帮助家庭与外部保持信息交流畅通，有效地安排了时间，节省了能源费用，增强了家庭生活的安全性，优化了人们的生活方式。随着人们生活水平的提高，更加注重家庭生活的舒适、安全与否，因而从市场需求的角度来看，智能家居前景广阔。

物联网的建设大大推进了智能家居产业的进程，通信运营商正逐步推出智能家居服务，国内部分城市也正加紧建设物联网项目。海尔等企业率先推出的U-home，开阔了人们对智能家居的认识，也带动了人们对数字化、信息化的需求。

4. 智能交通

智能交通是将高新技术应用于交通系统的设计、规划、管理的一种新型运输系统，以加强车、路、人之间的联系。系统通过智能化地收集、分析交通数据，并及时将信息反馈给系统操作者或驾驶员，辅助其迅速做出反应以改善交通状况。

智能交通系统面向交通管理者与交通参与者，通过装备在道路上、车上、停车场上以及气象中心的传感器和传输设备，向交通信息中心提供实时交通信息，辅助交通参与者选择出行方式与路线，甚至帮助选择行驶路线；辅助交通管理者控制交通，如道路管制、事故处理与救援；加强公共交通管理部门间的协作，改善公共交通的效率，包括公共汽车、地铁、轻轨、城市间的长途车，实现公交系统安全便捷、经济、运量大的目标。通过车载传感器测定与前车、周围车辆及道路设施的距离，警告驾驶员在紧急情况下强制制动车辆，实现安全驾驶；综合利用卫星定位、地理信息系统、物流信息及网络技术有效组织货物运输，优化货物运输管理。

智能交通系统的关键技术除传统的网络与通信技术，还包括公共场的显示技术（车站站牌、车内信息显示板、调度中心显示屏）、条形码、电子车牌、电子识别卡、智能卡等自动车辆识别技术、数据库技术和自动控制技术。

智能交通系统充分发挥了交通基础设施的效能，提高了道路网的通行能力，增强了交通的机动性，提高了运营效率，有效地缓解了城市交通拥堵，降低了对环境的影响；同时，提高交通安全水平，降低事故可能性，减轻事故的损害程度，提高救援精确度与及时性。

5. 智能电网

智能电网通过先进的传感器、射频识别等技术采集电力系统相关信息，依托电力信息通信网，采用智能计算、模式识别等技术实现对电网（发电、输电、变电、配电、用电和调度）各环节信息的综合分析和处理，实现"电力流、信息流、业务流"的高度一体化融合，实现传统电网向坚强可靠、经济高效、清洁环保、透明开放、友好互动的现代电网的升级和跨越。

智能电网容许各种类型、不同容量的发电和储能系统安全、无缝地接入系统（类似于"即插即用"），包括大型集中式发电厂（如核电厂）、商业用户安装的发电设备（如高效热电联产装置）以及分布式电源（如光伏发电、风电、先进的电池系统、即插式混合动力汽车和燃料电池）。智能电网鼓励优先使用清洁能源，致力于提高清洁电能在终端能源消费中的比重，降低能源消耗和污染物排放。加强输电系统的建设，连接大型能源基地与主要负荷中心，实现跨区经济调度和资源优化配置，与其他资源体系实现战略互补。

电能从集中式发电厂、分布式电源等流向输电网、配电网直至用户，都离不开强大的电力输送能力和安全可靠的电力供应系统，这是智能电网的物理基础。智能电网通过高速通信网络实现对运行设备的在线状态监测，获取设备的运行状态，在最恰当的时间给出需要维修设备的信号，实现设备的状态检修，同时使设备运行在最佳状态。当故障发生时，智能电网能够快速检测、定位和隔离故障，并指导作业人员快速确定停电原因、恢复供电，缩短停电时间，从而减少大范围停电事故的发生。

智能电网能优化电网资产管理，促进资源高效利用。通过动态评估技术使资产发挥其最佳的能力，通过连续不断地监测和评价其能力使资产能够在更大的负荷下使用，并通过将每个资产和全网其他资产整合，最大限度地发挥其功能，推动发电侧挖潜改造、均衡发展，提升能源投资效益，调整系统的控制装置，降低电力输送和分配的损耗，减少输送功率拥堵，进而提高运行效率，降低运营成本。

分时计费、削峰填谷、合理利用电力资源成为电力系统经济运行的重要一环。通过计费差，调节波峰、波谷用电量，使用电尽量平稳。有效的电能管理首先查看电能的供给、消耗和使用的效率，然后分析决定如何提高性能并实施相应的控制方案，最后做出峰谷调整，赋予电能原始数据额外的意义。

6. 智能环保

智能环保通过对环境的自动监测，实现实时、连续地监测和远程监控，及时掌握水体、大气、土壤的状况，预警预报重大污染事件。环保监测系统由三部分组成，即数据采集前端（感知层）、信号采集控制及传输（传输层）、监控中心（应用层）。由于环境监测需要感知的地理范围比较大，所包含的信息量也比较大，感知层的设备需要通过无线传感网技术组成一个自治网络，提取出有用的信息，并通过接入设备与互联网中的其他设置实现资源共享与交流互通。面向环境监测的实际应用，包括生态环境与自然灾害实时监测、趋势预测、预警及应急联动等。

中国共产党的二十大报告明确提出，"坚持精准治污、科学治污、依法治污，持续深入打好蓝天、碧水、净土保卫战。"因此，智能环保的发展，为我国深入推进环境污染防治提供了有力的保障。

7. 智能农业

智能农业是指在相对可控的环境条件下，采用工业化生产，实现集约高效可持续发展的现代农业生产方式。智能农业通过实时采集温室内温度、土壤温度与湿度、CO_2浓度以及光照、叶面温度、露点温度等环境参数，自动开启或关闭指定设备，实现对大棚温度的远程控制。

本章小结

本章介绍了管理信息系统相关技术的发展，包括数据仓库与数据挖掘、大数据与云计算、物联网。首先，介绍数据仓库的概念、特征与体系结构，数据挖掘的概念、过程与主要功能，及其在组织中的应用；其次，介绍云计算的概念、特点、发展，大数据的概念、大数据处理系统、大数据处理的层次，及其在组织中的应用；最后，介绍物联网的概念、设备与标识，及其在组织与社会生活中的应用。

习 题

1. 什么是数据仓库？数据仓库有哪些主要特征？
2. 什么是数据集市？与数据仓库有何联系？
3. 简述数据仓库的体系结构。
4. 什么是数据挖掘？数据挖掘有哪些主要功能？
5. 什么是云计算？云计算有哪些基本属性、服务模式？
6. 什么是大数据？大数据有哪些主要特征？
7. 简述大数据处理的层次。
8. 什么是物联网？简述物联网面向组织与公众的应用。

第六章 管理信息系统的应用发展

第一节 企业资源计划

一、ERP 的概念

企业资源计划（Enterprise Resource Planning，ERP）是 20 世纪 90 年代初由美国著名的 IT 分析公司 Gartner Group 提出的。它根据当时计算机信息处理技术的发展趋势和企业对供应链管理的需要，对制造业管理信息系统的发展趋势和即将发生的变革做出了预测，从而提出了"企业资源计划"这个概念。

企业资源计划利用信息技术集成企业所有活动，包括财务、会计、生产、物料管理、品质管理、销售与分销、人力资源管理、供应链管理等。管理人员在一定的权限范围内，通过采取先进的生产管理技术，合理组织企业的人、财、物资源，优化企业的生产营活动，实现最低的成本、最短的生产周期、最高的质量、最快的响应速度，以获得更高的利润。

二、ERP 的形成历程

了解企业资源计划的历史和演化，对于理解其现阶段的应用和未来的发展是非常重要的。ERP 的发展过程大致经历了订货点法、开环 MRP、闭环 MRP、MRP Ⅱ 和 ERP 的提出五个阶段。

（一）订货点法

信息管理系统出现前，下订单和催货是一个库存管理系统在当时所能做的一切。库存管理系统发出生产订单和采购订单，但是确定对物料的真实需求却是靠缺料表。这种表上所列的是马上要用但没有库存的物料，进而派人根据缺料表进行催货。

订货点法是在当时的条件下为改变这种被动的状况而提出的一种按过去的经验预测未来的物料需求的方法。这种方法有几种不同的形式，但其实质都是着眼于"库存补充"原则。"补充"的意思是把库存填满到某个原来的状态。库存补充的原则是保证在任何时候仓库里都有一定数量的存货，以便需要时随时取用。当时人们希望用这种做法来弥补"临时抱佛脚"所造成的缺陷。订货点法依靠对库存补充周期内的需求量预测，并保留一定的安全库存储备，来确定订货点，而安全库存的设置是为了应对需求的波动。一旦库存储备低于预先规定的数量，即订货点，则立即进行订货以补充库存（见图 6-1）。订货点的基本公式是：

订货点 = 单位时区的需求量 × 订货提前期 + 安全库存量

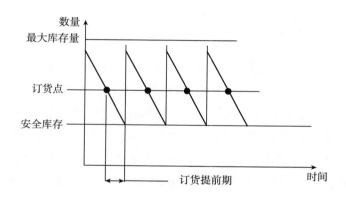

图 6-1　订货点法

注：斜率表示物料消耗速度。

例：如果某项物料的需求量为每周 100 件，提前期为 6 周，并保持两周的安全库存量，那么，该项物料的订货点为：$100 \times 6 + 200 = 800$。

订货点法曾被称为"科学的库存模型"，但在实际应用中却是面目全非。原因在于订货点法是在某些假设之下追求数学模型的完美。以下是订货点法的假设：

（1）各种物料的需求是相互独立的。订货点法不考虑物料项目之间的关系，每项物料的订货点分别独立地加以确定。因此，订货点法是面向零配件的，而不是面向产品的。但是在实际生产中，各项物料的数量必须配套才能装配成产品。

如果各项物料独立观测和订货，在装配时就可能发生物料数量不匹配的情况。由于单项物料的预测不可能都很准确，存在单项物料的供货率问题，所以积累起来的总供货率误差将是相当大的。

例如，一件产品由 10 个零件组成，若每个零件的供货率是 95%，则联合供应率就降到 59.9%，也就是每 10 次装配中就有 6 次遇到零件不齐的情况。如果产品的组成更复杂，那么总供货率就更低，装配时就更可能发生零件短缺的情况。

（2）物料需求是连续发生的。这种假定认为需求是连续、均匀的，库存消耗率稳定，而制造业对产品零部件的需求往往是由于下道工序的批量要求引起的，因而对零部件的需求是非连续的。因此，采用订货点法的系统下达的订货时间常常偏早，在实际需求发生前可能产生大批库存。另外，需求不均衡又可能造成库存短缺。

（3）物料的供应比较稳定。由于市场变化无常，物料的供应很难保持稳定。

（4）库存消耗之后，应被重新填满。这种假定认为，当物料库存低于订货点时，必须发出订货，以重新填满库存，但如果需求是间断的，就没必要这么做。例如，某种产品一年中只得到客户一次订货，那么生产这种产品的零配件就不必因库存量低于订货点而立即填满。

（5）"何时订货"是一个大问题。"何时订货"被认为是库存管理的一个大问题。订货点法通过触发订货点来确定订货时间，再通过订货提前期来确定需求日期，其实是本末倒置的。

订货点法作为一个库存控制模型是以一些不成立的假设为基础建立起来的，因此不再具有重要的实用价值。

（二）开环 MRP

订货点法的缺陷使它难以反映物料的实际需求，企业为了满足生产需求而不断提高订货点的数量，从而造成库存积压，库存占用的资金大量增加，产品成本增长，企业竞争力削弱。

开环 MRP 是在订货点法的基础上提出来的，根据主生产计划表（Master Production Schedule，MPS）上最终产品按时间段的需要种类、需要量、需要时间段，结合产品的物料清单（Bill of Material，BOM）、库存状况、产品交货期等信息，按时间段确定所需物料的准确需求量和需求时间，编制所需物料的生产计划与采购计划。这里的物料泛指产品、零部件、在制品、原材料等（见图 6-2）。

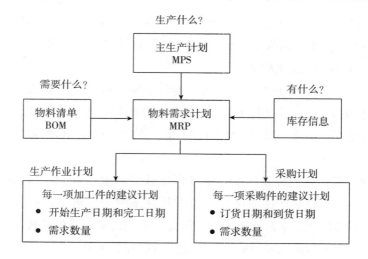

图 6-2　开环 MRP 工作原理图

1. 产生主生产计划

主生产计划是确定企业每种最终产品（独立需求件）在具体时间段内的生产数量的计划。最终产品要具体到产品的品种与型号。时间段通常以周为单位，在某些情况下，也可以是日、旬、月。它是根据客户订单、市场预测以及高层制订的生产计划大纲制订的，是制订物料需求计划的依据。

2. 产生物料需求计划

决定生产批量后，MRP 还需要知道物料清单，才能将主生产计划展开为零配件计划，准确计算物料的毛需求数量，再结合库存物料的可用量，确定物料的净需求数量。

物料清单是描述企业产品构成的文件，列出了构成父项装配件的所有子装配件、中间件、零件及原材料，说明了每种物料在产品层次中相互的从属关系和数量关系。物料清单的顶层是最终产品（独立需求件），底层是采购的原材料或零配件，中间是加工制造件中。如图 6-3 表示，最终产品 X 由 4 个 D 与 2 个 E 装配而成，而每个装配件 D 由 2 个 A 与 5 个 B 装配而成，每个装配件 E 由 2 个 B 与 3 个 C 装配而成。

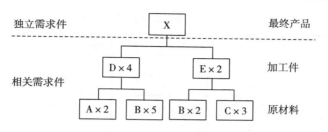

图 6-3 物料清单

库存信息是保存企业所有产品、零配件、在制品、原材料等存在状态的数据库。描述库存信息的数量概念包括毛需求量、计划收到量、已分配量、安全库存量、可用库存量和预计库存量等。

（1）毛需求量指独立需求量或根据独立需求量与物料清单计算出来的下级物料的相关需求量。

（2）计划收到量（在途量）是指根据正在执行中的采购订单或生产订单，在未来某个时段物料将要入库或将要完成的数据量。

（3）已分配量是指尚保存在仓库中但已被分配的物料数量。

（4）安全库存是指为应付由于供需波动而产生的意外需求而设置的库存量。

（本阶段）净需求量＝（本阶段）毛需求量＋（本阶段）已分配量＋（本阶段）安全库存量－（本阶段）计划收到量－（上一阶段末）库存量

3. 输出生产计划与采购计划

以最终产品的完工数量与日期为基准，以每项物料为计划对象，倒排相关物料（原材料、零部件等）的需求量和需求时间，再根据物料的生产（订货）提前期的长短来确定物料生产（订货）的时间，并提出建议性的计划。

4. 应用举例

假设，某企业的时间段以日为时间单位，最终产品 X 在第 6 天的需要量为 10 个。X 的物料清单如图 6-2 所示，并且已知最终产成品 X 与装配件 D、A、E 的加工提前期分别为 1 天、1 天、2 天、2 天，采购配件 B、C 的订货提前期分别为 1 天、2 天，B 的安全库存量为 10 个。若第 1 天 B 的库存量为 20 个，则企业的生产与采购计划推导过程如表 6-1 所示。

表 6-1　生产与采购计划推导过程表

物料计划	时段	1	2	3	4	5	6
加工X（提前期=1）	计划产出量						10
	物料毛需求					10	
加工D（提前期=1）	计划产出量					40	
	物料毛需求				40		
加工A（提前期=2）	计划产出量				80		
	物料毛需求		80				
采购B（提前期=1）	计划到货量				200		
	物料毛需求			200			
加工E（提前期=2）	计划产出量					20	
	物料毛需求			20			
采购B（提前期=1）	计划到货量			40			
	物料毛需求		40				
采购C（提前期=2）	计划到货量			60			
	物料毛需求	60					

合并采购与加工计划

物料计划	时段	1	2	3	4	5	6
采购B	物料毛需求		40	200			
	安全库存量		10	10	10		
	库存量	20	10	10			
	物料净需求		30	200			
采购C	物料毛需求	60					
	安全库存量						
	库存量						
	物料净需求	60					
加工X	计划上线量					10	
加工D	计划上线量				40		
加工E	计划上线量			20			
加工A	计划上线量		80				

（三）闭环 MRP

开环 MRP 是建立在两个假设的基础上的：一是假定有了主生产计划，并且主生产计划是可行的，这意味着已经考虑了生产能力，有足够的生产设备和人力来保证生产计划的实现；二是假设物料采购计划是可行的，即有足够的供货能力和运输能力保证完成物料的采购计划。然而实际上生产能力和物料资源都是有限的，因此用 MRP 方法所计算出来的物料需求的日期有可能因设备和工时的不足而没有能力生产，或者因物料的不足而无法生产。

为了解决上述问题，20 世纪 70 年代末研究者在 MRP 的基础上增加了能力需求计划，使系统具有生产计划与能力的平衡过程，形成了闭环 MRP，如图 6-4 所示。闭环 MRP 包含主生产计划、物料需求计划与能力需求计划，同时，为了保证计划的实施，需要控制计划的执行，因而 MRP 系统进一步发展，将能力需求计划的执行与控制功能也包括了进去，形成了一个封闭的环形回路。

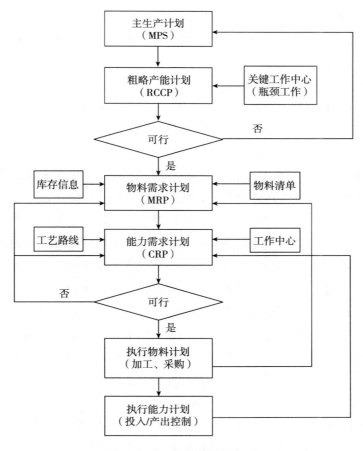

图 6-4 闭环 MRP 逻辑流程

闭环 MRP 是一个完整的生产计划与控制系统。包括：

1. 主生产计划

主生产计划的内涵在前文开环 MRP 系统处已介绍，这里不再重复。

2. 粗能力计划

在闭环 MRP 系统中，把关键工作中心的负荷平衡称为粗能力计划（Rough-Cut Capacity Planning，RCCP）或资源需求计划，主要面向的是主生产计划。

关键工作中心在工作中心文件中定义后，系统会自动计算关键工作中心的负荷。运行粗能力计划可分为两个步骤：第一步，建立资源清单，说明每种产品的数量及各月占用关键工作中心的负荷小时数，同时与关键工作中心的能力进行对比；第二步，在产品的计划期内，对于超负荷的关键工作中心，要进一步确定其超负荷出现的时段。

粗能力计划是一种计算量较小、占用计算机机时较少、比较简单粗略、快速的能力核定方法。

3. 能力需求计划

能力需求计划（Capacity Requirements Planning，CRP），又称为详细能力计划，是平衡全部工作中心负荷的计划，它的对象为相关需求件，主要面向的是车间。

闭环 MRP 的基本目标是满足客户和市场的需求，因此在编制计划时，要优先保证计划需求而不是考虑能力约束，然后再进行能力计划。能力需求计划根据物料需求中的加工件的数量和需求时段，以及它们在各自工艺路线中使用的工作中心及占用时间，计算所有物料在不同工作中心、不同时间段加工的能力需求数量，对比工作中心在该时间段的可用能力，生成能力需求报表。能力需求计划把物料需求转换为能力需求，不但要考虑计划订单，而且要考虑已下达但尚未完成的订单所需的负荷。它要结合工作中心的工作日历，考虑每周双休日、假日以及工作中心的停工、维修等非工作日，确定各工作中心在各个时段的可用能力。能力与负荷的计量单位必须一致。计划时段中可能出现能力需求超过负荷或低于负荷的情况，能力需求计划对此不提供解决方案。处理能力与需求的矛盾，要靠人员分析与判断。经过多次反复运算、调整，才转入下一个阶段。闭环 MRP 能力计划通常是通过报表的形式（直方图是常用工具）向计划人员报告，但是并不进行能力负荷的自动平衡，这个工作由计划人员人工完成（见图 6-5）。

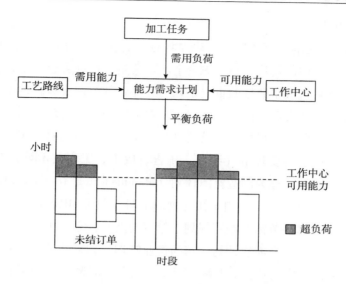

图 6-5　能力计划的逻辑流程

4. 车间作业控制

各工作中心能力与负荷需求基本平衡后，就要解决如何具体地组织生产活动，使各种资源既能合理利用又能按期完成各项订单任务，并将客观生产活动进行的状况及时反馈到系统中，以便根据实际情况进行调整与控制，这就是车间作业控制（Shop Floor Control，SFC）。它的工作内容一般包括以下四个方面：

（1）车间订单下达：只有在物料、能力、提前期和工具都齐备的情况下才下达订单。订单下达是核实 MRP 生成的计划订单，并转换为下达订单。

（2）作业排序：从工作中心的角度控制加工工件的作业顺序或确定作业优先级。

（3）投入产出控制：监控作业流（正在作业的车间订单）通过工作中心的方法来衡量能力执行情况，也可以用来计划和控制排队时间和提前期。投入/产出报表用到的数据包括计划投入、实际投入、计划产出、实际产出、计划排除时间、实际排除时间以及投入、产出时数的允差。投入/产出报表还可以用来分析物料流动和排队状况。

（4）作业信息反馈：跟踪作业订单在制造过程中的运动，收集各种资源消耗的实际数据，更新库存余额并完成 MRP 的闭环。

（四）MRP Ⅱ

闭环 MRP 系统的出现使生产活动方面的各子系统得到了统一，但闭环 MRP 仅仅考虑企业管理中的物流而不考虑资金流，资金流在许多企业中是由财会人员另行管理的，这就造成了数据的重复录入与存储，甚至造成数据的不一致性，从而降低了效率，浪费资源。因此，就要求企业的财务会计系统能同步从生产系统中获得资金信息，随时指导生产经营活动。为了解决这一问题，20 世纪 80 年代，人们把生产活动中的主要环节（财务、销售、成本、工程技术等）与闭环 MRP 系统集成为一个系统，称为制造资源计划（Manufacturing Resource Planning），英文缩写为 MRP，为了区别于物料资源计划的缩写，记为 MRP Ⅱ。

MRP Ⅱ 主要技术环节涉及经营规划、销售与运作计划、主生产计划、物料清单与物料需求计划、能力需求计划、车间作业管理、物料管理（库存管理与采购管理）、产品成本管理、财务管理等。MRP Ⅱ 可以在周密的计划下有效平衡企业的各种资源，控制库存资金占用，缩短生产周期，降低生产成本。从一定意义上讲，MRP Ⅱ 系统实现了物流、信息流与资金流在企业管理方面的集成。

图 6-6 是 MRP Ⅱ 的逻辑流程图。在流程图的右侧是计划与控制的流程，包括决策层、计划层和控制执行层，可以理解为经营计划管理的流程；中间是基础数据，储存在计算机系统的数据库中，可以反复调用，这些数据信息的集成，把企业各个部门的业务沟通了起来，可以理解为计算机数据库系统；左侧是主要的财务系统，这里只列出应收账、总账和应付账；各条连线表明信息的流向及相互之间的集成关系。MRP Ⅱ 包含了成本会计和财务功能，可以由生产活动直接产生财务数据，将实物形成的物料流动直接转换为价值形态的资源流动，保证生产和财务数据的一致性。财务部门可以及时得到资金信息并将其用于成本控制，通过资金流动状况反映物料和经营情况，随时分析企业的经济效益，指导并控制经营和生产活动。

总的来说，MRP Ⅱ 把企业看作一个有机的整体，从整体优化的角度出发，通过运用科学的方法，对企业的人、财、物等各种制造资源和产、供、销、财等各个环节进行统一地计划、控制和管理，以充分地利用企业的各项资源，保证各项活动在生产经营过程中得以协调有序并充分地发挥作用，进而提高企业的管理水平和经济效益。

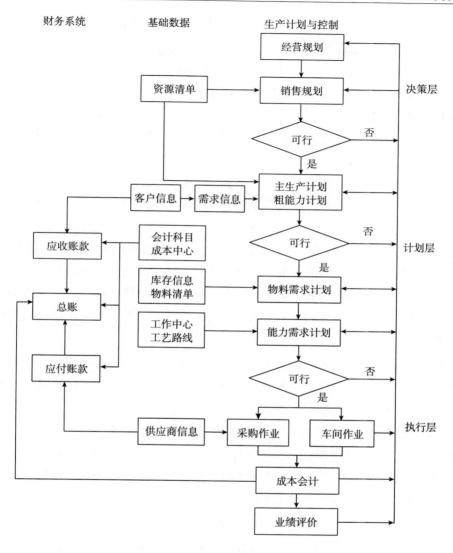

图6-6 MRPⅡ逻辑流程

（五）ERP的提出

20世纪90年代，随着市场竞争日趋激烈、企业管理模式不断创新和科学技术的不断进步，MRPⅡ逐渐表现出了局限性：

（1）企业竞争范围的扩大，要求企业加强管理，以更高的信息化对企业的整体资源进行集成管理，而不仅仅对制造资源进行集成管理。

（2）企业规模不断扩大。多集团、多工厂要求协同作战，统一部署，这已超出了 MRP Ⅱ 的管理范围。

（3）信息全球化趋势的发展，要求企业之间加强信息交流和信息共享。企业之间既是竞争对手，又是合作伙伴。信息管理的范围要求扩大到整个供应链，而 MRP Ⅱ 的资源概念始终局限于企业内部，无法解决这些问题。

显然，MRP Ⅱ 系统已无法满足企业对资源全面管理的要求，因而 MRP Ⅱ 逐渐向 ERP 方向发展。

1. ERP 系统的管理思想

ERP 把客户需求和企业内部的制造活动以及供应商的制造资源整合在一起，形成一个完整的供应链，其核心管理思想主要体现在以下三个方面：

（1）体现对整个供应链资源进行管理的思想。知识经济时代，企业竞争不是单一企业与单一企业间的竞争，而是一个企业供应链与另一个企业供应链之间的竞争。企业必须将供应商、制造厂商、分销商、客户等纳入一个衔接紧密的供应链中，有效地安排企业的产供销活动，实现高效的生产经营，在市场上赢得竞争优势。

ERP 系统实现了对整个供应链的管理，它将制造企业的制造流程看作是一个紧密连接的供应链，其中包括供应商、制造工厂、分销网络和客户；将企业内部划分成几个相互协同作业的支持集体，如财务、市场、销售、质量、工程等。

（2）体现精益生产、同步工程和敏捷制造的思想。ERP 系统支持对混合型生产方式的管理，其管理思想表现在两个方面：一是"精益生产"（Lean Production，LP）的思想，即企业同其销售代理、客户和供应商的关系不再简单的是业务往来关系，而是利益共享的合作伙伴关系，并且这种合作伙伴关系组成了一个企业的供应链，这即是精益生产的核心思想。二是"敏捷制造"（Agile Manufacturing，AM）的思想。当市场发生变化，企业面临特定市场和产品需求时，企业的基本合作伙伴不一定能满足新产品开发生产的要求，这时企业会组织一个由特定的供应商和销售渠道组成的短期或一次性供应链，形成"虚拟工厂"，把供应和协作单位看成是企业的一个组成部分，运用"同步工程"组织生产，用最短的时间将新产品打入市场，时刻保持产品的质量、多样化和灵活性，这即是"敏捷制造"的核心思想。

（3）体现事先计划与事中控制的思想。ERP 强调企业的事前控制能力，为企业提供了对质量、适应变化、客户满意、绩效等关键问题的实时分析能力，提供了多种模拟功能和财务决策支持系统，使计划员每天都能分析将要发生的情况，而不像 MRP Ⅱ 只能作月度分析。财务的计划系统不断地接收来自制造过程、分析系统和交叉功能子系统的信息，可正确快速地作出决策。生产管理在管理事务级集成处理的基础上能提供更强的事中控制能力，如通过计划的及时滚动保证计划的顺利执行，通过财务系统来监控生产制造过程等。

另外，ERP 系统通过定义与事务处理相关的会计核算科目与核算方式，在事务处理发生的同时自动生成会计核算分录，保证资金流与物流的同步记录和数据的一致性，从而使根据财务资金现状，可以追溯资金的来龙去脉，并进一步追溯所发生的相关业务活动，改变资金信息滞后于物料信息的状况，便于实现事中控制和实时做出决策。

2. ERP 与 MRP Ⅱ 的主要区别

（1）资源管理范围方面的差别。MRP Ⅱ 侧重对企业内部人、财、物等资源的管理，ERP 系统在 MRP Ⅱ 的基础上扩展了管理范围，把客户需求和企业内部的制造活动以及供应商的制造资源整合在一起，形成了一个完整的供应链并对供应链上所有环节进行了有效管理。

（2）生产方式管理方面的差别。MRP Ⅱ 系统把企业归类为几种典型的生产方式进行管理，如重复制造、批量生产、按订单生产、按订单装配、按库存生产等，对每一种类型都有一套管理标准。而在 20 世纪 80 年代末 90 年代初，为了紧跟市场的变化，企业主要采用了多品种、小批量生产以及看板式生产等，由单一的生产方式向混合型生产发展，ERP 系统支持混合型制造环境，能够满足企业多元化经营需求。

（3）管理功能方面的差别。ERP 除了 MRP 系统的制造、分销、财务管理功能外，还增加了支持整个供应链上物料流通体系中供、产、需各个环节之间的运输管理和仓库管理，支持生产保障体系的质量管理、实验室管理、设备维修和备品备件管理，支持对工作流（业务处理流程）的管理。

（4）事务处理控制方面的差别。MRP Ⅱ 以企业生产线为中心，通过计划的及时滚动来控制整个生产过程，其实时性较差，一般只能实现事中控制。而 ERP 系统是以企业管理体系为中心，支持在线分析处理、售后服务及质量反馈，强调企业的事前控制能力。

在 MRP Ⅱ 中，财务系统只是一个信息的归结者，它的功能是将供、产、销中的数量信息转变为价值信息，是物流的价值反映。而 ERP 系统则将财务计划和价值控制功能集成到了整个供应链上。

（5）跨国（或地区）经营事务处理方面的差别。MRP Ⅱ面对的是企业内部的事务处理，而ERP系统提供完整的组织架构，可以支持跨国经营的多国家（地区）、多工厂、多语种、多币制的应用需求。多集团、多工厂要求协同作战，统一部署，这些既要求独立，又要求统一的资源共享管理，已超出了MRP Ⅱ的管理范围。

（6）计算机信息处理技术方面的差别。由于ERP系统对整个供应链的信息进行集成管理，因此ERP系统要求企业实现企业内部网（Intranet）和企业外部网（Extranet），以完成企业外部资源的信息收集加工和信息分发。

（7）应用行业的差别。MRP Ⅱ局限于传统制造业，ERP系统则大大扩展了应用范围，把触角伸向了各个行业，特别是金融业、通信业、高科技产业、零售业等。

3. ERP系统的结构

ERP系统不仅是MRP Ⅱ系统的扩展，而且是新的市场环境下的全新的经营理念。ERP系统包含着一系列管理思想和方法的变革，是将企业所有资源进行整合集成管理，简单地说，是将企业的物流、资金流和信息流进行全面一体化管理的管理信息系统。不同的ERP厂商提供的ERP系统具有不同程度的专业性，但是它们的核心功能都是类似的。在企业中，一般的管理主要包括生产管理（计划、制造管理）、供应链管理（销售、采购、库存管理）和财务管理（会计核算、财务管理）。本节将以典型的生产企业为例来介绍ERP的功能模块。

（1）生产管理模块。生产管理系统是企业管理软件的重要组成部分，是企业信息化管理的核心。它面向按单生产、按单设计、按单装配、按库存生产等制造业生产类型，并广泛应用于机械、电子、食品、制药等行业。

1）生产管理系统的结构。生产管理系统以产品销售订单为导向，以计划为主轴的生产经营管理活动的流程如图6-7所示。企业销售部门业务员根据客户的需求，对客户进行产品报价，从产品、规格型号、价格、有效期限、折扣等方面了解客户的购买意愿和需求；当与客户签订销售合同后，将客户的实际需求和市场预测的需求相结合，由企业的规划部门制作出主生产计划和物料需求计划，然后进一步结合企业的产能情况分析编制企业的采购计划、生产计划和委外计划，以便采购部门和生产部门组织对外采购和生产制造的业务工作；采购部门按照采购计划组织安排采购人员开展采购所需料品的业务活动，生产部门根据生产计划组织车间或工作中心完成生产任务，按照委外计划安排委外商来企业领料回厂加工生产；采购部门将采购到货的物料交付给仓库，仓库负责入库业务处理；委外加工完成和生产完工的料品交给仓库，仓库负责人办理入库处理业务；销售部门根据销售订单或销售合同组织向客户发货，由仓库负责出库业务处理；财务部门负责对采购和委外的料品的应付款项进行结算和账务处理，对销售部门销售的物品进行收款结算和账务处理。

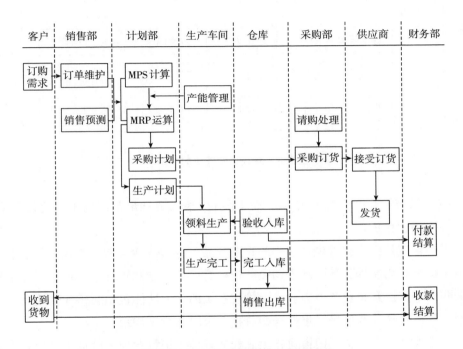

图6-7　企业生产经营活动工作流程

2）生产管理系统功能模块。生产管理系统的业务活动涉及企业的销售、计划、生产、采购、委外、库存、财务等业务管理内容，因此软件就是通过相应功能对上述各项业务内容进行处理，从而完成企业的各项业务活动。这些模块共用的基础信息包括企业部门、人员、岗位、存货、仓储、客户、供应商及财务等方面的资料，这些公共资料被各子系统共享。系统功能模块之间的关系如图6-8所示。

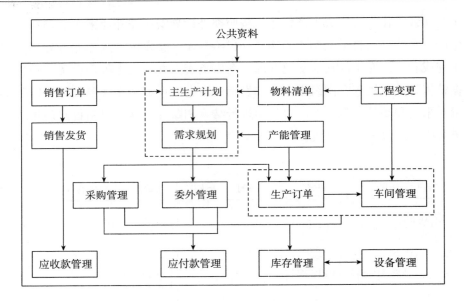

图6-8 系统功能模块的关系

（2）供应链管理模块。供应链管理系统中最重要和最基础的子系统是采购、销售、库存、存货。

采购管理是供应链管理系统中的重要产品，通过普通采购、直运采购、受托代销采购等采购流程对不同的采购业务进行有效的控制和管理，以便帮助企业降低采购成本，提升企业竞争力。采购管理系统的主要功能包括对供应商进行有效管理、严格管理采购价格、选择采购流程、及时进行采购结算。

销售管理提供对企业销售业务全流程的管理。销售管理系统地支持以销售订单为核心的业务模式化，支持普通批发销售、零售、委托代销业务、直运销售业务、分期收款销售和销售调拨等多种类型的销售业务，满足不同用户需求，用户可以根据实际情况构建自己的销售管理平台。销售管理的主要功能包括有效管理客户、产品销售预测、编制销售计划、销售订单管理、销售物流管理、销售资金流管理、销售计划管理、价格政策、信用管理、远程应用及批次与追踪管理。

库存管理能帮助企业的仓库管理人员对库存物品的入库、出库、移动、盘点、补充订货和生产补料等操作进行全面的控制和管理，以达到降低库存、减少资金占用，避免物料积压或短缺现象，保证生产经营活动顺利进行的目的。库存管理子系统主要用来控制存储物料的数量，以保证稳定的物流，支持正常的生产，但又最小限度地占用资本。它是一种相关的、动态的、真实的库存控制系统，能够结合相关部门的需求，随时间变化动态地调整库存，精确地反映库存现状。

存货核算用于核算和分析所有业务中的存货耗用情况，正确计算存货购入成本，为企业提供成本核算的基础数据；动态掌握存货资金的变动，减少库存资金积压，加速资金周转，支持工商业多种核算方法；与采购管理或销售管理一起使用，可暂估采购入库或销售出库的成本核算。存货核算的功能包括：添加或修正存货暂估价格；对存货价格、价值进行调整；对业务单据进行记账处理；对记账单据按照存货计价方法进行计算，为成本计算提供数据等。

（3）财务管理模块。财务管理模块是企业 ERP 系统中不可或缺的部分，一般的 ERP 软件的财务部分分为会计核算与财务管理两大块。

会计核算主要是记录、核算、反映和分析资金在企业经济活动中的变动过程及其结果。它由总账、应收账、应付账、现金、固定资产、多币制等构成，包括总账模块、应收账模块、应付账模块、现金管理模块、固定资产核算模块、多币制模块、工资核算模块和成本模块。

财务管理的功能主要是基于会计核算的数据，再加以分析，从而进行相应的预测、管理和控制活动。它侧重于财务计划、控制、分析和预测。财务计划就是根据前期财务分析做出下期的财务计划、预算等；财务分析就是提供查询功能和通过用户定义的差异数据的图形显示进行财务绩效评估、账户分析等；财务决策是财务管理的核心部分，中心内容是做出有关资金的决策，包括资金筹集、投放及资金管理。

4. ERP 的应用

（1）ERP 系统供应商。ERP 系统是一种企业管理软件，国内外都有很多的供应商。国际上具有代表性的 ERP 系统供应商有 SAP、Oracle/PeopleSoft、SSA Global、Microsoft 等，这些 ERP 供应商都在某一特殊模块领域有自己的专长。国内代表性的 ERP 系统供应商的 ERP 软件有用友 ERP、金碟 ERP 等，这些软件以财务、进销存为主，功能相对简单。

几十年来，传统的 ERP 系统使企业能够在单一平台上运行核心业务流程。随着云计算的发展，基于云系统的 ERP 应运而生。传统的 ERP 软件供应商也纷纷加入云服务队伍，如 SAP、Oracle、Microsoft 等。SAP 作为市场领导者，年收入接近 300 亿美元，但其庞大的客户群仍在运行本地 ERP。SAP 面临的挑战是如何与新的纯云 ERP 系统供应商竞争，并说服传统 ERP 系统的客户不要离开，而是转移到 SAP 云上。

（2）ERP 系统的障碍。ERP 系统不可能一夜之间提高组织的功能性。是否能够达到节约成本和改善服务的高期望还要依赖于以下两个方面：一是选择的 ERP 系统适应组织功能性的好坏；二是选择和配置系统的过程与企业文化、战略和组织结构的契合程度。ERP 系统与其他的软件系统一样存在着缺点，这些缺点可能会制约 ERP 在组织中的应用，影响 ERP 在组织中的发挥。因此，组织在实施 ERP 时，必须充分地了解 ERP，权衡组织的实际情况，以避免盲目地使用，最终导致 ERP 项目的失败。

影响 ERP 系统实施的障碍主要来自以下几个方面：ERP 系统的实施是非常复杂的，实施过程具有很大的风险；ERP 系统与传统系统的集成问题；客户定制问题；实施成本高昂，大多数 ERP 系统的实施都超过了预期的成本，而且业务流程重组的成本也可能非常高；计算机系统的安全性问题和病毒问题也给企业的正常生产经营活动带来了严重危害。

（3）ERP 系统应用实例。

1）ERP 成功案例。

海尔物流管理信息系统

为了与国际接轨，建立高效、迅速的现代物流系统，海尔采用了 SAP 公司的 ERP 系统和 BBP 系统（原材料网上采购系统），对企业进行流程改造。经过几年的实施，海尔的现代物流管理系统不仅很好地提高了物流效率，而且将海尔的电子商务平台扩展到了包含客户和供应商在内的整个供应链管理领域，极大地推动了海尔电子商务的发展。

一、需求分析

海尔集团认为，现代企业运作的驱动力只有一个：订单。没有订单，现代企业就不可能运作。围绕订单而进行的采购、设计、制造、销售等一系列工作最重要的一个流程就是物流，离开物流的支持，企业的采购与制造、销售等行为将会带有一定的盲目性和不可预知性。建立高效、迅速的现代物流系统，才能建立企业最核心的竞争力。海尔需要这样一套信息系统，使其能够在物流方面一只手抓住用户的需求，另一只手抓住可以满足用户需求的全球供应链。海尔实施信息化管理的目的主要有以下两个方面：

（1）现代物流区别于传统物流的主要特征是速度，而海尔物流信息系统的建设需要以订单信息流为中心，使供应链上的信息同步传递，实现以速度取胜。

（2）海尔物流需要以信息技术为基础，能够向客户提供竞争对手所不能给予的增值服务，使海尔顺利从企业物流向物流企业转变。

二、解决方案

海尔采用 SAP 公司提供的 ERP 系统和 BBP 系统组建自己的物流管理系统。

1. 系统构成

（1）ERP 系统。

海尔物流的 ERP 系统共包括四大模块：MM（物料管理）、PP（制造与计划）、SD（销售与订单管理）、FI/CO（财务管理和成本管理）。

ERP 实施后，打破了原有的"信息孤岛"，使信息同步而集成，提高了信息的实时性与准确性，加快了对供应链的响应速度。例如，原先原料订单从客户传递到供应商需要 10 天以上的时间，而且准确率低，实施 ERP 后订单不但 1 天内完成了"客户→商流→工厂计划→仓库→采购→供应商"的过程，而且准确率极高。

另外，对于每笔收货，扫描系统能够自动检验采购订单，防止暗箱收货，而财务在收货的同时会自动生成入库凭证，使财务人员从繁重的记账工作中解放出来，发挥出真正的财务管理与财务监督职能，而且效率与准确性也得以大大提高。

（2）BBP 系统。

BBP 系统主要是建立了与供应商之间基于因特网的业务和信息协同平台。该平台的主要功能是：

1）通过平台的业务协同功能，使得海尔通过因特网既可以进行招投标，又可以向供应商发布与其相关的物流管理业务信息，如采购计划、采购订单、库存信息、供应商供货清单、配额以及采购价格和计划交货时间等，使供应商可以足不出户就全面了解与自己相关的物流管理信息。

2）对非业务信息的协同，SAP 使用架构于 BBP 采购平台上的信息中心为海尔与供应商之间进行沟通和反馈提供集成环境。信息中心利用浏览器和互联网整合了海尔过去通过纸张、传真、电话和电子邮件等手段才能完成的信息交互方式，实现了非业务数据的集中存储和网上发布。

2. "一流三网"

"一流"是指现代物流以订单信息流为中心；"三网"是指全球供应链资源网络、全球用户资源网络和计算机信息网络。海尔的物流管理系统是以订单信息流为中心的，将海尔遍布全球的分支机构整合之后的物流平台使供应商和客户、企业内部信息网络这"三网"同时开始执行，同步运行，为订单信息流的增值提供支持。

3. 经验总结

（1）海尔选择了 SAP/R3 成熟的 ERP 系统，而不是请软件公司根据海尔物流的现状进行开发，主要目的是借助于成熟的先进流程提升自己的管理水平。

（2）实施"一把手"工程与全员参与，有效推进信息系统的执行。

海尔物流所有的信息化建设均是基于流程的优化，是通过提高对客户的响应速度来进行的，所以应用面涉及海尔物流内部与外部的很多部门，有时打破旧的管理办法，推行新流程的阻力非常巨大。海尔物流的信息化建设一直是部门"一把手"亲自抓的工作，亲自在现场发现问题，亲自推动，保证了信息化实施的效果。比如在 ERP 上线之初，BOM 与数据不准确是困扰系统正常运转的瓶颈，牵扯到企业的基础管理工作与长期工作习惯的改变，物流推进本部部长发现问题后，亲自推动、制定出了有效的管理方式，不但提高了系统的执行力，而且规范并提升了企业的基础管理 BOM 的准确率，保证了信息系统的作用的发挥。

（3）培训工作同步进行，保证信息系统的实施效果。

由于信息化工作的不断推进，原有的手工管理变为计算机操作，这对物流的基层工作者如保管员、司机、年纪较大的采购员均是挑战。在实施 ERP 信息系统时，海尔物流开展了全员培训，并对相关操作人员进行了严格的技能考试，考试通过后才能获得上岗证书。物流信息中心也开通了内部培训的网站，详细介绍系统的基础知识、业务操作指导书，并对操作中的问题进行答疑，保证了信息化使用的效果。

该系统通过业务流程的再造，建立现代物流，并利用 MYSAP. COM 协同化电子商务解决方案，成功地将海尔的电子商务平台扩展到包括客户和供货商在内的整个供应链管理，有效地提高了采购效率，大大降低了供应链的成本。

该系统是为订单采购设计的，其结果使采购成本降低，库存资金周转从 30 天降低到 12 天，呆滞物资降低 73.8%，库存面积减少 50%，节约资金 7 亿元，同比减少 67%，整合了 2336 家供货商，优化为 840 家，提高了国际化大集团组成的供货商的比例，达到 71.3%。

系统是基于 SAP 系统基础开发而成的，所开发的 ERP 和 BBP 系统具有典型的企业标准化的特征，开发的系统覆盖了集团原材料的集中采购、库存和立体仓库的管理、19 个事业部的生产计划、原料配送、成品下线的原料消耗倒冲以及物流本部零部件采购公司的财务等业务，建立了以自己为中心的高效供应链。

海尔已实现了即时采购、即时配送和即时分拨物流的同步流程。100% 的采购订单由网上下达，提高了劳动效率，以信息代替库存。

海尔的物流系统不仅实现了"零库存""零距离""零营运资本"，而且整合了内部，协同了供货商，提高了企业效益和生产力，方便了使用者。

2）ERP 失败案例。

虽然有很多企业实施 ERP 系统，其中有成功的案例，也有失败的案例。成功的案例自然可以借鉴和学习，但是从 ERP 失败案例的前车之鉴中吸取经验，也许比正面的借鉴更为有效。

案例 1：2000 年，哈尔滨医药集团决定上 ERP 项目，参与软件争夺的两个主要对手是 Oracle 与利玛。一开始，两家软件供应商在 ERP 软件上打得难解难分，一年之后，Oracle 击败利玛，哈药决定选择 Oracle 的 ERP 软件。然而事情发展极具戏剧性，尽管软件选型已经确定，但是为了争夺哈药实施 ERP 项目的"另一半"，2001 年 10 月，利玛联手哈尔滨凯纳击败了哈尔滨本地的一家公司——华旭，成为哈药 ERP 项目实施服务的"总包头"。但是，始料不及的是，到了 2002 年 3 月，哈药 ERP 实施出现了更加戏剧性的变化——因为实施方利玛副总经理蒋明炜与 60 多名同事集体哗变，利玛在哈药 ERP 项目的实施团队全部离职。城门失火，殃及池鱼，整个哈药项目也被迫终止。真可谓一波三折。

案例 2：戴尔计算机花费了 2 年时间用 2.5 亿美元定制了一套 ERP 系统，然而却发现它并没有足够的柔性来满足被大肆鼓吹的订货生产方式企业模型快速变化的业务过程，而这种模型正是推动戴尔在网络上成功的模型。

第二节　决策支持系统

著名的管理学家西蒙指出，管理是一个决策的过程。可以说，决策是企业最重要、意义最重大的活动之一。决策需要大量的信息，因而企业需要花费大量的时间、资金等来收集、分析信息。传统的信息系统没有给企业带来巨大的效益，随着 IT 技术的发展，以及人们对信息处理的认识的提高，要求有更高层次的系统支持决策，于是决策支持系统出现了。它的目标是帮助决策者分析信息提高决策水平和质量。

一、决策支持系统

（一）决策支持系统的产生与发展

20 世纪 70 年代，美国麻省理工学院的 Michael S. Scott 和 Peter G. W. Keen 首次提出决策支持系统（Decision Support Systems，DSS）。随后，许多较有代表性的 DSS 被研发出来，比如支持投资者对顾客证券管理日常决策的 Profolio Management，用于产品推销、定价和广告决策的 Brandaid，用以支持企业短期规划的 Projector 以及适用于大型卡车生产企业生产计划决策的 Capacity Information System。到 70 年代末，DSS 的系统结构大多是两库结构，由模型库、数据库及人机交互系统三个部件组成。

20 世纪 80 年代初，DSS 发展出三库系统和四库系统，它是在两库结构基础上增加了知识库与方法库。80 年代后期，人工神经元网络及机器学习等技术的研究与应用为知识的学习与获取开辟了新的途径。专家系统与 DSS 相结合，形成了智能决策支持系统 IDSS。IDSS 充分利用专家系统定性分析与 DSS 定量分析的优点，提高了 DSS 支持非结构化决策问题的能力。

近年来，DSS 与计算机网络技术结合，形成了群体决策支持系统 GDSS，为异地决策者共同参与决策提供了便利。在 GDSS 的基础上，为了支持个人与组织共同参与的大规模复杂决策，分布式决策支持系统（DDSS）被研发出来。

DSS 自产生以来，研究与应用一直很活跃，新概念、新系统层出不穷，组成部件不断扩展，系统结构不断变化，研究与应用范围不断扩大，层次不断提高。

多种高功能的通用和专用 DSS 相继出现。现在，决策支持系统已逐步应用于大、中、小型企业中的预算分析、预算与计划、生产与销售、研究与开发等智能部门，并在军事决策、工程决策、区域开发等方面也有所应用。

（二）决策支持系统的概念

DSS 是 MIS 向更高一级发展而产生的先进信息管理系统。DSS 以管理科学、运筹学、控制论和行为科学为基础，以计算机技术、仿真技术、信息池为手段，以人机交互方式辅助决策者解决半结构化和非结构化决策问题的信息系统。它为决策者提供决策所需要的数据、信息和背景材料，帮助明确决策目标，进行问题的识别，建立或修改模型，提供各种备选方案，并对各种方案进行评价和优选，为正确决策提供必要的支持。

DSS 的概念强调以下五个方面：

（1）系统的使用是面向决策者的。在运用 DSS 的过程中，参与者都是决策者。

（2）系统解决的是半结构化和非结构的决策问题。MIS 支持的是结构化决策，而 DSS 支持的是半结构化和非结构的决策，这类决策既复杂又无法准确描述处理原则，并涉及大量计算。这类决策既要应用计算机又需要用户干预，才能取得满意结果。DSS 可以解决一部分分析工作的系统化问题，这个过程的控制还需要依靠决策的洞察力和判断力。

（3）系统强调的是辅助和支持的概念，改进决策效能，而不是代替决策者决策。

（4）系统的驱动力来自用户和模型。用户是系统运行的发起者，DSS 的分析着重于决策者的需求。DSS 以模型库系统为基础，是模型驱动的系统，模型是系统完成各环节转换的核心。

（5）系统运行强调人机交互。决策者根据自己的偏好、主观判断、能力、经验、价值观等，主动利用系统的各种支持功能，在人机交互过程中反复地学习和探索，最后根据自己的判断做出一个合适的方案。系统提供良好的人机交互界面，方便使用。

（三）决策支持系统的系统结构

DSS 的系统结构以斯普拉格与卡尔森所提出的对话—数据—模型（Dialog-Data-Modeling，DDM）结构最为学术界所接受，认为 DSS 由三大部件组成：数据库管理子系统、模型库管理子系统和对话管理子系统，也被称为"两库结构"

［见图6-9（a）］。两库结构加入方法库所构成的三库结构如图6-9（b）所示。三库结构再与基于知识的 DSS 结构结合就是四库结构。此外，还有以对话管理子系统牵头，将模型库与数据库以直线方式联结的串联结构，将数据库子系统与模型库子系统融为一体的融合式系统结构等。

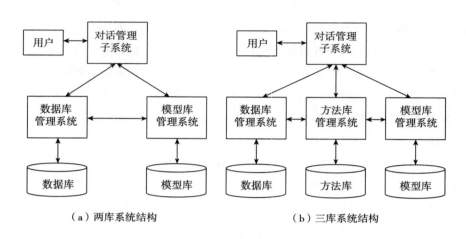

（a）两库系统结构　　　　　　　　　　（b）三库系统结构

图6-9　DSS 的系统结构

1. 对话管理子系统

对话管理子系统是 DSS 中用户和计算机的接口，是决策者与 DSS 之间沟通的桥梁。通过 DSS 的接口，模拟结果的输出与输入数据以及其他决策变量在一个屏幕上显示，给人以直观的感觉。

决策者在使用 DSS 时，首先通过用户接口告诉 DSS 将采用哪个模型处理哪些信息。模型需要调用来自数据库中的信息，并对这些信息加以分析，然后将分析结果返回到用户接口，显示于人机界面，具有方便的人机对话和图像输出功能，能满足随机的数据查询要求，回答"如果……则……"之类的问题。DSS 正是通过不同组成部分之间的协同工作，从而协助决策者做出决策。

2. 数据库管理子系统

数据库管理子系统是存储、管理、提供与维护用于决策支持数据的 DSS 基本部件，包括数据库、数据析取模块、数据字典、数据库管理系统及数据查询模块。

DSS 的数据库信息主要来源于以下三个渠道：

（1）组织内部信息：决策支持系统需能直接访问组织内部数据库、数据仓库、其他系统（如 CRM、SCM）。决策支持系统要管理并随时提供与决策问题有关的组织内部信息，如订单要求、库存状况、生产能力与财务报表等。

（2）外部信息：有些决策需要输入组织外部的信息，为决策支持系统提供附加信息。因而，决策支持系统要收集、管理、提供与决策问题有关的组织外部信息，如政策法规、经济统计、市场行情、同行动态与科技进展等。

（3）个人信息：可以将决策者的经验和洞察力等个人信息结合到决策支持系统中。

这些资料需要经过搜集与萃取，进而成为有助于决策的资讯形式与数据结构，以供使用者管理、分析、更新与检索。

3. 模型库管理子系统

模型库管理子系统是构建和管理模型的部件，以一定的方式存储和管理与决策问题有关的各种数学模型，如定价模型、库存控制模型和生产调度模型等，它是 DSS 中最复杂与最难实现的部分。DSS 用户依靠模型库中的模型进行决策，可以说，DSS 是由"模型驱动的"。

DSS 通过模型库中的模型对于需要解决的问题进行模拟，模拟的结构预测了不同的决策方案对于未来的影响。模型库管理系统负责存储和维护决策支持系统的模型。它的功能与数据库管理系统的功能类似，模型管理系统并不能为决策者解决特定问题而选出最佳模型，选择模型还需靠决策者的专业知识，但是模型管理系统可以帮助决策者快速方便地建立和运行模型。

4. 方法库子系统

方法库子系统是存储、管理、调用及维护 DSS 各部件要用到的通用算法、标准函数等方法的部件，方法库中的方法一般用程序方式存储。方法库内存储的方法程序一般有：排序算法、分类算法、最小生成树算法、回归分析法、最短路径算法、计划评审技术、线性规划、整数规划、动态规划、各种统计算法、各种组合算法等。

（四）决策支持系统在现代组织中的应用

DSS 可以通过各种方式支持组织的决策，具有较高的商业价值。DSS 能帮助组织精确地协调内外部的企业过程，对企业的供应链、客户关系进行管理。DSS 还能强有力地、综合地为决策提供信息，支持企业的营销活动。

1. 用于供应链管理的 DSS

供应链涉及从采购、运输材料和零部件，到制造和分销，再到递送这些产品给顾客的过程。供应链管理系统利用库存、供应商业绩、物流、生产和成本等数据帮助经理在众多组合方案中找到最有效的供应链运送物资的方案。Sonoco Products 是一家全球工业品和消费品包装的制造商，在世界各地运营着几百个制造运行单位，有一个复杂的供应链。Sonoco Products 使用 Optiant 的 PowerChain 4.0 分析和设计软件来配置最优库存并开发各种方案。该软件帮助 Sonoco 在合适的时间、地点拥有合适的库存，使 Sonoco 保证库存供应的时间由原来的90%提高到95%。

2. 用于客户关系管理的 DSS

客户关系管理（CRM）是许多成功的公司战略的重要组成部分，而决策支持是 CRM 的重要组成部分，它利用数据挖掘指导有关定价、顾客保留、市场分享和新的收入流的决策。华尔街的零售业经纪公司利用决策支持分析客户行为和目标，从而展现机遇并警示经纪人注意最新出现的问题。

3. 用于营销决策的 DSS

DSS 技术应用于市场营销决策的研究始于 20 世纪 90 年代初，在市场营销决策中的应用主要用于市场分析方面。营销决策支持系统以模型技术为主题，通过人机交互功能，创建、修改、选择、组合、运行模型，形成市场营销决策问题的解决方案，为决策者提供更有力的决策依据。

一家保险公司在给有酒后驾车历史的司机办理保险业务时，利用决策支持系统分析公司遭受风险的金额。系统揭示出：曾有一次酒后驾车历史的 40 岁以上的已婚有房男性很少再次犯规。通过降低这些人的保险费率，公司在不增加风险损失的情况下提高了市场占有率。

二、群体决策支持系统

（一）群体决策支持系统的概念

早期的决策支持系统主要是支持组织的个人作决策，但事实上组织中很多决策是大家一起完成的。20 世纪 80 年代后期，决策支持系统开始转向对群体的决策支持，出现了群体决策支持系统（Group Decision Support System，GDSS）。GDSS 是在 DSS 基础上利用计算机网络与通信技术发展起来的信息系统，可供多个决策者为了一个共同目标，通过某种规程相互协作地探索半结构化或非结构化决策问题的解决方案。GDSS 使得多个决策者在一个周期内异地合作协商寻求解决问题的方案的实现成为了可能。

作为 DSS 的一个发展方向，GDSS 包括以下五个基本特征：

（1）GDSS 应有自己的系统设计，而不是一些现成的 DSS 的简单组合。

（2）GDSS 必须能够改善决策过程和决策方案。

（3）GDSS 应能适应不同知识层次的用户。

（4）GDSS 可以是专用的（能够解决某一类问题）或者是通用的（能够解决特定决策层的多类问题）。

（5）GDSS 应该能抑制不良群体行为（如思维的"群体效应"等）。

（二）群体决策支持系统的组成

GDSS 在计算机网络的基础上，由私有 DSS、规程库子系统、通信库子系统、共享的数据库、模型库及方法库、公共显示设备等部件组成（见图 6-10）。

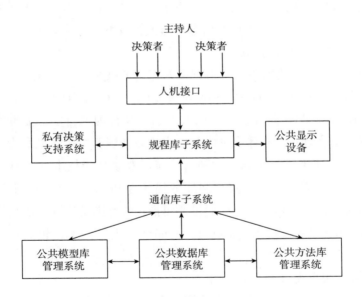

图 6-10 GDSS 的系统结构

较之 DSS，GDSS 建立在一个局域网或广域网上，能非常有效地解决通信问题，并且增设了规程库、通信库、共享的公共数据库、模型库和方法库等构件。

GDSS 各个构件各司其职。其中，人机接口负责接收主持人及决策群体的各种请求（包括主持人关于会议要求与安排的发布请求，与会者对数据、模型、方法等资源的请求）；通信库子系统负责对管理主题信息、会议进程信息及与会者的来往信息的存储、收发，沟通与会者之间以及与会者与公共数据库、模型库与方法库之间的通信；公共显示屏信息也由通信库子系统传送至各参会者的站点；规程库子系统存储与管理 GDSS 的运作规则及会议事件流程规则等。

GDSS 使与会者集中于评价思想本身，能营造一种合作的气氛。在 GDSS 软件工具的支持下，GDSS 会议可以增加思想产生的数量和决策的质量，在较少地进行面对面的和分布式的会议的情况下产生所要求的结果，并能保存会议结果，使未参加者在会后能获得需要的信息。

三、智能决策支持系统

（一）智能决策支持系统的概念

DSS 借助计算机强大的运算能力与人灵活的分析判断能力交互协作，为人们解决半结构化与非结构化的决策问题提供了有力的支持。但由于 DSS 中计算机的重点在于模型的定量技术，人机对话方式与大多数不熟悉计算机的使用者尚存在一定距离，限制了 DSS 的应用效果。

20 世纪 80 年代，美国的伯恩切克将人工智能技术引入传统 DSS，提出了智能决策支持系统（Intelligence Decision Supporting System，IDSS）。人工智能（Artificial Intelligence，AI）是让机器模拟人类思考和行为的科学，能够完成诸如模式识别、自然语言理解、程序自动设计、定理自动证明、机器人和专家系统等智能活动。IDSS 是人工智能和 DSS 相结合，应用专家系统技术，使 DSS 能够更充分地应用人类的知识，如关于决策问题的描述性知识、决策过程中的过程性知识。求解问题的推理性知识，进而通过逻辑推理来帮助解决复杂的决策问题的辅助决策系统。IDSS 既能处理定量问题，又能处理定性问题，较大地改进了 DSS 的性能。

（二）智能决策支持系统的结构

较完整与典型的 IDSS 结构是在传统三库 DSS 的基础上增设知识库与推理机，在对话管理子系统中加入自然语言处理系统（LS），形成智能人机接口，并于四库之间插入问题处理系统（PSS）而构成的四库系统结构（见图 6-11）。

1. 智能人机接口

四库系统的智能人机接口接受用自然语言或接近自然语言的方式表达的决策问题及决策目标，较大地提高了人机界面的性能。智能人机接口使用户能够以方便、直观的形式进行人—机对话，同时充分发挥用户在人机对话中的主观能动性，并尽可能地避免用户的误操作。

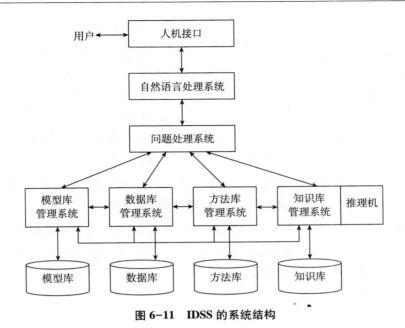

图 6-11　IDSS 的系统结构

2. 问题处理系统

问题处理系统处于 IDSS 的中心位置，是联系人与机器及所存储的求解资源的桥梁，主要由问题分析器与问题求解器两部分组成。

（1）自然语言处理系统：转换产生的问题描述由问题分析器判断问题的结构化程度，进而为结构化问题选择或构造模型，采用传统的模型计算求解；对半结构化或非结构化问题则由规则模型与推理机制来求解。

（2）问题处理系统：是 IDSS 中最活跃的部件，既要识别与分析问题，设计求解方案，还要为问题求解调用四库中的数据、模型、方法及知识等资源，对半结构化或非结构化问题还要触发推理机作推理或新知识的推求。

3. 知识库子系统和推理机

知识库子系统的组成可分为三部分：即知识库管理系统、知识库及推理机。

（1）知识库管理系统。功能主要有两个：一是回答对知识库知识增、删、改等知识维护的请求；二是回答决策过程中问题分析与判断所需知识的请求。

（2）知识库。知识库是以某种表示形式存储于计算机中的知识的集合，是知识库子系统的核心。知识库的知识是决策专家的决策知识和经验知识，同时也包括一些特定问题领域的专门知识。一旦获得了某领域知识，必须以某种形式表达。知识库中的知识表示是为描述世界所作的一组约定，是知识的符号化过程。

知识库包含事实库和规则库两部分。事实库用于存放事实，如"任务 A 是紧急订货"。规则库则用于存放规则，"if-then"形式的规则是最常见的，如"IF 任务 i 是紧急订货，THEN 任务 i 按优先安排计划"。

（3）推理机。所谓推理机，就是实现（机器）推理的程序。推理机是使用知识库中的知识进行推理而解决问题的，所以推理机也就是专家的思维机制，即专家分析问题、解决问题的方法的一种算法表示和机器实现。其推理原理如下：若事实 M 为真，且有一规则"TF M THEN N"存在，则 N 为真。因此，如果事实"任务 A 是紧急订货"为真，且有一规则"IF 任务 i 是紧急订货，THEN 任务 i 按优先安排计划"存在，则任务 A 就应优先安排计划。

推理机主要有两个任务：一是推理，即从知识库中已有的知识推导出所需要的结论和知识；二是控制搜索过程，即确定在知识库中对规则的扫描顺序，决定在每个控制信息下要触发的规则。

（三）专家系统

1. 专家系统的概念

专家系统（Expert System，ES）是当前人工智能应用中最成功的一个领域。专家系统是一个智能计算机程序系统，其内部含有大量某个领域专家水平的知识与经验，能够利用人类专家的知识和解决问题的方法来处理该领域的问题。

人类专家拥有广泛的问题领域的知识，一个计算机程序为了达到与之可比的表现水平，人类专家的知识域就必须被捕获并体现在这个程序里面。专家系统应用人工智能技术和计算机技术捕捉并转化专家的知识和经验，并以此为依据，进行推理和判断，模拟人类专家的决策过程，以便于解决那些需要人类专家处理的复杂问题。简而言之，专家系统是一种模拟人类专家解决领域问题的计算机程序系统。

2. 专家系统在组织决策中的应用

从 1965 年美国斯坦福大学的费根鲍姆教授研制出第一个专家系统 DENDRAL 以来，专家系统以它所产生的巨大经济效益和社会效益，已扩展到数学、物理、化学、医学、地质、气象、农业、法律、教育、交通运输、机械、艺术以及计算机科学等领域，甚至还渗透到政治、经济、军事等重要决策部门。在组织决策中的应用有：

（1）规划。最出名的有辅助规划 IBM 计算机主架构之布置，重安装与重安排之专家系统 CSS，以及辅助财物管理的 PlanPower 专家系统。

（2）生产作业调度。例如，美国卡内基梅隆大学用人工智能技术建立的智能生产计划编制与信息管理系统，即是用于生产作业调度的专家系统；OPLA 系统是适合于中小型离散生产车间作业调度的通用专家系统，可以确定关键任务集中任务的优先次序。

（3）行程安排。例如，制造与运输行程安排之专家系统 ISA，又如工作站（Work Shop）制造步骤安排系统。

（4）控制。例如，帮助 Digital Corporation 计算机制造及分配的控制系统 PTRANS。

（5）分析。例如分析油井储存量之专家系统 DIPMETER 及分析有机分子可能结构之 DENDRAL 系统。

（四）人工神经网络

1. 人工神经网络的概念

人工神经网络，又称为神经网络（Artificial Neural Network，ANN），是可以发现和辨别模式的人工智能系统。它是一种模仿动物神经网络行为特征，进行分布式并行信息处理的算法数学模型。这种网络依靠系统的复杂程度，通过调整内部大量节点之间相互连接的关系，从而达到处理信息的目的。

人工神经网络具有自学习和自适应的能力，可以通过预先提供的一批相互对应的输入—输出数据，分析掌握两者之间潜在的规律，最终根据这些规律，用新的输入数据来推算输出结果，这种学习分析的过程被称为"训练"。

2. 人工神经网络在组织决策中的应用

人工神经网络有多种用途，广泛地用于图像模式和语言的分辨系统中。目前，人工神经网络已经出现在医疗、科学和企业中，负责模式分类、预测、财务分析、控制和最优化等。

（1）医疗方面，人工神经网络被用来查找病人的冠状动脉疾病，诊断病人的癫痫病和 Alzheimer 病，以及病理影像的模式识别等。

（2）商业方面，人工神经网络识别大量数据中的模式，可以帮助投资公司预测抵押金额外的资产价值、公司债券率、公司破产等，人工神经网络还可以应用于证券交易、检测诈骗行为、房地产评估、贷款申请评估、目标市场分析等方面。

人工神经网络被用于模拟复杂的、难以理解的问题，并收集了有关问题的大量数据。它们对发现大量数据之间的关系特别有用，要是人工分析，就将很复杂、很困难。人工神经网络发现这些知识的方法是利用硬件和软件模拟生物大脑的处理模式。在最近的应用中，人工神经网络被充分地用于辅助人员决策，而不是代替人员决策。

（五）遗传算法

1. 遗传算法的概念

遗传算法（Genetic Algorithms，GA）是人工智能的重要分支，是基于自然选择和遗传学原理的搜索算法，是基于达尔文进化论，在计算机上模拟生命进化机制而发展起来的一门新学科，由美国约翰·霍兰德（J. Holland）教授提出，其主要特点是群体搜索策略和群体中个体之间的信息交换，搜索不依赖于梯度信息。

遗传算法尤其适用于处理传统搜索方法难以解决的复杂和非线性问题，可广泛用于组合优化、自适应控制、规划设计和人工生命领域，是 21 世纪智能计算的关键技术之一，遗传算法作为一种新的全局优化搜索方法，具有简单通用、鲁棒性强和应用范围广等优点。目前，遗传算法已在组合优化问题求解、自适应控制、程序自动生成、机器学习、神经网络训练、人工生命研究、经济预测等领域取得了令人瞩目的应用成果。

2. 遗传算法在组织决策中的应用

组织中存在许多最优化的问题，例如，成本最小、利润最高、高效率调度和资源的有效使用等。如果这些决策问题是动态的、复杂的、涉及大量的变量和公式的，遗传算法能够加速求解的过程。以下是遗传算法在组织中的一些应用：

（1）通用电气的工程师利用遗传算法实现喷气涡轮飞机发动机的最优化设计，其中每个设计修改可达 100 个变量。

（2）组织利用遗传算法对材料和资源进行优化。例如，在消费者购买的每件衣服中，织物本身占销售价格的 35% ~ 40%。因此，制衣企业在制作衣服的剪裁阶段，尽量减少衣料浪费是很重要的。遗传算法可以帮助企业设计出衣料浪费最少的剪裁图样和剪裁方式。

第三节　客户关系管理

客户关系管理（Customer Relationship Management，CRM）起源于美国 20 世

纪 80 年代初提出的接触管理（Contact Management），专门收集整理客户与公司的所有联系信息。90 年代初期，演变为包括电话服务中心及支持资料分析的客户服务（Customer Care）。客户关系管理不断演变发展并趋向成熟，形成了一套完整的管理理论体系。

一、CRM 产生的原因

客户关系管理的兴起与下述三个方面的因素有着直接的关系。

（一）竞争环境的变化，管理理念的更新

经济全球化背景下，市场竞争从区域扩展到全球，企业提供了丰富、多样化的产品。同时，技术进步也为产品推陈出新提供了更大可能。因而，消费者的选择空间及选择余地显著增大。随着消费者价值观的变迁，消费者需求呈现出个性化与多变化的特征。只有满足消费者需求的产品才能实现市场销售，才能在激烈的市场竞争中得以生存和发展。因此，企业管理不得不从过去的"以产品为中心"导向转变为"以客户为中心"导向，快速响应并满足客户个性化与不断变化的需求。企业管理最重要的指标也从"成本"和"利润"转变为"客户满意度"。

对于提高"客户满意度"，企业在产品质量成本、供货及时性等方面已经没有多少潜力可挖，企业意识到强化企业与客户关系、改善客户服务则可以提高"客户满意度"，有利于企业赢得新客户、保留老客户和提高客户利润贡献度，进而提高企业竞争力。国际权威研究机构的调查研究表明："客户满意度提高五个百分点，企业利润增加一倍。"

为了改善客户服务，企业必须完整地掌握客户信息，准确地把握客户需求，并快速地响应个性化需求，提供便捷的购买渠道、良好的售后服务与经常性的客户关怀等。这样的背景下，企业迫切需要引入客户关系管理的理念，改变企业管理方式。

（二）内部管理的需求推动

竞争环境的变化要求企业强化客户关系管理，但是很多企业的销售、营销和服务部门的信息化程度越来越不能适应业务发展的需要，需要提高销售、营销和服务部门日常业务的自动化与科学化水平。这是客户关系管理应运而生的需求基础。

首先，企业的销售、营销和客户服务部门难以获得所需的客户互动信息。客

户互动指企业与客户间的信息交流，双方的任何接触都可以视为互动。企业通过互动建立对客户的了解，相关资料积累得越多，掌握客户的精确性越高，服务客户的有效性也就越高。因而，客户互动是提高客户满意度、维系客户的重要途径。企业对客户的了解完全源于客户互动渠道（接触点）的客户信息，同时客户也是通过接触点直接体验企业提供的产品和服务的水平与质量。但是，企业的销售、营销和客户服务部门在获得所需的客户互动信息方面仍面临不少困境，如销售人员对企业客户与产品缺乏全面了解，面对老客户报价不知如何报价才能留住老客户。

其次，来自销售、客户服务、市场、制造、库存等部门的信息分散在企业内，分散的信息无法全面、一致地描述客户，导致客户服务效率低下。例如，营销人员不知道某个营销方案的回报率，这需要各部门集成客户的各项信息和活动，组建一个以客户为中心的机构，全面管理面向客户的活动。

（三）信息技术的支持

客户关系管理不但是环境变化与内部管理需求的产物，飞速发展的信息技术也是客户关系管理从理念变为现实，并逐步发展为企业管理应用焦点的强大推动力。

客户信息是客户关系管理的基础，因而信息技术的发展有利于客户关系管理的实现。员工计算机应用能力的提高为客户关系管理提供了基本条件，互联网普及为客户关系管理提供了新的客户互动渠道，使得企业与客户能更便捷、低成本地双向互动；数据库与数据仓库、数据分析与数据挖掘、分布式处理技术、物联网、云计算等技术的发展，提高了客户数据采集、整理、加工和分析的效率与质量，为企业相关信息需求人员提供了个性化的客户资料，也实现了企业与客户之间的良性互动，快速响应了客户需求并提供了高效的服务。例如，企业可以通过分析互联网或者内部数据库客户信息，针对性地开展营销活动，向目标客户销售产品，提供售后服务，并进一步收集客户信息。

二、CRM 的定义与内涵

（一）CRM 的定义

关于 CRM 的定义，不同的研究机构有着不同的表述。

客户关系管理的概念最早是由 Gartner Group 提出的，并形成了比较完善的体系。它认为，CRM 是一种商业策略，按照客户的分类情况有效组织企业资源，培养以客户为中心的经营行为，实施以客户为中心的业务流程，并以此为手段来提高企业的盈利能力、利润与客户满意度。这种观点将 CRM 看成遵循客户导向的企业战略，是企业为了提高核心竞争力，达到竞争制胜、快速成长的目的而实施的"以客户为中心"的发展观。

Hurwitz Group 认为，CRM 的焦点是自动化，改善与销售、市场营销、客户服务和支持等领域的与客户关系有关的商业流程，以缩减销售周期和销售成本、增加收入、寻找扩展业务所需的新的市场和渠道以及提高客户的价值、满意度、盈利性和忠实度。CRM 既是一套原则制度，也是一套软件和技术。CRM 应用软件以客户为企业运作核心，将最佳的实践具体化，并使用先进的技术简化协调了业务功能的实现过程，并将其注意力集中于满足客户的需要上。这种观点从微观的信息技术、软件及其应用层面对 CRM 进行定义，将 CRM 看成是支持企业业务流程自动化和资源整合的先进的信息技术、软件系统和解决方案的总和。

IBM 理解的 CRM 包括企业识别、挑选、获取、发展和保持客户在内的整个商业过程。IBM 把客户关系管理分为关系管理、流程管理和接入管理三类。关系管理即理解客户行为、期望、需要；流程管理即对与销售、服务、支持和市场相关的业务流程实施灵活的自动化管理，以适应组织、环境的变化；接入管理即以自动化机制管理客户和企业的多种交互方式。这种观点将 CRM 看成关系的建立与维系过程，是通过企业流程等方面的变革和资源整合来提高客户满意度和忠诚度，进而提高企业效率和利润水平的一种工作实践。

综上所述，本书对 CRM 的定义为：CRM 是以客户为中心的管理理念，以信息技术为手段的管理软件。它重新设计了与销售、市场营销、客户服务和支持等领域相关的业务流程，提高了管理效率；深入分析客户需求，满足客户个性化需求；不断挖掘新的销售机会，实现客户价值和企业利润"双赢"。

（二）CRM 的内涵

1. 客户是企业最重要的资源

CRM 将企业的客户（最终客户、分销商和合作伙伴）视为最重要的企业资源和资产，通过满足客户的个性化需求，特别是价值客户的特殊需求，来建立和保持长期稳定的客户关系，进而实现顾客价值最大化和企业收益最大化，实现顾客与企业"双赢"。

企业为客户提供针对性服务，为客户创造的价值越多就越能提升顾客满意度、提高顾客忠诚度，从而强化企业与顾客的关系，有利于增加顾客，为企业创造价值，实现企业收益最大化。企业应当将更多精力放在高价值的顾客身上，因而建立价值评估体系、挖掘价值客户是客户关系管理的基础。

2. 完善的客户服务是 CRM 的中心

最初的客户关怀领域是售后服务领域。由于产品需要定期修理和维护，售后服务被认为是产品本身的一个组成部分。售后服务做得好的企业其市场销售处于上升的趋势；反之，不注重售后服务的企业其市场销售则处于不利的地位。售后服务与市场销售的正相关效应，使企业进一步关注产品的增值，于是客户关怀逐步向实体产品销售领域扩展，贯穿了市场营销的所有环节。客户关怀活动包含在从购买前、购买期间到购买后的客户体验的全部过程中。购买前的客户服务，体现为企业为客户提供符合适合客户需求、安全可靠的产品，并向客户提供产品信息和服务建议，为促进客户购买产品或服务做了前奏；购买期间的客户服务，体现在订单的处理、支付等与企业接触过程中客户的体验上；购买后的客户服务，体现为高效的售后跟进、圆满的产品维护与修理等服务。

3. 全面管理企业与客户关系

CRM 的核心是企业与客户的关系，包括：企业市场活动、市场推广过程中与潜在客户发生的关系；与目标客户接触的过程中，内部销售人员的行为、各项活动及其与客户接触全过程中所发生的多对多的关系；销售过程中所发生的业务关系，如合同签订、订单处理、发货、收款等；售后服务过程中，对客户提供关怀活动、各种服务活动、服务内容、服务效果的记录等，都属于企业与客户的售后服务关系。

全面管理企业与客户之间可能发生的各种关系，能显著提升企业营销能力、降低营销成本，同时也能帮助企业清除营销体系中的中间环节，通过扁平化的营销体系，缩短响应时间，提高客户满意度。

三、CRM 的体系结构

当前，对 CRM 的内涵和外延的认识仍在不断深化，图 6-12 代表了当前对 CRM 的主流认识。如图 6-12 所示，CRM 的体系结构可以归纳为三个方面：①操作层次的 CRM：对客户销售、市场营销、客户支持与服务三部分业务流程的信息化；②接触中心：与客户进行沟通所需要的手段（如电话、传真、网络、E-mail 等）的集成和自动化处理；③分析层次的 CRM：对上述两部分功能所积累下来的信息进行加工处理，产生客户智能，为企业战略战术的决策提供支持。

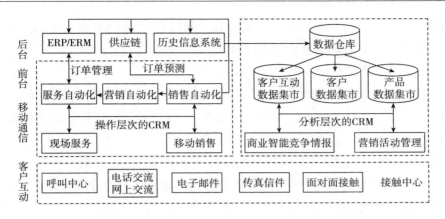

图 6-12　客户关系管理的主流模块

资料来源：企业资源管理研究中心（AMT）。

操作层次的 CRM 主要用来实现基本业务活动的自动化与优化，主要包括销售自动化、营销自动化、客户支持与服务自动化。随着移动技术的快速发展，销售自动化可以进一步实现移动销售，客户支持与服务自动化则将实现现场服务的支持。

接触中心用来实现客户接触点的完整管理，包括客户信息的获取、传递、共享和利用，以及多渠道集成。企业有许多同客户沟通的方法，如面对面接触、电话、呼叫中心、电子邮件、互联网和通过合作伙伴进行间接联系等。客户经常根据自己的偏好和沟通渠道的方便与否，掌握沟通渠道的最终选择权。例如，有的客户或潜在的客户不喜欢那些不请自来的电子邮件，但对企业偶尔打来的电话却不介意，因而企业应避免主动向其发送电子邮件，而应多利用电话这种联系方式。CRM 应用能为上述多渠道的客户沟通提供一致的数据和客户信息。

分析层次的 CRM 在操作层次的 CRM 与接触中心所积累下来的信息的基础上，通过共享的客户数据仓库将销售、营销和客户服务连接起来，综合运用数据仓库、数据挖掘、在线分析等技术，识别企业现有客户与潜在客户；通过从不同角度对客户和市场进行分类，寻找企业运营中潜在的市场机会和隐含的风险，实现商业智能化并为企业的战略战术的决策作支持。

四、CRM 系统的典型功能

客户关系管理就是要通过对企业与客户间发生的各种关系进行全面管理，赢得新客户，巩固保留既有客户，并增进客户利润贡献度。CRM 系统的主要功能包括业务处理过程自动化管理、数据分析。

（一）业务管理部分

CRM 的业务管理部分偏重流程管理，对企业的前端管理业务流程（市场、销售、服务等方面）进行重新规划和调整，以最佳的工作方法来获得最好的效果。

业务管理部分是 CRM 采集客户数据的重要来源。通过多渠道（包括企业信息门户）与客户互动，将客户的各种背景信息、偏好、行为习惯、交易数据、信用状况等信息整合到一起；在各部门间共享客户资源，使企业以单一的"虚拟个人"的形象呈现在客户印象中；为了减少信息流动过程的滞后，将业务处理过程产生的相关客户信息自动整合到数据仓库中。

业务管理部分的自动化管理是这一阶段的主要功能。

销售自动化（Sales Force Automation，SFA）主要是向销售人员提供工具，如电话销售、移动销售、远程销售、电子商务等，自动跟踪销售过程的所有步骤，提高销售人员活动的自动化程度，提高其工作效率。所有与销售有关的信息都存储在共享数据库中，销售人员可随时补充或及时获取。企业的销售活动不会由于某位销售人员的离职而受阻。借助于信息技术销售部门能自动跟踪多个复杂的销售过程，提高工作效率。有的 CRM 产品具有销售配置模块，允许客户或销售代表根据产品部件确定最终产品，而无须了解部件的联结情况，如戴尔电脑公司允许没有技术背景的客户通过网络自助配置和订购个人计算机。典型应用包括：产生各销售业务的阶段报告，并给出业务所处阶段、需要的时间、成功的可能性、历史销售状况评价等信息；根据利润、领域、优先级、时间、状态等标准，定制将要进行的活动、业务、客户、联系人、约会等方面的报告。

营销自动化模块作为对销售自动化模块的补充，为营销及其相关活动的设计、执行和评估提供详细的框架，包括营销活动（包括网络营销和传统营销）计划的编制和执行及计划结果的分析，清单的产生和管理，预算和预测，营销资料管理，对有需求客户的跟踪、分销和管理。例如，开展营销活动（如广告、邮件、研讨会、网站、展览会等）时，获得预先定制的信息支持，制订市场推广计划，记录、分类和辨识各种渠道（包括传统营销、电话营销、网上营销）接触的客户行为，提供对潜在客户的管理，并对各种市场活动的成效进行评价。

当把客户服务与支持功能同销售、营销功能结合起来时，通过多种渠道（如互联网、呼叫中心）向已有的客户销售更多的产品变得可能。在 CRM 中，客户服务与支持主要是通过呼叫中心和互联网实现的，在满足客户的个性化要求方面，它们的速度、准确性和效率都令人满意。客户服务与支持的典型应用包括：服务项目的录入、安排、调度和重新分配；订单管理和跟踪；问题及解决方法的数据库；维修行为安排和调度；服务协议和合同；客户关怀；产品安装档案、服务请求、服务内容、服务网点、服务收费等管理，详细记录服务的全程进行情况；支持现场服务与自助服务。

（二）商业智能管理部分

CRM 的业务管理部分产生了海量数据，但是要想知道其中真正有价值的信息是哪些？这些信息之间有哪些关联？需要将数据仓库、数据挖掘等技术应用到这些数据，从中获得有价值的信息，帮助企业更好地了解客户，并将获得的客户知识运用到客户细分、客户服务、新产品的研发等方面，使得企业能够集中资源服务于所选择的有效客户，同客户保持长期和有效的关系。

1. 客户保持和流失

客户关系管理首先提倡的是保持现有客户，实现现有客户的重复购买是企业追求的首要目标。

在客户保持中，首先要做的是预测哪些客户会流失。客户流失预测分析帮助企业理解客户将要离开的信号，进而采取措施挽留有流失倾向的客户。客户流失预测分析属于数据挖掘中的分类分析。首先，根据客户是否流失，将客户分为当前客户数据库和流失客户数据库。其次，随机选择流失客户数据库中的 2/3 为训练数据，分析用户特征与流失的关系，建立分类模型。再次，将剩下的 1/3 数据作为测试数据代入分类模型，检验准确率。如果准确率过低，则重新建模，直到模型的准确率满足用户需要，即得出客户流失模型。最后，将客户流失模型运用到当前客户数据库中，若发现有流失倾向的客户群体，则及时采取增加用户黏性、预防流失的措施。

2. 获取新客户

不断获取新客户是企业生存和发展的必要条件，因而开拓新市场，吸引新客户成为客户关系管理的第二个目标。企业要想通过 CRM 有效地获得新客户，必须明确不同客户的特性，即目标市场在哪里，哪些客户是企业的潜在客户，哪些潜在客户是优质客户，客户获取的难易程度如何。

获取新客户常用到数据挖掘中的聚类分析、关联分析等。运用关联分析，发现"购买商品 A 后，一段时间里顾客会接着购买商品 B，而后购买商品 C"的知识，形成"A–B–C"客户行为模式。运用分类分析细分客户，并采取定向的营销和销售活动，从而增加市场推广活动的反馈率。对现有客户特征运用聚类分析，建立客户特征模型，以有效预测目标市场和发现潜在客户。还可以运用聚类分析，建立获得客户的难易度模型，预测客户获取的难易程度；建立优质客户特征模型，预测潜在客户的优劣。

3. 客户盈利能力分析

客户盈利能力是客户对企业价值贡献的重要度量。CRM 根据客户的交易记录分析客户盈利能力的高低。通过聚类分析，识别客户群体中，哪些是盈利能力高的客户，哪些是盈利能力低的客户，哪些是具有盈利潜力的客户。企业依此制定相应的营销策略，与优质客户建立长期关系，逐步提高客户忠诚度。CRM 还能预测在不同的市场活动情况下，客户盈利能力的变化。例如，明年有多少普通客户会变成价值客户，或者有多少价值客户会变成普通客户。企业在市场、销售和产品方面做哪些事情可以防止价值客户变成普通客户，或者促进普通客户变成价值客户。

4. 客户忠诚度分析

客户忠诚度每上升 5 个百分点，利润则上升 25~85 个百分点，所以客户忠诚度是企业提升竞争优势的重要目标，更是企业长期利润的源泉。

客户忠诚度分析首先应用聚类分析，根据所得的聚类结果，对每一类赋以标记，构造出忠诚客户的具体特征，帮助企业识别忠诚客户。根据客户忠诚度的不同，提出相应的营销与客户管理措施。在数据库信息资源有限的条件下，企业往往通过设定相应的观测变量来量化客户忠诚的表现，如持续交易时间、重复购买次数、购买方式、货款到达的及时性、所购货物占购货企业货物销量总量的比例、货物价格的接受程度等。

理论上认为，客户满意度与客户忠诚度具有正相关性，即客户满意度越高，客户忠诚度就越高，因而谋求客户满意是实现客户忠诚的有效保障。但是，企业以赢取所有客户的高满意来换取客户忠诚，对企业来说可能得不偿失。如何把握客户满意的"度"呢？可以根据客户盈利能力分析结果，对重点客户实行个性化满意方案，对一般客户实行主要产品/服务满意方案，以此来降低市场营销的成本。

5. 客户满意度分析

企业越来越重视客户满意度，而影响客户满意度的因素越来越复杂。企业仅靠调查、统计已难以全面了解影响客户满意度的因素，而数据挖掘技术恰好能解决这一问题。

首先将通过多种方式获得的客户满意度调查结果收集记录到企业数据库中，构建客户数据仓库。其次，进行客户满意度分析。客户满意度分析是数据挖掘中的分类分析，是对客户满意度数据按客户基本信息与影响客户满意度的主要因素（服务和系统支持、产品/服务技术表现、客户互动因素、情感因素等）建立分类模型。最后，研究客户满意度的分类模型，找出影响客户满意度的关键因素，企业继续在这些方面努力进而提高客户满意度。

6. 交叉销售

交叉销售是企业向现有客户提供新的产品和服务的营销过程。交叉销售作为销售成本低且成功率高的行销方法，得到了越来越多以客户关系管理为中心的企业的认同和采用。交叉销售借助数据挖掘中的关联、聚类、预测分析，发现现有客户的多种相关需求（产品与顾客之间的关系、产品与产品之间的关系），进而通过满足其需求而销售多种相关产品和服务。例如，在保险公司和银行之间建立交叉销售。一方面，保险公司可以通过分析银行的客户信息数据库，发掘出银行中的哪些客户最有可能购买保险，然后进一步通过客户细分，找出这些客户中哪些适合购买寿险、哪些适合购买人身保险或车险等。另一方面，保险公司可以通过关联分析找到银行的不同产品或服务与保险公司的不同产品之间的相关性，比如拥有银行信用金卡的客户更需要哪个险种。

关联分析在所有对象中寻找密切相关的关系，得出关联规律。密切相关的关系包括两种类型：一种是同一时间内几个数据项或事件同时发生或共同出现，另一种是某些事件或数据项呈先后顺序有规律地发生。关联分析的结果可以用在交叉销售的两个方面：一方面是对于购买频率较高的商品组合，找出那些购买了组合中大部分商品的顾客，向他们推销"遗漏的"商品；另一方面是对每个顾客找出比较适用的产品组合相关规律，向他们推销对应的商品系列。典型例子就是购物篮分析，通过发现顾客放入购物篮中的不同商品之间的联系，分析顾客的购买习惯；通过了解哪些商品频繁地被顾客同时购买，发现这些商品之间的关联，从而帮助零售商制定营销策略。例如，顾客去超市，如果购买牛奶，也购买面包的可能性有多大？零售商通过有选择地安排货架，可以引导销售。例如，将牛奶和面包尽可能放近一些，可以进一步刺激去超市同时购买这些商品的客户。

聚类分析能帮助市场分析人员从客户数据库中发现不同的客户群，并且用购买模式来刻画不同客户群的特征。在此基础上用统计的方法找出每类中大部分客户购买过的商品，该商品为属于该类的特征商品，然后向该类中的其他客户推销特征商品。具体实施中，当一类中购买某商品的客户比率超过预先定义的比率时，该商品即是特征商品。

预测分析主要用于预测客户购买某种商品的可能性。首先，建立预测模型，对于"购买与不购买某类商品的客户之间有何区别、某类客户购买某种商品的可能性有多大"这类问题，通过预测模型来解决。其次，对筛选出来的客户进行预测。可以选择全部的潜在客户进行交叉销售，也可以采用数据挖掘中的分类方法进行评分，找出购买可能性大的客户，从而进一步提高购买率。

交叉销售可以应用于不同行业，目前在银行业与保险业等领域应用最为广泛，效果最为明显。因为客户在购买这些产品或服务时，必须提交真实的个人资料。

7. 市场分析

市场分析是根据产品属性、区域特点、消费群体特征、季节变化和相关的历史数据进行市场预测分析，分析预测市场的趋势变化、循环变化、季节性变化、非规则或随机变化等，为营销策略的制定和销售管理提供决策依据。企业利用数据挖掘技术从 CRM 数据库中发现企业产品的销售规律和客户群特征，提高对市场活动和销售活动的分析能力，从而更科学地制定产品开发、生产、销售和服务策略。

利用数据挖掘技术对销售数据主要进行如下分析：

（1）通过统计客户对产品的提及率、转牌行为，了解产品的知名度和美誉度。

（2）应用分类和关联分析找出各种产品终端客户的职业、年龄层次等主要消费群体的特征模型，企业根据这些特征开展扩展市场的活动，并根据主要消费群体的特征预测市场的发展方向。

（3）对销量进行显著性评价，找出各品类的差异程度，有助于产品结构的优化和销售策略的制定；对销售业绩进行描述性挖掘，并参照竞争对手的部分不完全信息，综合运用统计手段和专家指标评估参数，分析本企业与竞争对手在各品类产品上的差距，借助于推理机制，制定产品发展战略。

（4）应用聚类分析，将市场分为销售业绩较好、一般和差三个档次，结合市场大小，寻找潜在市场，利于市场开发；分析产品在不同区域的销售情况，研究产品特点与区域消费者的特征、区域特征之间的关联模型，为企业针对不同区域开展相应的促销活动、拓展市场提供依据。

（5）对企业的销售数据进行回归分析，预测各档次的产品的销量以及各目标市场的预期销量。研究各种产品销量随季节、月份的变化模型，帮助企业根据季节、月份的变化预测产品的销量，相应调整生产、库存，提前筹划促销活动，利于管理者制订合理的生产和销售计划。

（6）预测企业改变销售策略中的一些参数时对客户行为以及企业利润的影响。

本章小结

随着计算机技术的发展，管理信息系统应用的广度与深度都在扩展。本章介绍了管理信息系统的新发展，包括企业资源计划、决策支持系统以及客户关系管理。首先，介绍了企业资源计划从订货点法、开环 MRP、闭环 MRP、MRP Ⅱ 到 ERP 的发展历程，并对比了各阶段系统的逻辑结构与功能；其次，介绍了决策支持系统、群体决策支持系统、智能决策支持系统的概念、组成；最后，介绍商务智能的典型应用——客户关系管理，介绍了客户关系管理产生的原因，阐述了客户关系管理的定义与内涵、体系结构，以及客户关系管理系统的典型功能。通过本章的介绍，使读者对管理信息系统在实践中的应用有更深刻的认识。

习 题

1. 什么是企业资源计划？简述从订货点法、开环 MRP、闭环 MRP、MRP Ⅱ 到 ERP 的发展历程。

2. 订货点法存在哪些问题？

3. 开环 MRP、闭环 MRP、MRP Ⅱ、ERP 的基本工作原理是什么？

4. 什么是决策支持系统？它的基本组成要素有哪些？

5. 什么是群体决策支持系统？它的基本组成要素有哪些？

6. 什么是智能决策支持系统？它的基本组成要素有哪些？

7. 客户关系管理的定义与内涵是什么？

8. 简述客户关系管理的体系结构。

9. 客户关系管理系统有哪些典型功能？

实践篇

第七章　数据库和表的基本操作

实验1　创建与维护数据库

一、实验目的

（1）掌握 Access 数据库模板的使用方法。

（2）掌握空数据库的创建方法。

（3）掌握数据库维护管理的基本内容和操作方法。

二、实验任务

（1）使用 Access 附带的本地模板创建数据库。

（2）使用 Office.com 中的模板创建数据库。

（3）创建空数据库"学生信息管理"。

（4）打开与关闭数据库。

（5）压缩和修复数据库。

（6）设置和撤销数据库密码。

（7）备份"学生信息管理"数据库。

三、实验操作

1. 使用 Access 附带的本地模板创建"营销项目"数据库

（1）启动 Access，选择"文件"->"新建"，在"可用模板"栏下选择"样本模板"->"营销项目"，如图7-1所示。

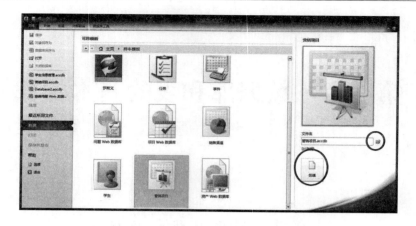

图 7-1 用本地模板创建数据库窗口

（2）单击右侧文件夹图标，指定数据库文件的保存位置，并在"文件名"框中输入数据库文件名"营销项目 . accdb"。

（3）单击"创建"按钮，完成数据库创建过程。

（4）打开数据库，浏览其中包括的对象内容。

说明：

● 模板是一个文件，打开模板可以创建完整的数据库应用程序，包含工作所需的所有表、窗体、报表、查询、宏和关系。

● Access 的模板有两类，一是 Access 附带的本地模板，二是来自 Office. com 中的模板。

● 用户使用模板创建数据库可以节省时间和工作量，并可以立即开始使用数据库。

● 扩展名 accdb 中，acc 源自应用软件 Access，db 源自 database，是数据库的意思。

2. 使用 Office. com 中的模板创建"资产"数据库

（1）选择"文件" -> "新建"，在"Office. com 模板"栏下选择"资产"。

（2）选择数据库文件的保存位置与文件名。

（3）单击"创建"按钮，完成数据库创建过程。

（4）打开数据库，浏览其中包括的对象内容。

3. 创建空数据库"学生信息管理"

（1）选择"文件" -> "新建"，在"可用模板"栏下选择"空数据库"。

（2）选择数据库文件的保存位置与文件名，输入文件名"学生信息管理.accdb"，如图7-2所示。

（3）单击"创建"按钮，完成数据库创建过程。

图7-2 创建空数据库窗口

4. 打开数据库

打开数据库文件的方法有很多种，常用的方法是：

选择"文件"->"打开"，在弹出的对话框中选中指定位置的数据库文件，再单击"打开"按钮。如果需要"以独占方式打开"，单击"打开"按钮右侧的下拉列表，从中选择"以独占方式打开"。

此外，也可以在"最近使用过的文件"列表或"资源管理器"中直接打开相应文件。

说明：

●以独占方式打开时，文件（或数据）同一时刻只能被一个用户打开，其他用户只能等待此用户放弃后，才能打开和使用它。

●数据库文件设置密码或撤销密码，要求数据库文件以独占的方式打开。

5. 压缩和修复数据库

选择"文件"->"信息"，再单击"压缩和修复数据库"按钮，如图7-3所示，压缩和修复的过程将自动完成。

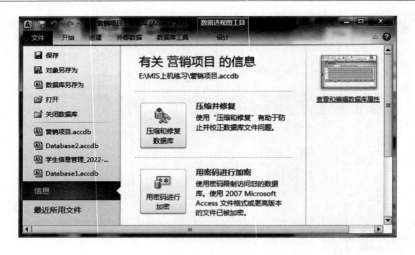

图 7-3　压缩并修复数据库窗口

说明：

●Access 是一种文件型数据库，随着被频繁操作以及数据库中数据的不断增加、修改和删除，数据库文件的大小将会不断增加。即使删除了某些数据和相关内容，数据库文件的实际大小也不会相应减少。利用 Access 系统提供的"压缩和修复数据库"功能，不仅能够减少数据库文件所占用的磁盘空间，同时还能防止和校正数据库文件中的各种错误。

●压缩后数据库的大小发生变化，比原来小很多。

6. 设置和撤销数据库密码

（1）以独占方式打开数据库文件"学生信息管理"。

（2）选择"文件"->"信息"，再单击"用密码进行加密"按钮，在"设置数据库密码"对话框中"密码"与"验证"文本框中输入密码，如图 7-4 所示，单击"确定"按钮。

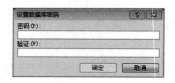

图 7-4　"设置数据库密码"对话框

（3）再次打开数据库时，要求输入密码。

（4）要"撤销密码"时，选择"文件"->"信息"，再单击"解密数据库"按钮，在"撤销数据库密码"对话框的"密码"文本框中输入密码，单击"确定"按钮。

说明：

● 设置密码或撤销密码，要求数据库文件以独占的方式打开。

7. 备份"学生信息管理"数据库

（1）选择"文件"->"保存并发布"，在"文件类型"下选择"数据库另存为"，在"数据库另存为"下的"高级"栏下选择"备份数据库"->"另存为"，如图 7-5 所示。

图 7-5 数据库备份窗口

（2）默认备份文件名为"原数据库文件名_备份日期.accdb"，保存位置与原数据库文件的保存位置相同。

（3）单击"保存"按钮。

8. 关闭数据库

选择"文件"->"关闭数据库"，则直接关闭当前打开着的数据库。

实验 2 创建数据表

一、实验目的

（1）掌握创建数据表结构的多种常用方法。

（2）掌握数据录入的基本方法。

（3）掌握数据导入和数据导出的基本方法。

二、实验任务

（1）在设计视图下创建表结构。

（2）在数据表视图下创建表结构。

（3）以导入的方式创建表结构与记录。

（4）在数据表视图中直接输入表记录。

（5）以导入的方式快速录入表记录。

（6）输入"学生表"内"OLE 对象"类型字段的内容。

三、实验资料

实验资料如表 7-1~表 7-4。

表 7-1 学生表的表结构设计

字段名称	数据类型	字段大小	小数位数	是否主键
学号	文本	10		是
姓名	文本	20		
性别	文本	1		
入学成绩	数字	单精度型	1	
专业名称	文本	20		
出生日期	日期/时间			
团员否	是/否			
爱好	备注			

续表

字段名称	数据类型	字段大小	小数位数	是否主键
电子邮箱	超链接			
照片	OLE 对象			

表 7-2　课程表的表结构设计

字段名称	数据类型	字段大小	是否主键
课程编号	文本	10	是
课程名称	文本	20	
学时	数字	整型	
学分	数字	整型	
先修课程	文本	10	

表 7-3　成绩表的表结构设计

字段名称	数据类型	字段大小	是否主键
学号	文本	10	是
课程编号	文本	10	是
平时成绩	数字	整型	
期末成绩	数字	整型	
总评	数字	整型	

表 7-4　课程表

课程编号	课程名称	学时	学分	先修课程
101	大学体育	32	2	
102	高等数学	64	4	
103	大学英语	64	4	
104	线性代数	64	4	
201	管理学基础	48	3	
202	市场营销	48	3	
203	网络营销	64	4	
204	薪酬管理	48	4	
205	招聘管理	48	3	
206	运筹学	64	4	104
207	组织行为学	48	4	
208	企业战略管理	64	4	
209	成本会计	64	4	

四、实验操作

1. 在设计视图下创建表结构

例：设计视图下创建"学生表"结构。

（1）打开空数据库"学生信息管理 . accdb"。

（2）单击"创建"选项卡中的"表设计"按钮，打开表结构设计窗口。先录入字段名称与数据类型，再单击字段名称，然后在"字段属性"区域设置相应字段的大小，最后选定"学号"字段，单击选项卡上的"主键"按钮，则在字段名称"学号"的左侧出现主键的标识，如图 7-6 所示。

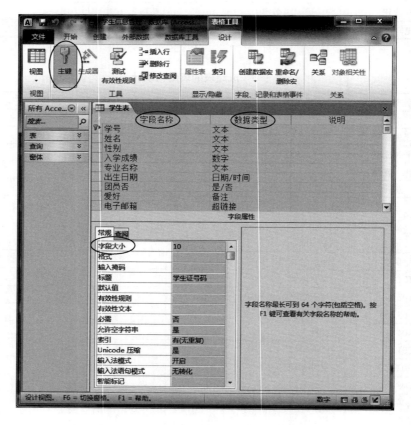

图 7-6　创建"学生表"的设计视图

（3）单击"保存"按钮，在"另存为"对话框中输入表名"学生表"，单击"确定"按钮，完成表结构定义。

说明：

● 主键可以由单个字段构成，也可由多个字段联合构成，其作用是限定主键表达式的唯一性，用来唯一标识表中的每一个记录。

● 如果将多个字段的组合设为主键，可以先在字段名称处选定多个字段（先选定一个字段，按住 Ctrl 键再选定其他字段），再单击"主键"，则在多个字段名称的左侧出现主键的标识。

2. 在数据表视图下创建表结构

例：在数据表视图下创建"课程表"结构。

（1）单击"创建"选项卡中"表"按钮，单击"单击以添加"，下拉列表中选择"文本"，则标题行处自动显示"字段 1"，并处于可编辑状态，将其改为"课程编号"；录入"课程名称""学时""学分""先修课程"，如图 7-7 所示。

图 7-7 创建"课程表"结构的数据表视图

（2）单击"保存"按钮，在"另存为"对话框中输入表名"课程表"，单击"确定"按钮。

（3）单击"开始"选项卡，单击"视图"按钮的下拉列表，选择"设计视图"按钮，重新设定各字段大小；选定"字段名称"第一行"ID"，右击选择"删除行"。

（4）选定"课程编号"，在"设计"选项卡中选中"主键"。

（5）单击"保存"按钮，完成表结构定义。

3. 以导入的方式创建表结构与记录

例：以导入的方式创建"成绩表"。

（1）单击"外部数据"选项卡中"导入并链接"组里的"文本文件"按钮，选择要导入的文本文件与导入方式"将源数据导入当前数据库的新表中"，如图 7-8 所示，单击"确定"按钮。

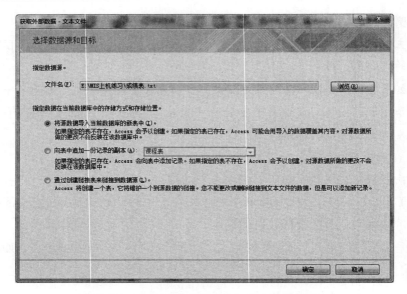

图 7-8 "获取外部数据-文本文件"窗口

（2）选择"带分隔符"，如图 7-9 所示，单击"下一步"按钮。

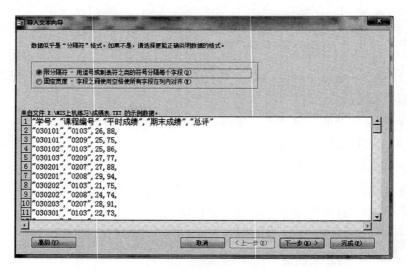

图 7-9 导入文本向导——选择数据格式窗口

（3）选择字段分隔符"逗号"，选中"第一行包含字段名称"，选择文本识别符，如图 7-10 所示，单击"下一步"按钮。

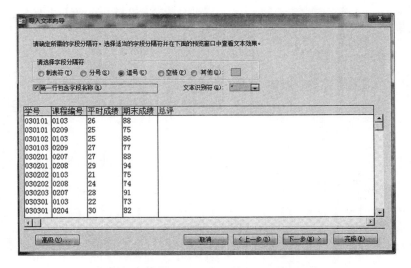

图 7-10 导入文本向导——选择字段分隔符窗口

（4）在"字段选项"区域逐一确认待导入的每个字段的数据类型，如图 7-11 所示，单击"下一步"按钮。

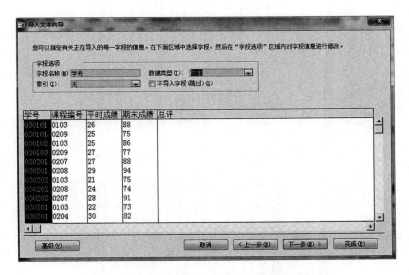

图 7-11 导入文本向导——修改字段信息窗口

（5）选择"不要主键"，如图 7-12 所示，单击"下一步"按钮，确认导入数据将要生成的新表的名称"成绩表"，单击"完成"按钮。

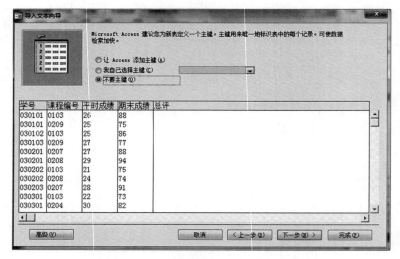

图 7-12　导入文本向导——选择主键窗口

（6）单击"关闭"按钮。

（7）在"导航窗格"中右击"成绩表"，选择"设计视图"，修改"成绩表"属性，将"学号"与"课程编号"设为主键。

4. 在数据表视图中直接输入表记录

例：在数据表视图中直接输入"课程表"的记录数据。

（1）在"导航窗格"中右击"课程表"，选择"打开"，进入数据表视图。

（2）在数据表视图下直接输入课程信息，如图 7-13 所示。

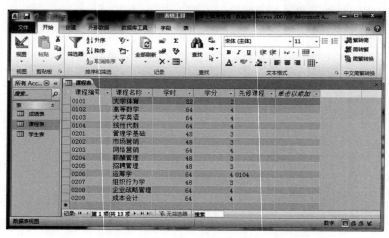

图 7-13　输入"课程表"记录的数据表视图

（3）单击"保存"按钮。

5. 以导入的方式快速录入表记录

例：将 Excel 文件中的数据导入作为"学生表"记录。

（1）单击"外部数据"选项卡中"导入并链接"组里的"Excel"按钮，选择要导入的 Excel 文件与导入方式"向表中追加一份记录的副本"，并选择追加在"学生表"中，如图 7-14 所示，单击"确定"按钮。

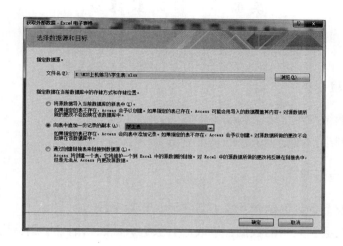

图 7-14　"获取外部数据—Excel 电子表格"窗口

（2）选中"显示工作表"，选择要导入的数据所在的工作表，如"Sheet1"，单击"下一步"按钮，再单击"下一步"，确认将数据导入"学生表"，单击"完成"按钮。

6. "OLE 对象"类型字段的内容的输入

打开"学生表"数据表视图，将光标定位于要添加照片的记录行的"照片"列处，右击选择"插入对象……"命令，选择要导入的图片文件，单击"确定"按钮。

7. 表中数据的导出

为了方便数据共享，可以将 Access 表中的数据导出到文本文件、Excel 工作簿或另一个 Access 数据库中。

（1）在"导航窗格"中选定要导出的数据表对象。

（2）在"外部数据"选项卡中"导出"组中，选择要导出的文件类型（Excel、文本文件、Access 等）。

（3）指定导出文件的保存位置、文件名、文件格式或者指定隔离符，选中"第一行包含字段名称"等，单击"确定"按钮。

实验 3 修改数据表

一、实验目的

（1）掌握维护数据表结构的基本方法。

（2）掌握维护数据表记录的基本方法。

二、实验任务

（1）修改数据表的结构：添加新字段、删除字段。

（2）修改数据表中的数据：修改原有数据、添加新记录、删除记录。

三、实验操作

1. 在原有字段的后面追加新字段

例：在"成绩表"所有字段后追加"是否补考"字段。

在"成绩表"数据表视图下，右击空白列标题处的"单击以添加"，在弹出的字段可选类型列表中选择"是/否"，原空白列的标题处显示"字段 1"，将其改为新字段名称"是否补考"。

或者：在"成绩表"设计视图下，在原有字段下方的空白行处直接填写新字段名称"是否补考"，选定新字段数据类型"是/否"。

说明：

● 需要熟练掌握"数据表视图"与"设计视图"的切换。

● 切换到"数据表视图"：在导航窗格中双击表的名称可进入相应表的数据表视图，或者在工作区中右击表的标签，在弹出的菜单中选择"数据表视图"。

● 切换到"设计视图"：在导航窗格中右击表的名称，或者在工作区中右击表的标签，在弹出的菜出中选择"设计视图"。

2. 在原有字段的中间插入新字段

例：在"成绩表"的"课程编号"与"平时成绩"之间插入新字段。

在"成绩表"数据表视图下，光标定位于要插入新字段位置的前一列"课程编号"；在"字段"选项卡的"添加和删除"组内，单击新字段数据类型，将会在指定字段的右侧出现新列，默认字段名"字段1"，输入新字段的名称。

或者：在"成绩表"设计视图下，光标定位于要插入新字段位置的下一行"平时成绩"；在"设计"选项卡"工具"组内单击"插入行"按钮，即在当前行的上方出现一个新的空白行；在空白行输入新字段名称，选定新字段数据类型。

3. 删除字段

在数据表视图下，将光标定位于要删除的表格列中，在"字段"选项卡的"添加和删除"组内，单击"删除"按钮，在弹出的对话框中单击"是"按钮。

或者：在设计视图下，光标定位于要删除字段所在行，在"设计"选项卡"工具"组内单击"删除行"按钮，即可删除当前字段。

4. 编辑表中的数据

在数据表视图下，可以直接浏览、编辑修改表的数据内容。

5. 添加新记录

在数据表视图下，将光标定位于表尾的空白行内，依次输入新记录的各项数据内容，即可在表尾添加新记录。

6. 删除记录

在数据表视图下，选中要删除的一行或多行数据，右键单击，在快捷菜单中选择"删除记录"。

实验 4　设置字段属性及表属性

一、实验目的

（1）掌握设置字段常用属性（字段值列表、显示格式、输入掩码、标题、默认值、有效性规则及有效文本）的操作方法。

（2）掌握设置数据表常用属性（记录级的有效性规则及有效文本）的操作方法。

二、实验任务

（1）为字段设置可选值列表。

（2）设置字段的显示格式。

（3）设置字段的输入掩码。

（4）设置字段的标题。

（5）设置字段的默认值。

（6）设置字段的有效性规则和有效性文本。

（7）设置必填字段。

（8）设置表的有效性规则和有效性文本。

三、实验操作

1. 为字段设置可选值列表

为方便数据的录入和修改，可以为指定字段设置可供选择的数据值列表。这种做法的好处是保证了该字段值的规范。例如，填写学生专业名称时，有的同学填"工商管理"，有的同学填"工商"，我们知道他们想表达的是同一专业，可是在计算机系统中就被误认为是两个专业了！所以，为了避免类似问题，可以对一些字段的取值给出限定的列表。

例：为"学生表"的"专业名称"字段创建可选值列表。

（1）在"学生表"设计视图下，光标定位于字段"专业名称"的"数据类型"框内，单击右侧下拉按钮，选择"查阅向导……"，打开"查阅向导"对话框。

（2）选中"自行键入所需的值"，单击"下一步"按钮。

（3）依次输入"工商管理""财务管理""营销管理""人力资源管理"，如图 7-15 所示，单击"完成"按钮。

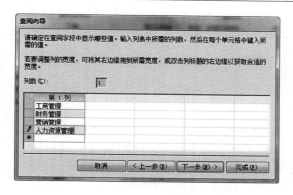

图7-15 查阅向导——设置字段可选值列表窗口

（4）单击"保存"按钮。

（5）切换到"学生表"数据表视图，将光标定位于某行的"专业名称"列内，该格右侧会出现一个下拉按钮，单击下拉按钮，展开字段的可选值列表即可查看设置结果。

2. 设置字段的显示格式

对于数字型、日期/时间型、是/否型字段，可以通过设置字段的格式来改变表中数据的显示效果。

例：将"学生表"中的"出生日期"字段的显示格式设置成"长日期"的格式。

（1）在"学生表"的设计视图下，选定"出生日期"字段；在下方字段属性区的"常规"选项卡中，单击"格式"框右侧下拉按钮，选定"长日期"格式；单击"保存"按钮。

（2）切换到"学生表"数据表视图，查看设置结果。

3. 设置字段的输入掩码

通过设置字段的输入掩码，可以控制数据输入时的显示格式以及允许输入的数据类型，有助于数据库的数据格式统一化，也可在一定程度上防止用户输入错误或无意义的数据。

设置掩码有两种方法：一是在掩码框内直接输入相应的掩码字符；二是利用掩码向导辅助填写（见表7-5）。

表7-5　字符说明表

字符	说明
0	只允许输入数字 0 到 9（必选项：不允许使用加号和减号）
9	只允许输入数字 0 到 9（非必选项：不允许使用加号和减号）
L	只允许输入字母 A 到 Z（必选项）
？	只允许输入字母 A 到 Z（可选项）
A	允许输入字母或数字（必选项）
a	允许输入字母或数字（可选项）
＆	允许输入任一字符或空格（必选项）
C	允许输入任一字符或空格（可选项）
密码	将"输入掩码"属性设置为"密码"，可以创建密码项文件框。文本框中键入的任何字符都按字面字符保存，但显示为 ＊
……	……

例：为"学生表"的"入学成绩"字段设置输入掩码，限制该字段最多输入 3 位整数及 1 位小数。

（1）在"学生表"的设计视图下，选定"入学成绩"字段，在下方字段属性区的"常规"选项卡中单击"输入掩码"属性框，在其中输入掩码"999.9"，如图 7-16 所示。

（2）单击"保存"按钮。

（3）切换到"学生表"数据表视图，查看设置结果。

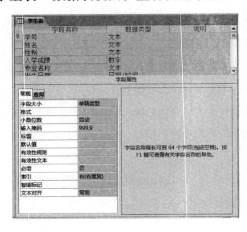

图7-16　字段设置掩码的字段属性区

思考：将输入掩码改为"000.0"，将入学成绩改为两位，对比两种设置有何不同结果。

4. 设置字段的标题

使用"标题"属性可以指定相应的显示名称，即在表的数据表视图、查询或报表等对象中指定相关字段想要显示出的标题文字。如果没有为字段设置标题，默认显示相应字段的字段名。

例：将"学生表"的"学号"字段的标题设置为"学生证号码"。

（1）在"学生表"的设计视图下，选定"学号"字段，在下方字段属性区的"常规"选项卡中单击"标题"属性框，输入"学生证号码"。

（2）单击"保存"按钮。

（3）切换到"学生表"数据表视图，查看设置结果。

5. 设置字段的默认值

当数据表中绝大多数记录的某个字段值都等于某个特定值时，可以将该特定值设置为该字段的默认值。这样当每产生一条新记录时，默认值会自动加到该字段中。用户可以直接接受这个默认值，也可以再重新输入新的值。

例：将"学生表"的"团员否"字段的默认值设置为逻辑"真"值。

（1）在"学生表"的设计视图下，选定"团员否"字段，在下方字段属性区的"常规"选项卡中，单击"默认值"属性框，输入默认值"True"。

（2）单击"保存"按钮。

（3）切换到"学生表"数据表视图，即可在空行处查看设置结果。

6. 设置字段的有效性规则和有效性文本

字段的"有效性规则"是一个与某个字段相关的有效的 Access 逻辑表达式，通过对用户输入的值加以限制，提供数据有效性检查。在用户输入或修改数据时，会将用户输入的值与所定义的规则表达式进行比较，若输入的值不满足规则的要求，则拒绝该值。

有效性文本是一个提示信息，当用户输入的数据不符合"有效性规则"时，系统会出现相应的提示信息。这个提示信息可以由系统自动给出，也可以用户自己指定。

例：为"学生表"的"性别"设置有效性规则，限定该字段只能输入"男"或"女"，错误提示信息为"性别输入有误，请重新输入！"。

（1）在"学生表"的设计视图下，选定"性别"字段，在下方字段属性区的

"常规"选项卡中，单击"有效性规则"属性框，输入""男"Or"女""；再单击"有效性文本"属性框，输入"性别输入有误，请重新输入！"，如图7-17所示。

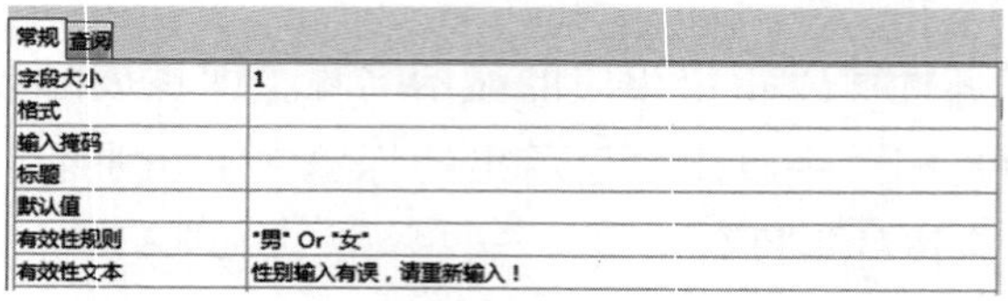

常规	查阅	
字段大小	1	
格式		
输入掩码		
标题		
默认值		
有效性规则	"男" Or "女"	
有效性文本	性别输入有误，请重新输入！	

图7-17　设置字段有效性规则与有效性文本的字体属性区

（2）单击"保存"按钮。

（3）切换到"学生表"数据表视图，查看设置结果。将某行的性别值改成一个错误值，查看系统提示。

说明：

● 输入"有效性规则"时，需要使用英文引号。

7. 设置必填字段

该项属性设置为"是"时，在录入记录数据时，该字段的内容不允许为空，即必须在该字段内填写有效的内容，否则不允许光标离开。

例：将"学生表"的"姓名"字段设置为"必填"字段。

（1）在"学生表"设计视图下，选定"姓名"字段，在下方字段属性区的"常规"选项卡中，单击"必需"属性框，在可选值列表中选择"是"，同时将"允许空字符串"属性设置成"否"。

（2）单击"保存"按钮。

（3）切换到"学生表"数据表视图，可将某行的姓名值清空，查看设置结果。

8. 设置表的有效性规则和有效性文本

表的"有效性规则"是一个与整个记录相关的有效的 Access 逻辑表达式，通过对用户输入的数据加以限制，提供记录级的有效性检查，通常用来检查多个字段之间的勾稽关系是否符合逻辑界定。用户输入的值不满足表的有效性规则的要求，则拒绝该记录的存储。

例：为"成绩表"设置记录有效性规则，限定条件为"平时成绩必须小于或等于30且期末成绩必须小于或等于100"，错误提示信息为"平时成绩或期末成绩输入有误，请重新输入！"。

（1）在"成绩表"设计视图下，在"设计"选项卡的"显示/隐藏"组中，单击"属性表"按钮，则在窗口右侧打开"属性表"对话框。

（2）单击"有效性规则"属性框，直接输入"［平时成绩］<＝30And［期末成绩］<＝100"（或者单击文本框右侧编辑按钮，在"表达式生成器"对话框中构造有效性规则），再单击"有效性文本"属性框，直接输入"平时成绩或期末成绩输入有误码，请重新输入！"，如图7-18所示。

图7-18 设置表的有效性规则和有效性文本的属性表对话框

（3）单击"保存"按钮。

（4）切换到数据表视图，可将某行的"平时成绩"值改为大于30，查看设置结果。

实验5 数据表的显示设置

一、实验目的

（1）掌握设置数据表显示格式的基本方法。

（2）掌握设置字段隐藏的基本方法。

（3）掌握设置字段冻结的基本方法。

二、实验任务

（1）设置数据表的行高与列宽。

（2）设置数据表的其他显示格式。

（3）设置隐藏字段与取消隐藏。

（4）设置冻结字段与取消冻结。

三、实验操作

1. 设置数据表的行高与列宽

（1）手动设置行高/列宽。在数据表视图下，将光标移到"标题行"任意两列间或"行选择器"任意两行间，如图7-19所示，光标会变形，此时左右/上下拖动光标，可以调整列宽/行高。

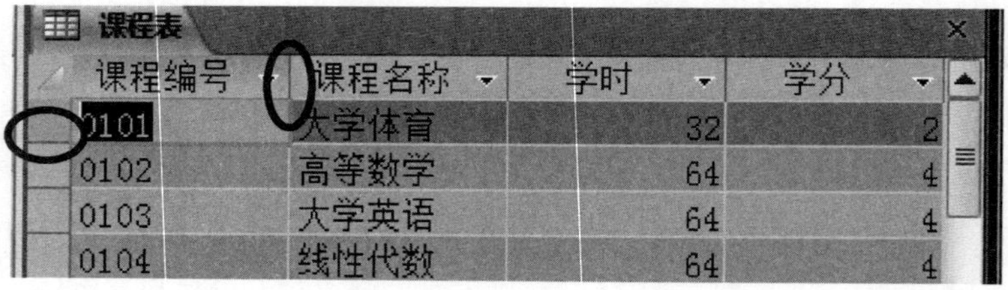

课程表				
课程编号	课程名称	学时	学分	
0101	大学体育	32	2	
0102	高等数学	64	4	
0103	大学英语	64	4	
0104	线性代数	64	4	

图7-19　手动设置行高/列宽

（2）精确设置行高与列宽。数据表视图下，右击一行或多行，选择"行高"，输入行高，如20，再单击"确定"按钮；右击一列多列，选择"字段宽度"，输入列宽，如15，再单击"确定"按钮。

2. 设置数据表的其他显示格式

（1）数据表视图下，单击"开始"选项卡中"文本格式"组右下角的"设置数据表格式"按钮，如图7-20所示，打开"设置数据表格式"对话框。

（2）设置数据表格式，单击"确定"按钮。

（3）在数据表视图下查看设置效果。

图7-20　设置"文本格式"组

3. 设置隐藏字段与取消隐藏

（1）隐藏字段。数据表视图下，右击列标题"平时成绩"，选择"隐藏字段"。

（2）取消隐藏。数据表视图下，右击列标题，选择"取消隐藏字段"，打开"取消隐藏字段"对话框，重新选中"平时成绩"前面的复选框，再单击"关闭"按钮。

4. 设置冻结字段与取消冻结

浏览字段个数较多的宽数据时，为了保证左右滚动窗口时某些列能够不参与屏幕滚动而始终保留在窗口的左侧，可以采用冻结字段来实现。

（1）冻结字段。在"学生表"数据表视图下，右击要冻结的"学号"和"姓名"两列数据，选择"冻结字段"，则字段移至数据表的最左面并冻结起来。

（2）取消冻结。在"学生表"数据表视图下，右击数据表的标题行，选择"取消冻结所有字段"。

实验6　数据表的排序与筛选

一、实验目的

（1）掌握按单个字数、多个字段排序数据表的操作方法。

（2）掌握按值筛选、按窗体筛选、高级筛选数据表的操作方法。

二、实验任务

（1）数据表按单个字段排序。

（2）数据表按多个字段排序。

（3）数据表按内容筛选。

（4）数据表按条件筛选。

（5）数据表按窗体筛选。

（6）数据表的高级筛选。

三、基础知识

1. 排序

在 Access 数据库中打开一个表时，表中的记录默认按主键字段升序排列。若表中没有定义主键，则按数据输入的先后顺序排列记录。有时为了提高数据查找效率，需要重新整理数据，有效的方法是对数据进行排序。

若要快速改变数据表中记录的逻辑顺序，可以通过排序功能来实现。

排序规则：排序依据的字段类型不同，排序规则也有所不同。

（1）文本型字段：英文字母按 A~Z 的顺序排列，同一字母的大小写视为相同；中文字符按拼音字母的顺序排列；其他字符按 ASCⅡ码的大小排列。

（2）数字型、货币型字段：按数值大小排序。

（3）日期/时间字段：靠后的日期大。

（4）备注型、超链接型、OLE 对象型不能排序。

（5）升序排列时，"空值"排在最前面。

2. 筛选

筛选记录是指从表中挑选出满足条件的记录。经过筛选后的表只显示满足条件的记录，不满足条件的记录将被隐藏起来。筛选分为以下四种：

（1）按内容筛选：根据用户提供的字段值进行筛选，这个字段值是由光标所在的位置决定的。

（2）按条件筛选：根据输入的条件进行筛选。

（3）按窗体筛选：可以根据两个以上的字段组合进行筛选。筛选条件变成一条记录，每个字段是一个组合框，可以从组合框中选择一个值作为筛选内容。如果选择两个以上的值，可以通过窗口底部的"标签"来确定两个字段值之间的关系。

（4）高级筛选：不仅可以筛选出满足复杂条件的记录，还可以对筛选结果进行排序。

四、实验操作

1. 数据表按单个字段排序

例：将"学生表"按照"入学成绩"降序的顺序排序。

在"学生表"数据表视图下，将光标定位于"入学成绩"列内的任意单元格，单击"开始"选项卡中"排序和筛选"组内的"降序"按钮，排序结果如图 7-21 所示。

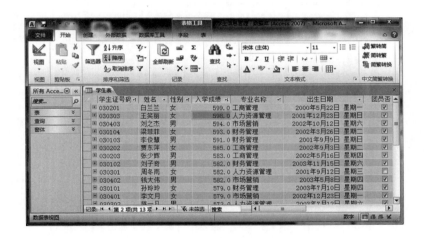

图 7-21 按单个字段排序的数据表视图

注：实践篇中数据为虚拟数据。

2. 数据表按多个字段排序

数据表也可以根据多个字段的组合进行排序。首先根据第一个字段指定的顺序进行排序，当第一个字段值相同时，再按照第二个字段进行排序，以此类推。

（1）相邻列按相同顺序排列。

例：将"学生表"按"性别"与"入学成绩"的降序排序。

在"学生表"数据表视图下，同时选中"性别"与"入学成绩"两个字段列，再单击"开始"选项卡中"排序和筛选"组内的"降序"按钮，得到如图 7-22 所示的排序结果。

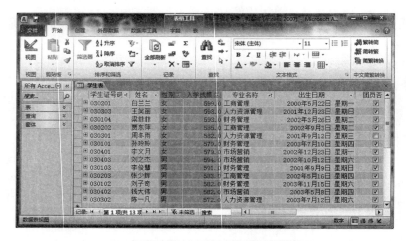

图 7-22 相邻列按相同顺序排列的数据表视图

（2）非相邻列按不同顺序排列。

例：将"学生表"先按"专业名称"升序排序，再按"入学成绩"降序排序。

1）在"学生表"数据表视图下，单击"开始"选项卡中"排序和筛选"组内的"高级"按钮，在展开的下拉列表中选择"高级筛选/排序"命令。

2）填写多个排序字段与排序方式，如图 7-23 所示。

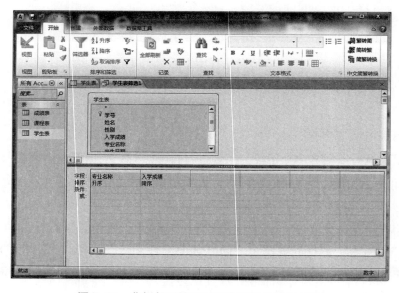

图 7-23 非相邻列按不同顺序排列的设计视图

3）单击"开始"选项卡中"排序和筛选"组内的"高级"按钮，在展开的下拉列表中选择"应用筛选/排序"命令，得到如图 7-24 所示的排序结果。

图 7-24　非相邻列按不同顺序排列的数据表视图

4）若单击"开始"选项卡中"排序和筛选"组内的"取消排序"按钮，则可以撤销排序结果，恢复数据表的原始记录顺序。

3. 数据表按内容筛选

例：从"学生表"中筛选出"性别"为"男"的学生记录。

（1）在"学生表"数据表视图下，在"性别"列内选定一个值为"男"的单元格，单击"开始"选项卡中"排序和筛选"组内的"选择"按钮，在展开的下拉列表中选择"等于'男'"选项，得到如图 7-25 所示的筛选结果。

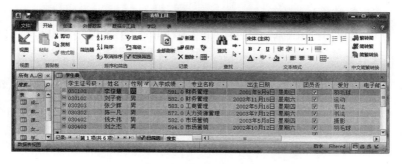

图 7-25　按字段值筛选的数据表视图

（2）若单击"开始"选项卡"排序和筛选"组内的"切换筛选"按钮，则取消筛选。

4. 数据表按条件筛选

例：从"学生表"中筛选出"入学成绩"大于580分的学生记录。

（1）在"学生表"数据表视图下，在"入学成绩"列内选定一个值，单击"开始"选项卡中"排序和筛选"组内的"筛选器"按钮，或者单击"入学成绩"右侧的下拉箭头，打开筛选器菜单。

（2）单击"数学筛选器"命令，在弹出的菜单中选择"大于"命令，打开"自定义筛选"对话框，输入"580"，单击"确定"按钮，得到如图7-26所示的筛选结果。

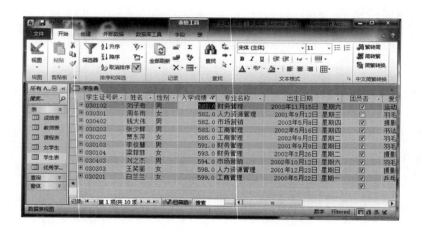

图7-26 按条件筛选的数据表视图

5. 数据表按窗体筛选

例：从"学生表"中筛选出"性别"为"男"且"入学成绩"大于或等于580分的学生记录。

（1）在"学生表"数据表视图下，单击"开始"选项卡中"排序和筛选"组内的"高级筛选"按钮，在展开的下拉列表中选择"按窗体筛选"选项。

（2）输入"性别"与"入学成绩"条件，如图7-27所示。

图 7-27　按窗体筛选的设计视图

（3）单击"开始"选项卡中"排序和筛选"组内的"切换筛选"按钮，即可在"学生表"的数据表视图内看到如图 7-28 所示的筛选结果。

图 7-28　按窗体筛选的数据表视图

（4）再次单击"切换筛选"按钮即可取消筛选状态。

6. 数据表的高级筛选

例：从"学生表"中筛选出"工商管理系男生"和"财务管理系男生"的学生记录，并按"入学成绩"的降序排列。

（1）在"学生表"数据表视图下，单击"开始"选项卡中"排序和筛选"组内的"高级筛选"按钮，在展开的下拉列表中选择"高级筛选/排序"选项。

（2）输入排序依据"入学成绩"，筛选条件"专业名称"与"性别"，如图 7-29 所示。

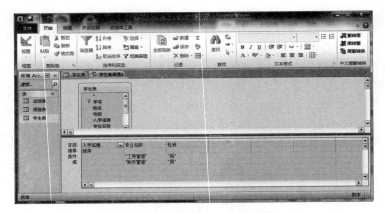

图 7-29   高级筛选的设计视图

（3）单击"开始"选项卡"排序和筛选"组内的"高级"按钮，在展开的下拉列表中选择"应用筛选/排序"选项，或者单击"开始"选项卡"排序和筛选"组内的"切换筛选"按钮，可以查看结果，如图 7-30 所示。

图 7-30   高级筛选的数据表视图

（4）再次单击"切换筛选"按钮即可取消筛选状态。

实验7   建立索引和表间的关系

一、实验目的

（1）掌握各种索引的建立方法。

（2）掌握表间关联关系的创建规则和基本方法。

（3）掌握为关联关系实施参照完整性约束的基本方法。

（4）了解各种参照完整性约束规则的具体含义。

二、实验任务

（1）创建单字段索引。

（2）创建多字段索引。

（3）建立表间关系及实施参照完整性。

（4）验证参照完整性约束的实施效果。

三、基础知识

1. 索引

若要在数据库快速地查找和排序记录，并满足建立表间的关联关系的要求，就需要以单个字段或多个字段的组合为关键字建立索引。索引根据选择编制索引的字段存储对应记录的位置，使用索引可以更快地查找记录。Access 从索引获得位置后，直接移动到相应位置以检索数据。使用索引可以比通过扫描所有记录来查找数据快得多。

对于某个数据表来说，建立索引的操作就是指定一个或多个字段，以便于按照这个或这些字段中的值来检索数据，或者排序数据。可用于创建索引的字段的数据类型只能是文本型、数字型、货币型或日期/时间型。索引的类型包括：

（1）无重复索引：如果已将某个字段或字段组合设置为其所属表的主键，Access 会自动为其主键创建"无重复"索引（唯一索引），它要求所有记录在关键字表达式上的取值必须是唯一的。如果还要限定表中其他字段值的唯一性，则需再按照这些字段分别建立各自的"无重复"索引。

（2）有重复索引：不限定被索引字段取值的唯一性，只会在检索数据或建立表间关联关系时起到它的应有作用。

2. 表间关系类型

在一个数据库中，两个表使用了共同的字段，这两个表之间就存在关系。通过表间关系可以找出一个表中的数据与另一个表中的数据的关联方式。A 表与 B 表间存在以下三种关系：

（1）一对一关系：A 表中每个记录仅能在 B 表中有一个记录匹配，并且 B

表中的每个记录仅能在 A 表中有一个记录匹配。

（2）一对多关系：A 表中每个记录能在 B 表中有多个记录匹配，并且 B 表中的每个记录仅能在 A 表中有一个记录匹配。A 表称为主表，B 表称为子表。

（3）多对多关系：A 表中每个记录能在 B 表中有多个记录匹配，并且 B 表中的每个记录也能与 A 表中的多个记录匹配。

在 Access 中，一对一关系和一对多关系可以直接建立，而多对多关系则要通过多个一对多关系来实现。可以先定义一个连接表，并将 A 表和 B 表中能作为主键的字段添加到连接表中，从而转化为以连接表为子表，以 A 表、B 表分别为主表的两个一对多关系。

3. 关联字段的要求

（1）关联字段在 A 表是主关键字，在 B 表中被称为外关键字。

（2）外关键字可以是 B 表的主键，也可以是多个候选关键字（无重复索引）中的一个，也可是建立了有重复索引的普通字段。

建立关联的两个字段的名称不要求必须相同，但要求它们的数据内容必须相匹配，数据类型通常情况下应该完全相同（"自动编号"型的两种情况例外）。

4. 参照完整性

参照完整性用于表间规则，确保相关表中记录之间关系的有效性，可以防止意外地删除或更改相关数据。

对于已建立关系的两个表，如果在更新、删除或插入记录时只改变其中一表，而另一表不随之改变，则会影响数据完整性。例如，"学生表"中关联字段"学号"的值修改了，或者删除了，而在"成绩表"中关联字段"学号"的值未相应修改或删除，就会出现"成绩表"中的记录失去对应关系的情况。而这些使字段值不保持关联的情况，就违背了表之间的参照完整性。

设置参照完整性的条件：

（1）主表的关键字是主键，或具有唯一索引。

（2）相关联字段具有相同的数据类型和字段大小。

（3）两表属于同一 Access 数据库。

四、实验操作

1. 创建单字段索引

例：按照"姓名"字段为"学生表"创建"无重复"索引，按照"入学成绩"字段为"学生表"创建"有重复"索引。

（1）在"学生表"设计视图下，在"字段名称"列表中选定"姓名"字段，再单击下方字段属性区的"常规"选项卡中的"索引"属性框，在展开的索引类型列表中选择"有（无重复）"选项；同理，设置"入学成绩"字段的"索引"属性框，选择"有（有重复）"选项。

（2）单击"快速访问工具栏"上的"保存"按钮。

2. 创建多字段索引

例：按照"专业名称"与"入学成绩"两个字段为"学生表"创建"有重复"索引，索引名称为"专业名称+入学成绩"。要求记录先按"专业名称"升序排序，"专业名称"相同的情况下再按"入学成绩"降序排序。

（1）在"学生表"的设计视图下，单击"表格工具｜设计"选项卡中"显示｜隐藏"组内的"索引"按钮，打开"索引：学生表"对话框，可以看到前面创建完成的三项索引（自动为主键"学号"创建的一项索引、针对单字段所创建的两项索引）已经显示在其中了。

（2）在"索引名称"列的第 4 行输入新索引名称"专业名称+入学成绩"，在该行的"字段名称"列内选定"专业名称"字段，"排序次序"选择升序；在"索引名称"列的第 5 行输入的"字段名称"列内选定"入学成绩"字段，"排序次序"选择降序，如图 7-31 所示。

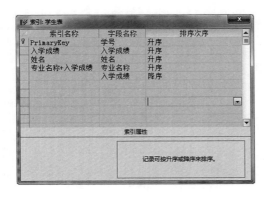

图 7-31　"索引：学生表"对话框

（3）单击"快速访问工具栏"上的"保存"按钮。

说明：

● 创建多字段索引，则索引中的每个字段写一行，并且在第一行也仅在第一行中体现索引名称。索引名称是生成的索引文件的名称，不要求与字段名称相同，可以自定义。Access 将接下来的行视为同一索引的一部分，直至它遇到包含下一个索引名称的行为止。

● 如果发现某个索引已变得多余或对性能的影响太大，则可以将其删除。删除索引时，只会删除索引而不会删除建立索引时所依据的字段。

3. 建立表间关系及实施参照完整性

例：建立"学生表"与"成绩表"之间以及"课程表"与"成绩表"之间的关联关系，并实施参照完整性约束。

（1）确认表间关联关系的前提条件已具备。

1）"学生表"的"学号"字段设置为"主键"。

2）"课程表"的"课程编号"字段设置为"主键"。

3）"成绩表"分别按"学号"字段与"课程编号"字段创建"有重复索引"。

（2）单击"数据库工具"选项卡中"关系"组内的"关系"按钮，打开一个空白的"关系"窗口，同时会在顶层打开"显示表"对话框，如图 7-32 所示。

图 7-32 "显示表"对话框

（3）依次选择列表中的"学生表""成绩表"和"课程表"，并分别单击"添加"按钮，将它们逐个添加到"关系"窗口中。

（4）单击"关闭"按钮，返回"关系"窗口，3 个数据表对象已经加入其中。

（5）在"关系"窗口内，将鼠标指向"学生表"的"学号"字段，按左键将其拖动至"成绩表"内的"学号"字段处，释放鼠标，弹出"编辑关系"对话框。此时两表的关联字段已经自动选定。

（6）在"编辑关系"对话框中选中三个复选项，如图 7-33 所示，再单击"创建"按钮，将关闭"编辑关系"对话框返回"关系"窗口。此时"学生表"与"成绩表"的一对多关系已建立，同时实施了参照完整性约束。

图 7-33 "编辑关系"对话框

说明：

● 若"学生表"内的某个记录在"成绩表"中存在它的相关记录，则：如果更新该记录的关键字段"学号"的值，"成绩表"中它的相关记录的关联记录"学号"值也会随之同步更新；如果删除"学生表"中的记录，"成绩表"中相关记录也会随之同步删除。

（7）在"关系"窗口内，将鼠标指向"课程表"的"课程编号"字段，按左键将其拖动至"成绩表"内的"课程编号"字段处，释放鼠标，弹出"编辑关系"对话框。此时两表的关联字段已经自动选定。

（8）在"编辑关系"对话框中，选中"实施参照完整性"，如图 7-34 所示，再单击"创建"按钮，将关闭"编辑关系"对话框返回"关系"窗口。此时"课程表"与"成绩表"的一对多关系已建立，同时实施了参照完整性约束。"关系"窗口在表间关联字段之间创建连线，并在连线两端显示关系类型，如图 7-35 所示。

图7-34 "编辑关系"对话框

说明：

●如果"课程表"内的某个记录在"成绩表"中存在它的相关记录，则该记录的关键字段"课程编号"的值不允许被更新，也不允许被删除！

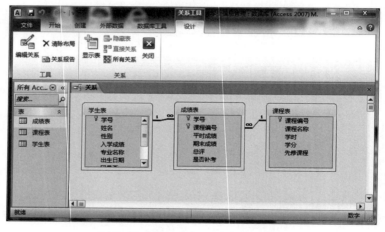

图7-35 数据库表间关系显示窗口

（9）验证"学生表"与"成绩表"之间的参照完整性（级联更新和级联删除）。将"学生表"中"李俊慧"的学号由"030103"改为"030109"，切换到"成绩表"，查看学号值的变化情况；将"学生表"中学号为"030109"的记录删除，系统提示该动作将会导致级联删除，单击"是"按钮，再切换到"成绩表"，查看记录的变化情况。

（10）验证"课程表"与"成绩表"之间的参照完整性（限制更新和限制删除）。选定课程表中课程编号为"0103"的记录，将其课程编号更改为"0133"，回车确认时，由于"成绩"表中存在它的相关记录，因此提示该记录不能更新。对课程表中课程编号为"0104"的记录实施删除操作，同样提示操作者该记录不能删除。

第八章　数据库的查询

实验 8　选择查询

一、实验目的

（1）掌握使用查询设计视图创建单表简单查询的方法。
（2）掌握使用查询设计视图创建多表简单查询的方法。
（3）掌握使用查询设计视图创建条件查询的方法。
（4）掌握使用查询设计视图创建分组汇总查询的方法。
（5）掌握使用查询设计视图中计算字段的方法。
（6）掌握在利用其他查询作为当前查询的数据源的方法。

二、实验任务

（1）创建基于单个数据源的简单选择查询。
（2）创建基于多个数据源的简单选择查询。
（3）创建带条件查询。
（4）创建统计查询。
（5）创建分组统计查询。
（6）创建具有计算字段的查询。

三、基础知识

查询是根据指定的条件对表或其他数据对象进行检索，筛选出数据表中符合条件的记录，其查询结果构成一个新的数据集合，从而方便对数据进行查看和分析。表和查询都是查询的数据源。这也意味着查询的数据结果也可以被其他查询使用。查询是窗体和报表的数据源。建立多表查询之前，一定要先建立数据表之间的关系。查询的类型包括：

（1）选择查询：从单个或多个数据源中检索数据，以数据表的方式显示结果，可以选择要显示的特定字段、符合条件的记录、设置记录的顺序等。

（2）参数查询：执行时弹出对话框，用户输入必要的信息（参数），然后按这个信息进行查询。

（3）交叉表查询：以类似于电子表格的格式显示某个字体的合计值、计算值、平均值等。

（4）操作查询：在一个操作中更改许多记录的查询，包括删除查询、更新查询、追加查询、生成表查询。

（5）SQL 查询：使用 SQL 语句创建查询。一些特定的 SQL 查询无法使用查询设计视图创建，必须使用 SQL 语句创建。

四、实验操作

1. 创建基于单个数据源的简单选择查询

例：显示"学生表"中的"姓名""性别""出生日期""团员否""专业名称"，查询命名为"学生信息查询"。

（1）单击"创建"选项卡中"查询"组的"查询设计"按钮，打开"显示表"对话框，如图 8-1 所示，选择"表"选项卡。

图 8-1　查询设计的"显示表"对话框

说明：

● 查询的数据源来自表，则选择"表"选项卡；查询的数据源来自查询，则选择"查询"选项卡；查询的数据源来自表和已建立的查询，则选择"两者都有"选项卡。

（2）单击"学生表"，再单击"添加"按钮将其添加到"查询"设计视图，然后单击"关闭"按钮，关闭"显示表"对话框。

说明：

● "查询"设计视图的"字段列表区"显示了已经可以使用的表或查询。如果还需要使用其他的表或查询，可以使用"显示表"对话框添加；如果列出的表或查询不再使用了，可以将其从查询中删除。

● 添加表或查询：右击"查询"设计视图"表/查询显示区"窗格，在快捷菜单中选择"显示表"命令，或者单击"查询工具｜设计"选项卡中"查询设置"组中的"显示表"按钮。

● 删除表或查询：在"表/查询显示区"窗格中，选择要删除的表或查询，按删除键即可。

（3）在查询设计视图上半部分的"字段列表区"双击学生表中的"姓名""性别""出生日期""团员否""专业名称"5个字段，将它们添加到下半部分的"查询设计区"中的第1~5列，如图8-2所示，单击"保存"按钮，为查询设置名称"学生信息查询"。

图8-2　单个数据源查询的设计视图

说明：

● 删除字段：光标移到要删除字段上方，当光标变成向下↓时，单击选中该列，再单击"开始"选项卡"记录"组中的"删除"按钮或者直接按删除键。

● 添加字段：在"表/查询显示区"中，双击要添加的字段。

● 移动字段：光标移到要移动字段上方，当光标变成向下↓时，按鼠标左键拖动到目标位置。字段排序很重要，影响数据的排序和分组。Access 在排序查询结果时，先按设计网格中最前面的字段排序，再按下一个字段排序。

（4）在"学生信息查询"的设计视图上，单击"查询工具丨设计"选项卡中的"运行"按钮，或者在"学生信息查询"的数据表视图下，均可查看运行结果，如图 8-3 所示。

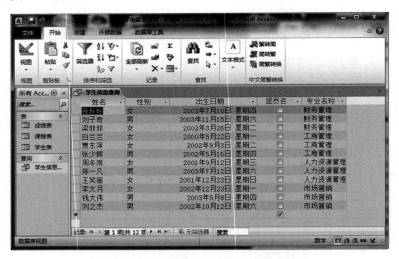

图 8-3　单个数据源查询的数据表视图

2. 创建基于多个数据源的简单选择查询

例：显示"学生表"中的"学号""姓名""专业名称"字段，"课程表"中的"课程名称"字段，"成绩表"表中的"平时成绩""期末成绩"字段，查询命名为"学生成绩查询"。

（1）单击"创建"选项卡中"查询"组的"查询设计"按钮，打开"显示表"对话框，选择"表"选项卡。

（2）双击"学生表""课程表""成绩表"三个字段，将其添加到"查询"设计视图，关闭"显示表"对话框。

（3）在查询设计视图上半部分的"字段列表区"，双击"学生表"中的"学号""姓名""专业名称"字段,"课程表"中的"课程名称"字段,"成绩表"表中的"平时成绩""期末成绩"字段,将它们添加到"查询设计区"中的第1~6列,如图8-4所示,单击"保存"按钮,为查询设置名称"学生成绩查询"。

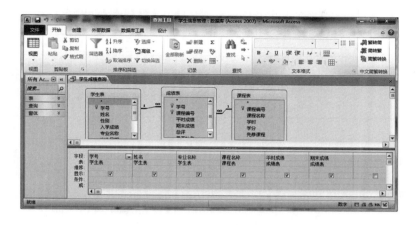

图8-4 多个数据源查询的设计视图

（4）在数据表视图或者设计视图上,查看运行结果,如图8-5所示。

图8-5 多个数据源查询的数据表视图

3. 创建带条件查询

查询条件主要包括以下四种形式：

（1）使用数值作为查询条件（见表8-1）。

表8-1　数值查询条件说明

字段名	条件	功能
成绩	≥60	查询成绩大于等于60的记录
	Between 80 and 90	查询成绩大于等于80且小于等于90的记录
	≥80and≤90	

（2）使用文本值作为查询条件（见表8-2）。

表8-2　文本值查询条件说明

字段名	条件	功能
性别	"男"	查询男同学的记录
专业名称	"工商管理"　or"财务管理"	查询工商管理和财务管理专业的记录
姓名	In（"陈一凡","白兰兰"）	查询姓名为陈一凡或白兰兰的记录
	"陈一凡"　or"白兰兰"	
	Not"陈一凡"	查询姓名不为陈一凡的记录
	Left（［姓名］，1）＝"陈"	查询姓陈的记录
	Like"陈＊"	
学号	Mid（［姓名］，3，2）＝"01"	查询学号第3位和第4位字符为01的记录

（3）使用空值或空字符串作为查询条件（见表8-3）。

表8-3　空值或空字符查询条件说明

字段名	条件	功能
姓名	Is null	查询姓名为空值的记录
	Is not null	查询姓名不是空值的记录

（4）使用日期结果作为查询条件（见表8-4）。

表 8-4 日期结果查询条件说明

字段名	条件	功能
出生日期	Between #2003-01-01# and #2003-12-31#	查询 2003 年出生的记录
	Year（［出生日期］）= 2003	
	>=#2003/1/1# And <=#2003/12/31#	
	<date（）-20	查询 20 天前出生的记录
	Between date（）-30 and date（）	查询 30 天内出生的记录
	Year(［出生日期］)= 2003 and month(［出生日期］)= 4	查询 2003 年 4 月出生的记录

例：查找 2003 年出生的男同学，显示"学生表"中的"学号""姓名""性别""出生日期"字段。查询命名为"查询 2003 年出生的男生"。

（1）单击"创建"选项卡中"查询"组的"查询设计"按钮，打开"显示表"对话框，选择"表"选项卡。

（2）双击"学生表"，将其添加到"查询"设计视图，关闭"显示表"对话框。

（3）在查询设计视图上半部分的"字段列表区"分别双击"学生表"中的"学号""姓名""性别""出生日期"字段，将它们添加到"查询设计区"中的第 1~4 列。

（4）在"性别"字段的"条件"文本框中输入"男"，在"出生日期"字段的"条件"文本框中输入"Year（［出生日期］）= 2003"，如图 8-6 所示；单击"保存"按钮，为查询设置名称"查询 2003 年出生的男生"。

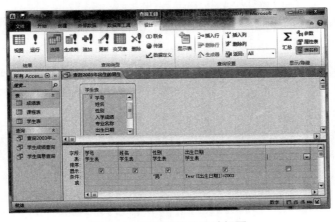

图 8-6 条件查询的设计视图

（5）在数据表视图或设计视图上，查看运行结果，如图 8-7 所示。

图 8-7　条件查询的数据表视图

4. 创建统计查询

例：统计"学生表"中的人数。查询命名为"学生总数查询"。

（1）单击"创建"选项卡中"查询"组的"查询设计"按钮，打开"显示表"对话框，选择"表"选项卡。

（2）双击"学生表"，将它添加到"查询"设计视图，关闭"显示表"对话框。

（3）在查询设计视图的"字段列表区"双击"学生表"中的"学号"字段，将它添加到"查询设计区"中的第 1 列。

（4）单击"查询工具 | 设计"选项卡中"显示/隐藏"组中的"汇总"按钮，此时在"查询设计区"插入了"总计"行，系统自动将"学号"字段的"总计"列表框设置成分组；在"学号"字段的"总计"下拉列表框中选择"计数"选项，如图 8-8 所示；单击"保存"按钮，为查询设置名称"学生总数查询"。

（5）在数据表视图或者设计视图上查看运行结果，如图 8-9 所示。

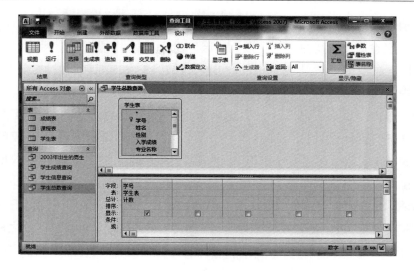

图 8-8　统计查询的设计视图

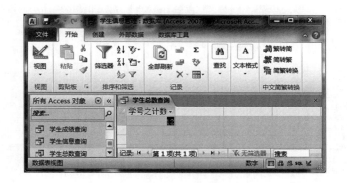

图 8-9　统计查询的数据表视图

思考：如果使用"学生表"中的其他字段，能不能统计出学生总人数？

5. 创建分组统计查询

例：按课程名称统计学生选修每门课程的总分、均分、最低分、最高分。查询命名为"按课程分组统计成绩查询"。

（1）单击"创建"选项卡中"查询"组的"查询设计"按钮，打开"显示表"对话框，选择"表"选项卡。

（2）双击"课程表"与"成绩表"，将它们添加到"查询"设计视图，关闭"显示表"对话框。

（3）在查询设计视图的"字段列表区"分别双击"课程表"中的"课程名称"字段，再双击"成绩表"中的"期末成绩"3 次，将它们添加到"查询设计区"中的第 1~4 列。

（4）单击"查询工具 | 设计"选项卡中"显示/隐藏"组中的"汇总"按钮，此时在"查询设计区"插入了"总计"行；将"课程名称"字段的"总计"列表框设置成分组"Group By"；在第 2~4 列的"期末成绩"字段的"总计"下拉列表框中分别选择"平均值""最大值""最小值"，再在第 2~4 列的"期末成绩"字段的"字段"行文本框中分别输入"平均分：期末成绩""最大值：期末成绩""最小值：期末成绩"（注意：冒号用英文标点；冒号之前表示生成查询表中新字段名称，冒号之后为新字段值的数据源或计算公式），如图 8-10 所示；单击"保存"按钮，为查询设置名称"按课程分组统计成绩查询"。

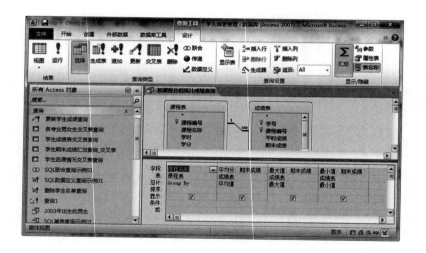

图 8-10 分组统计查询的设计视图

（5）在数据表视图或者设计视图上查看运行结果，如图 8-11 所示。

6. 创建具有计算字段的查询

例：按班级查询全体学生所有课程的总平均成绩。查询命名为"按班级查询期末总平均成绩"。

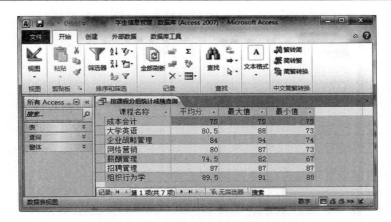

图8-11 分组统计查询的数据表视图

（1）单击"创建"选项卡中"查询"组的"查询设计"按钮，打开"显示表"对话框，选择"表"选项卡。

（2）双击"成绩表"，将它添加到"查询"设计视图，关闭"显示表"对话框。

（3）在查询设计视图的字段列表区双击"成绩表"中的"学号""期末成绩"字段，将它们添加到"查询设计区"中的第1~2列。

（4）单击"查询工具｜设计"选项卡中"显示/隐藏"组中的"汇总"按钮，此时在"查询设计区"插入了"总计"行；将"学号"字段的"总计"列表框设置成分组；在"字段"列表框中输入新的计算字段："班级：Left（［学号］，4）"① 在"期末成绩"字段的字段行输入"期末成绩之平均分：期末成绩"，"总计"下拉列表框中选择"平均分"，如图8-12所示；单击"保存"按钮，为查询设置名称"按班级查询全体学生期末总平均成绩"。

（5）在数据表视图或者设计视图下，查看运行结果，如图8-13所示。

思考：

（1）按班级查询每名学生期末总平均成绩，查询命名为"按班级查询每名学生期末总平均成绩"。查询结果如图8-14所示。

（2）查找并显示低于班级期末平均分的学生姓名、所在班级、班级期末平均成绩、个人期末平均分、平均分差值，查询命名为"低于班级期末平均成绩查询"，查询结果如图8-15所示。

---

① Left（［字段名］，数值）函数表示从"学号"左边开始取4位，其中学号的前四位表示班级。

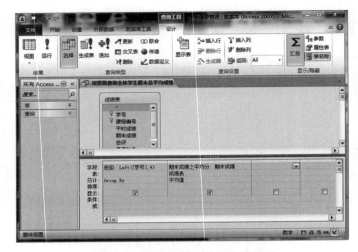

图 8-12　计算字段查询的设计视图

图 8-13　计算字段查询的数据表视图

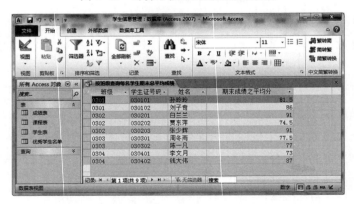

图 8-14　"按班级查询每名学生期末总平均成绩"查询的数据表视图

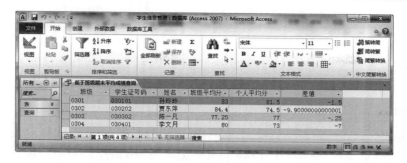

图 8-15　"低于班级期末平均成绩查询"的数据表视图

实验9　参数查询和交叉表查询

一、实验目的

（1）掌握使用查询设计视图创建参数查询的方法。
（2）掌握使用查询设计视图创建交叉表查询的方法。

二、实验任务

（1）单参数查询。
（2）多参数查询。
（3）行列标题为单字段的交叉查询。
（4）行列标题为多字段的交叉查询。
（5）行列标题包含统计结果的交叉查询。

三、实验操作

1. 单参数查询

例：建立一个按输入的系别名称查询学生成绩的参数查询。

（1）单击"创建"选项卡中"查询"组的"查询设计"按钮，打开"显示表"对话框，选择"表"选项卡。

（2）双击"学生表""课程表""成绩表"，将它们添加到"查询"设计视图，关闭"显示表"对话框。

（3）在查询设计视图的字段列表区，分别双击"学生表"中的"学号""姓名""专业名称"字段，"课程表"中"课程名称"字段，"成绩表"中"平时成绩""期末成绩"字段，将它们添加到"查询设计区"中的第1~6列。

（4）在"专业名称"字段列的"条件"文本框中输入带方括号的文本"［请输入专业名称:］"，建立参数查询，如图8-16所示；单击"保存"按钮，为查询设置名称"按专业名称查询"。

说明：

● "条件"栏中输入的查询条件要用方括号"［］"包含起来，其中括号里的字符为用户在输入查询参数时在提示对话框上要显示的提示文字。

● 参数查询可以是单参数查询，也可以是多参数查询。若使用多参数，可以在"条件"单元格中输入一个表达式，并在方括号中输入相应的提示，如：between［请输入起始日期:］and［请输入结束日期:］。

● 参数查询可以使用通配符。若要提示输入一个或多个搜索字符，然后查找以指定字符开始或包含这些字符的所有记录，可以用 LIKE 或＊，如：like［请输入第一个字符］&"＊"。

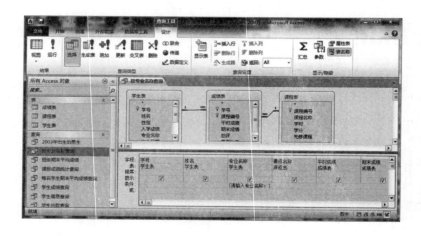

图 8-16　单参数查询的设计视图

（5）在数据表视图或者设计视图上查看运行结果，如图 8-17 所示。

图 8-17　单参数查询的数据表视图

思考：建立一个按输入的姓查询学生信息的参数查询。

2. 多参数查询

例：建立一个按某段入学成绩查找学生信息的参数查询。

（1）单击"创建"选项卡下"查询"组中的"查询设计"按钮，打开"显示表"对话框，选择"表"选项卡。

（2）双击"学生表"，将它添加到"查询"设计视图，关闭"显示表"对话框。

（3）在查询设计视图的"表/查询显示区"分别双击"学生表"中的"学号""姓名""性别""出生日期""入学成绩"字段，将它们添加到"查询设计区"中的第 1～5 列。

（4）在"入学成绩"字段列的"条件"文本框中输入"＞＝［输入最低分数］and＜＝［输入最高分数］"，建立参数查询，如图 8-18 所示；单击"保存"按钮，为查询设置名称"按入学成绩段查找学生的查询"。

（5）在数据表视图或者设计视图上查看运行结果，如图 8-19 所示。

3. 行列标题为单字段的交叉查询

交叉查询用于解决在一对多的关系中对"多方"实现分组求和的问题。交叉表查询将用于查询的字段分成两组，一组以行标题的方式显示在表格的左边，一组以列标题的方式显示在表格顶端，在行与列交叉的地方对数据进行总和、平均分、计数或者其他类型的计算，并显示在交叉点上。

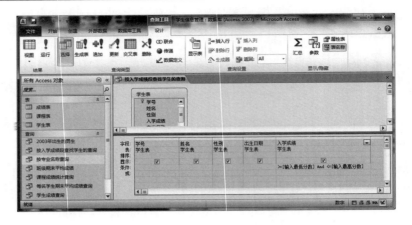

图 8-18　多参数查询的设计视图

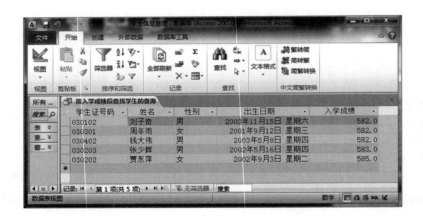

图 8-19　多参数查询的数据表视图

例：在"学生表"中统计各系的男女生人数。

（1）单击"创建"选项卡中"查询"组的"查询设计"按钮，打开"显示表"对话框，选择"表"选项卡。

（2）双击"学生表"，将其添加到"查询"设计视图，关闭"显示表"对话框。

（3）在查询设计视图的"表/查询显示区"，分别双击"学生表"中的"专业名称""性别""学号"字段，将它们添加到"查询设计区"中的第1~3列。

（4）单击"查询工具｜设计"选项卡"查询类型"组的"交叉表"按钮，

则将"交叉表"行添加到"查询设计区"。为了将"专业名称"放在交叉表每行的左边,在"专业名称"字段的"交叉表"行单元格中选择"行标题";同理,为了将"性别"放在交叉表每行的上方,在"性别"字段的"交叉表"行单元格中选择"列标题"。为了在行与列的交叉处显示人数,在"学号"字段的"总计"行单元格中选择"计数",如图 8-20 所示;单击"保存"按钮,为查询设置名称"各专业男女生交叉表查询"。

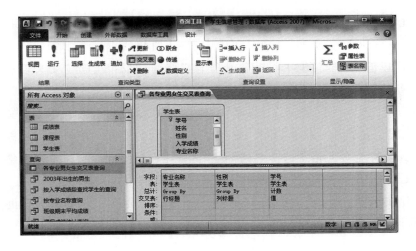

图 8-20 行列标题为单字段的交叉查询的设计视图

(5) 在数据表视图或者设计视图上查看运行结果,如图 8-21 所示。

图 8-21 行列标题为单字段的交叉查询的数据表视图

4. 行列标题为多字段的交叉查询

例：统计每名学生的选课情况。

（1）单击"创建"选项卡中"查询"组的"查询设计"按钮，打开"显示表"对话框，选择"表"选项卡。

（2）双击"学生表""成绩表""课程表"，将其添加到"查询"设计视图，关闭"显示表"对话框。

（3）在查询设计视图的"表/查询显示区"分别双击"学生表"中的"学号""姓名"字段，"课程表"的"课程名称"字段，"成绩表"的"期末成绩"字，将它们添加到"查询设计区"中的第1~4列。

（4）单击"查询工具 | 设计"选项卡"查询类型"组的"交叉表查询"按钮，则将"交叉表"行添加到"查询设计区"；为了将"学号""姓名"放在交叉表每行的左边，在"学号""姓名"字段的"交叉表"行单元格中选择"行标题"；同理，为了将"课程名称"放在交叉表每行的上方，在"课程名称"字段的"交叉表"行单元格中选择"列标题"。为了在行与列的交叉处显示学生是否选该课程，在"期末成绩"字段的"交叉表"行单元格选择"值"，在"总计"行单元格中选择"计数"，如图8-22所示；单击"保存"按钮，为查询设置名称"学生选课情况交叉表查询"。

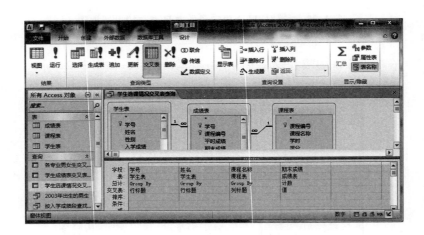

图8-22　行列标题为多字段的交叉查询的设计视图

（5）在数据表视图或者设计视图上查看运行结果，如图8-23所示。

图 8-23 行列标题为多字段的交叉查询的数据表视图

5. 行列标题包含统计结果的交叉查询

例：建立统计学生成绩表的交叉表查询。

（1）单击"创建"选项卡中"查询"组的"查询设计"按钮，打开"显示表"对话框，选择"表"选项卡。

（2）双击"学生表""成绩表""课程表"，将其添加到"查询"设计视图，关闭"显示表"对话框。

（3）在查询设计视图的"表/查询显示区"分别双击"学生表"中的"学号""姓名"字段，"成绩表"的"期末成绩"字段，"课程表"的"课程名称"字段，将它们添加到"查询设计区"中的第 1~4 列。

（4）单击"查询工具 | 设计"选项卡"查询类型"组的"交叉表查询"按钮，则将"交叉表"行添加到"查询设计区"；为了将"学号""姓名"放在交叉表每行的左边，在"学号""姓名"字段的"交叉表"行单元格中选择"行标题"；同理，为了将"课程名称"放在交叉表每行的上方，在"课程名称"字段的"交叉表"行单元格中选择"列标题"。为了在行与列的交叉处显示期末成绩，在"期末成绩"字段的"交叉表"行单元格选择"值"，在"总计"行单元格中选择"合计"；为了计算每名学生选课门数、总成绩、平均成绩，在"查询设计区"中添加三个自定义字段名称："选课门数：[期末成绩]""总成绩：[期末成绩]""平均成绩：[期末成绩]"，在该字段"表"行单元格选择"成绩表"，在"交叉表"行单元格选择"行标题"，在"总计"行单元格分别选择"计数""合计""平均值"，如图 8-24 所示；单击"保存"按钮，为查询设置名称"学生成绩表交叉表查询"。

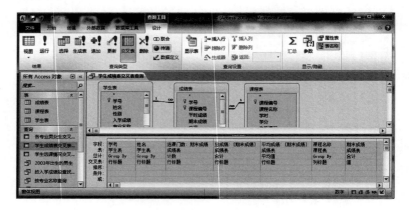

图 8-24　行列标题包含统计结果的交叉查询的设计视图

（5）在数据表视图或者设计视图上查看运行结果，如图 8-25 所示。

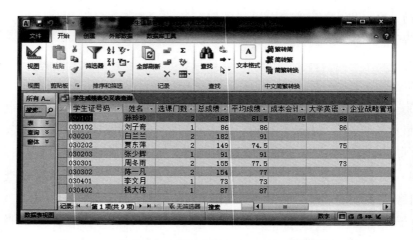

图 8-25　行列标题包含统计结果的交叉查询的数据表视图

实验 10　操作查询

一、实验目的

（1）掌握使用查询设计视图创建生成表查询的方法。

（2）掌握使用查询设计视图创建删除查询的方法。

（3）掌握使用查询设计视图创建更新查询的方法。

（4）掌握使用查询设计视图创建追加查询的方法。

二、实验任务

（1）创建生成表查询。

（2）创建删除查询。

（3）创建更新查询。

（4）创建追加查询。

三、基础知识

查询功能用于对表执行全局数据管理操作。虽然其他查询也可以进行某些动作的操作，但是每次只能修改一条记录，而操作查询能够通过单一的操作同时完成多条记录的修改。

Access 的操作查询包括追加查询、更新查询、删除查询、生成表查询。操作查询一旦运行，将根据其功能完成对应表的修改，这个操作是不能通过撤销按钮撤销其操作的。

四、实验操作

1. 创建生成表查询

例：查询期末成绩优秀的学生并生成"优秀学生名单"表。

（1）单击"创建"选项卡中"查询"组的"查询设计"按钮，打开"显示表"对话框，选择"表"选项卡。

（2）双击"学生表""课程表""成绩表"，将三表添加到"查询"设计视图，然后关闭"显示表"对话框。

（3）在查询设计视图的"表/查询显示区"，分别双击"学生表"中的"学号""姓名"字段，"课程表"中"课程名称"字段，"成绩表"中"期末成绩"字段，将其添加到"查询设计区"中的第 1~4 列。

（4）在"查询设计区"的"期末成绩"字段的条件行中输入条件"＞＝90"，如图 8-26 所示；单击"查询工具 | 设计"选项卡"查询类型"组中"生成表"按钮，打开"生成表"对话框，输入表名称"优秀学生名单"，保存在"当前数

据库"中,单击"确定"按钮;单击"保存"按钮,为查询设置名称"优秀学生名单查询"。

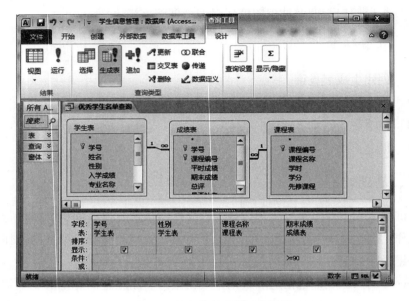

图 8-26　生成表查询的设计视图

(5)在查询设计视图上单击"查询工具 | 设计"选项卡中的"运行"按钮,在如图 8-27 所示的系统提示,选择"是"按钮,在导航窗格的表中可以看到新增"优秀学生名单"表。

图 8-27　生成表查询系统提示

2. 创建删除查询

例:将"优秀学生名单"表中选修了"组织行为学"课程的名单删除。

(1)单击"创建"选项卡下"查询"组中的"查询设计"按钮,打开"显示表"对话框,选择"表"选项卡。

(2)双击"优秀学生名单"表,将其添加到"查询"设计视图,然后关闭"显示表"对话框。

（3）在查询设计视图的"表/查询显示区"，分别双击"优秀学生名单"表中的"＊""课程名称"字段，将它们添加到"查询设计区"中的第1~2列。

（4）单击"查询工具｜设计"选项卡"查询类型"组中的"删除"按钮，在"查询设计区"中增加了一个"删除"行，在"课程名称"字段的条件行中输入条件"组织行为学"，如图8-28所示。

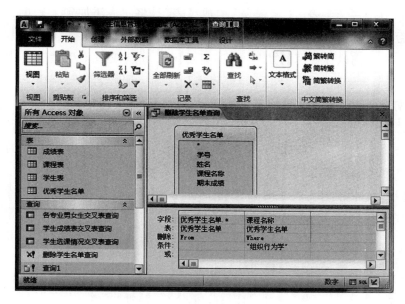

图8-28 删除查询的设计视图

（5）在数据表视图上预览要删除的记录；单击"保存"按钮，为查询设置名称"删除学生名单查询"；在"查询"设计视图上单击"查询工具｜设计"选项卡中的"运行"按钮，在如图8-29所示的系统提示中选择"是"按钮，则记录将被删除。

图8-29 删除查询系统提示

3. 创建更新查询

例：将"财务管理"与"工商管理"专业选修"大学英语"课程的学生的期末成绩加 3 分。

（1）单击"创建"选项卡下"查询"组中的"查询设计"按钮，打开"显示表"对话框，选择"表"选项卡。

（2）双击"学生表""课程表""成绩表"，将三表添加到"查询"设计视图，然后关闭"显示表"对话框。

（3）在查询设计视图的"表/查询显示区"分别双击"学生表"中的"学号""姓名""专业名称"字段，"课程表"中的"课程名称"字段，"成绩表"中的"期末成绩"字段，并将其添加到"查询设计区"中的第 1~5 列。

（4）单击"查询工具 | 设计"选项卡"查询类型"组中的"更新"按钮，则在"查询设计区"中增加了"更新到"行；在"期末成绩"字段的"更新到"文本框中输入表达式"［期末成绩］+3"，在"专业名称"字段的"条件"行与"或"行中分别输入"财务管理"或"工商管理"，在"课程名称"字段的"条件"行与"或"行中均输入"大学英语"，如图 8-30 所示。

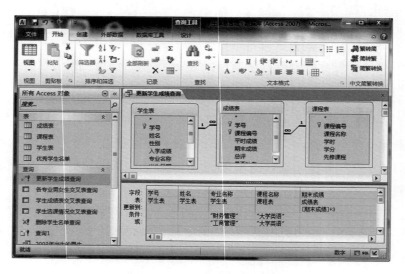

图 8-30　更新查询的设计视图

（5）在数据表视图上预览将要被更新的记录；单击"保存"按钮，为查询设置名称"更新学生成绩查询"；在"查询"设计视图下，单击"查询工具 | 设计"选项卡中的"运行"按钮，在系统提示中选择"是"按钮，则记录将被更新。

4. 创建追加查询

例：将"组织行为学"期末成绩优秀的学生信息添加到"优秀学生名单"表中。

（1）单击"创建"选项卡中"查询"的"查询设计"按钮，打开"显示表"对话框，选择"表"选项卡。

（2）双击"学生表""课程表""成绩表"，将三表添加到"查询"设计视图的"表/查询显示区"窗格，然后关闭"显示表"对话框。

（3）在查询设计视图的"表/查询显示区"分别双击"学生表"中的"学号""姓名"字段，"课程表"中的"课程名称"字段，"成绩表"中的"期末成绩"字段，将它们添加到"查询设计区"中的第 1~4 列。

（4）在查询设计区中"课程名称"字段的条件行中输入条件"组织行为学"，"期末成绩"字段的条件行中输入条件">=90"，如图 8-31 所示。

（5）单击"查询工具｜设计"选项卡"查询类型"组中的"追加"按钮，弹出"追加"对话框，输入表名称"优秀学生名单"，选择"当前数据库"，单击"确定"按钮，则在"查询设计区"中增加了一个"追加到"行；单击"保存"按钮，为查询设置名称"追加学生记录查询"。

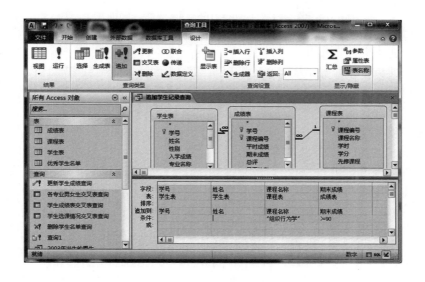

图 8-31 追加查询的设计视图

（6）在"查询"设计视图下，单击"查询工具丨设计"选项卡中的"运行"按钮，系统提示追加记录，单击"是"按钮，系统则将要追加的记录追加到指定的表中。

实验11　使用向导创建查询

一、实验目的

（1）掌握使用查询向导创建简单查询的方法。
（2）掌握使用查询向导创建交叉表查询的方法。
（3）掌握使用查询向导创建查找重复项查询的方法。
（4）掌握使用查询向导创建查找不匹配项查询的方法。

二、实验任务

（1）创建简单选择查询。
（2）创建简单查询，完成汇总计算。
（3）创建交叉表查询。
（4）创建查找重复项的查询。
（5）创建查找不匹配项的查询。

三、实验操作

1. 创建简单选择查询

例：利用查询向导创建简单选择查询，显示学生的期末成绩单。

（1）单击"创建"选项卡下"查询"组中的"查询向导"按钮，打开"新建查询"对话框，选择"简单查询向导"，单击"确定"按钮。

（2）在"表/查询"下拉列表框中选择"学生表"，在"可用字段"中双击选择"学号""姓名"字段，将它们添加到"选定字段"列表框；同理，在"表/查询"下拉列表框中选择"课程表"，在"可用字段"中双击选择"课程名称"；在"表/查询"下拉列表框中选择"成绩表"，在"可用字段"中双击选择

"期末成绩";如图 8-32 所示,单击"下一步"按钮。

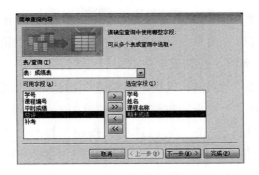

图 8-32 简单查询向导——选择"可用字段"窗口

(3) 选择"明细"(显示每个记录的每个字段),单击"下一步"按钮。

(4) 为查询指定标题"学生期末成绩单查询",并选中"打开查询查看信息",单击"完成"按钮,可以查看如图 8-33 所示的查询结果。

图 8-33 简单查询向导的数据表视图

2. 创建简单查询，完成汇总计算

例：利用查询向导汇总每个学生的总分和平均分。

（1）单击"创建"选项卡下"查询"组中的"查询向导"按钮，打开"新建查询"对话框，选择"简单查询向导"，单击"确定"按钮。

（2）在"表/查询"下拉列表框中选择"学生表"，将"学号""姓名"字段添加到"选定字段"列表框；选择"成绩表"，将"期末成绩"添加到"选定字段"列表框，单击"下一步"按钮。

（3）选择"汇总"，单击"汇总选项"按钮，打开"汇总选项"对话框，选择需要计算的汇总值——"期末成绩"字段的"汇总"和"平均"，单击"确实"按钮，返回"简单查询向导"对话框，单击"下一步"按钮。

（4）为查询指定标题"学生期末成绩汇总查询"，并选中"打开查询查看信息"，单击"完成"按钮，可以查看如图 8-34 所示的查询结果。

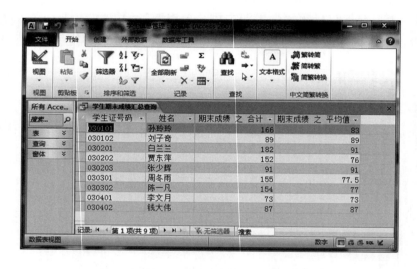

图 8-34　简单查询向导之汇总查询的数据表视图

3. 创建交叉表查询

例：利用查询向导汇总每个学生的各科平均分。

（1）单击"创建"选项卡下"查询"组中的"查询向导"按钮，打开"新建查询"对话框，选择"交叉表查询向导"，单击"确定"按钮。

（2）在数据来源中的"视图"中选择"查询"，再继续在列表框中选择"学生期末成绩单查询",单击"下一步"按钮。

（3）选择作为"行标题"的字段"学号",单击"下一步"按钮；选择作为列标题的字段"课程名称",单击"下一步"按钮；设置行与列的交点,这是交叉表查询的最主要步骤。字段选择"期末成绩",函数选择"Avg",选中"是,包括各行小计",如图 8-35 所示,单击"下一步"按钮。

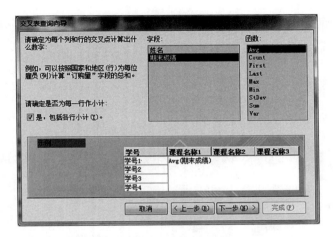

图 8-35 交叉表查询向导——选择"值"计算方式窗口

（4）为查询指定标题"学生期末成绩汇总查询_交叉表",并选中"查看查询",单击"完成"按钮,可以查看如图 8-36 所示的查询结果。

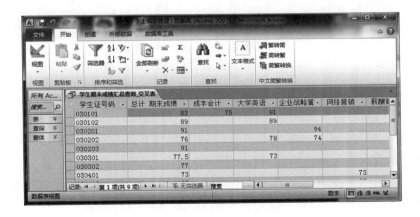

图 8-36 交叉表查询的数据表视图

4. 创建查找重复项的查询

例：利用查询向导查找入学成绩相同的学生信息。

（1）单击"创建"选项卡下"查询"组中的"查询向导"按钮，打开"新建查询"对话框，选择"查找重复项查询向导"，单击"确定"按钮。

（2）在数据来源中的"视图"中选择"表"，再继续在列表框中选择"学生表"，单击"下一步"按钮。

（3）选择可能包含重复信息的字段"入学成绩"，单击"下一步"按钮。

（4）选择需要显示的"学号""姓名""专业名称"3个字段，单击"下一步"按钮。

（5）为查询指定标题"查找入学成绩相同的学生查询"，并选中"查看结果"，单击"完成"按钮，可以查看如图8-37所示的查询结果。

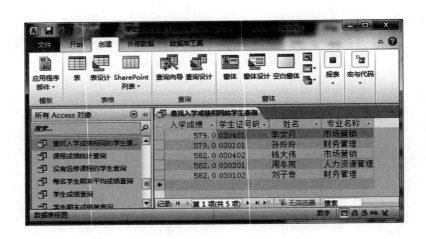

图8-37　查找重复项查询的数据表视图

5. 创建查找不匹配项的查询

例：利用查询向导查找本学期没有选课的学生信息。

（1）单击"创建"选项卡下"查询"组中的"查询向导"按钮，打开"新建查询"对话框，选择"查找不匹配项查询向导"，单击"确定"按钮。

（2）在数据来源中的"视图"中选择"表"，再继续在列表框中选择"学生表"，单击"下一步"按钮；继续选择相关的数据源"成绩表"。

（3）选择两个表中匹配的字段，即两个表中共有的字段，最终的查询结果就是该字段值在表 1 中存在而在表 2 中不存在的所有记录。选择"学号"作为匹配字段，单击"下一步"按钮。

（4）选择查询结果中需要显示的"学号""姓名""专业名称"3 个字段，单击"下一步"按钮。

（5）为查询指定标题"没有选修课程的学生查询"，并选中"查看结果"，单击"完成"按钮，可以查看如图 8-38 所示的查询结果。

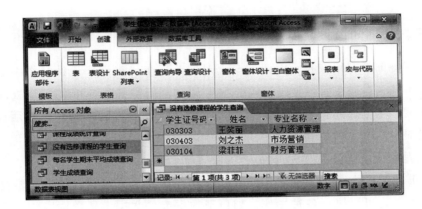

图 8-38　查找不匹配项查询的数据表视图

实验 12　SQL 查询

一、实验目的

（1）掌握使用 SQL SELECT 语句创建简单查询的方法。

（2）掌握使用 SQL SELECT 语句创建复杂查询的方法。

（3）掌握使用数据定义语句创建和维护表结构的方法。

（4）掌握使用数据操纵语句维护表中记录的方法。

二、实验任务

（1）利用 SQL SELECT 语句建立单表查询。

（2）利用 SQL SELECT 语句建立多表查询。

（3）利用 SQL SELECT 语句建立联合查询。

（4）利用数据定义语句定义和维护表的结构。

（5）利用数据操纵语句维护表中记录。

三、基础知识

交互查询都有相应的 SQL 语句与之对应。当在"查询"设计视图中创建查询时，Access 自动在后台生成等效的 SQL 语句。但是某些 SQL 的特定查询（如传递查询、联合查询和数据定义查询）不能在查询设计区中创建，必须直接在 SQL 视图中创建 SQL 语句。

1. 结构化查询语言（Structured Query Language，SQL 语言）

SQL 语言的主要功能是同各种数据库建立联系，达到操纵数据库数据的目的。SQL 语言可以执行各种操作，如更新数据库的数据、从数据库中检索数据等。绝大多数流行的关系数据库管理，如 Oracle、Access 等，都采用了 SQL 语言标准。

SQL 语言包含以下四部分：

（1）数据定义语言：包括 Create、Alter、Drop，主要体现在表的建立、修改和删除操作上。

（2）数据查询语言：包括 SELECT。

（3）数据操纵语言：包括 Insert、Update、Delete，用于向表中添加若干行记录、修改表中的数据和删除表中的若干行数据。

（4）数据控制语言：包括 Commit Work、Rollback Work。

2. SQL 视图

SQL 视图是用于显示和编辑 SQL 的窗口，主要用于查看或修改已创建的查询、通过 SQL 语句直接创建查询场合。

（1）查看或修改已创建的查询。单击"开始"选项卡中"视图"组的"视图"按钮，在下拉列表中选择"SQL 视图"。

（2）通过 SQL 语句直接创建查询场合。单击"创建"选项卡中的"查询设计"按钮，关闭"显示表"；单击"开始"选项卡"视图"组中的"视图"按钮，在下拉列表中选择"SQL 视图"。

3. SQL 语法

一般格式：

SELECT 　［谓语动词］　 ＊｜<字段列表>

FROM 　表名［,……］［IN 外部数据库］

［WHERE 　……］

［GROUP BY……］

［HAVING……］

［ORDER BY……］

其中，<>表示在实际的语句中要采用实际需要的内容进行替代；［］表示可以根据需要进行选择，也可以不选；｜表示多项选项只能选择其中之一（见表 8-5）。

表 8-5 "SELECT"语法说明表

术语	说明
SELECT	指定在查询中包含的字段、常量和表达式
谓词	ALL 表示检索所有符合条件的记录（含重复记录），默认值为 ALL
	DISTINCT 表示检索要去掉重复行的所有记录
＊	表示检索包括指定表的所有字段
字段列表	表示检索指定字段
表名	用于指定要查询的表名
外部数据库	如果表达式所在的表不在当前数据库，则使用该参数指定其所在的外部数据库
WHERE	指定查询条件，则将满足指定条件的数据作为查询结果；作为可选项，如果不加条件，则将所有数据都作为查询结果
GROUP BY	对查询进行分组统计，统计选项必须是数值型的数据；将特定字段列表中相同的记录组合成单个记录
HAVING	过滤条件，功能与 WHERE 一样，只是要与 GROUP 子句配合使用以表示条件；将统计结果作为过滤条件
ORDER BY	指定查询结果排列顺序，一般放在 SQL 语句最后；默认升序

四、实验操作

1. 单表查询

例：查找并显示"学生表"中的"学号""姓名"字段。

（1）单击"创建"选项卡下"查询"组中的"查询设计"按钮，打开"设计视图"的同时弹出"显示表"对话框，关闭"显示表"对话框。

（2）单击"开始"选项卡中"视图"组的"视图"按钮，在弹出的菜单中选择"SQL 视图"命令，切换到"SQL 视图"窗口，用户可以在"SQL 视图"窗口中直接输入 SQL 语句来创建查询，如图 8-39 所示。

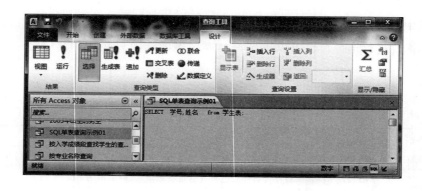

图 8-39　单表查询的 SQL 视图

说明：

- "From 学生表"是指定检索的表来源。

- "SELECT　学号，姓名"是指定查询结果包含哪些列，也可以理解为从表来源中选取哪些列；SELECT 不区分大小写。

- 关于行如果没有特别说明，则查询结果包含表来源的所有行。

- 注意用英文的标点！！

（3）单击"查询工具｜设计"选项卡下的"运行"按钮，查看查询结果。

（4）单击"保存"命令，将查询名称设置为"SQL 单表查询示例01"。

思考：

（1）查找并显示"学生表"中的所有信息（所有记录所有字段）。

SELECT　＊　from　学生表

比较以下两条命令：

SELECT　DISTINCT　专业名称　from　学生表

SELECT　专业名称　from　学生表

（2）查找并显示"学生表"中的"姓名""入学成绩"字段，并将"入学成绩"的字段名改为"大学入学成绩"。

SELECT　姓名，入学成绩　as　大学入学成绩　from　学生表

（3）查找并显示"学生表"中的"姓名""专业名称"字段，计算学生年龄。

SELECT　姓名，专业名称，year（date（ ））-year（出生日期）as 年龄 from 学生表

其中，year（date（ ））-year（出生日期）说明不仅可以直接用表源中的列作为查询结果的列，还可以基于表源将计算结果作为查询结果的列。

（4）查找并显示"学生表"中的入学成绩高于582的"学号""姓名"字段。

SELECT　学号，姓名　from　学生表　where　入学成绩>582

（5）查找并显示"学生表"中的财务管理专业的学生的"学号""姓名""入学成绩"字段，并按"入学成绩"的降序排列。

SELECT　学号，姓名，入学成绩　from 学生表 where 专业名称="财务管理" orderby 入学成绩 DESC

（6）查找并显示"学生表"中的财务管理专业女学生的"学号""姓名""性别"字段。

SELECT　学号，姓名，性别　from　学生表　where　专业名称="财务管理"　and 性别="女"

（7）查找并显示"学生表"中的财务管理专业或工商管理专业的女学生的"学号""姓名""专业名称""性别"字段。

SELECT　学号，姓名，专业名称，性别　from　学生表　where（专业名称="财务管理" or 专业名称="工商管理" ）and 性别="女"

注意比较：SELECT　学号，姓名，专业名称，性别　from　学生表　where 专业名称="财务管理" or 专业名称="工商管理" and 性别="女"

（8）查找并显示"学生表"中的财务管理专业或工商管理专业的学生的"学号""姓名""专业名称"字段。

SELECT 学号，姓名，专业名称 from 学生表 where 专业名称 in（"财务管理","工商管理"）

注意比较：SELECT 学号，姓名，专业名称 from 学生表 where 专业名称 not in（"财务管理","工商管理"）

（9）查找并显示"学生表"中姓王的学生的"学号""姓名""专业名称"字段。

SELECT 学号，姓名，专业名称 from 学生表 where 姓名 like "王＊"

注意比较：SELECT 学号，姓名，专业名称 from 学生表 where 姓名 like "王?"

（10）查询"学生表"中男学生人数。

SELECT count（＊） from 学生表 where 性别＝"男"

注意比较：SELECT count（学号） from 学生表 where 性别＝"男"

（11）查询"学生表"中男女学生人数。

SELECT 性别，count（＊）as 人数 from 学生表 group by 性别

（12）查询"学生表"女学生信息，并生成"女学生"表。

SELECT 学号，姓名，性别 into 女学生 from 学生表 where 性别＝"女"

2. 多表查询

实际应用中，更多情况下需要同时查询多个表中的数据，这就需要使用多表连接。可通过连接字段将多个表两两连接起来，使用户可以像操作一张大表那样进行查询操作。

例：从"学生表"和"成绩表"中查询"学号""姓名""课程编号""期末成绩"字段。

（1）单击"创建"选项卡下"查询"组中的"查询设计"按钮，打开"设计视图"的同时弹出"显示表"对话框，关闭"显示表"对话框。

（2）单击"开始"选项卡下"视图"组中的"视图"按钮，在弹出的菜单中选择"SQL 视图"命令，切换到"SQL 视图"窗口。用户可以在"SQL 视图"窗口中直接输入 SQL 语句"SELECT 学生表．学号，学生表．姓名，成绩表．课程编号，成绩表．期末成绩 from 学生表 inner join 成绩表 on 学生表．学号＝成绩表．学号；"来创建查询，如图 8-40 所示。

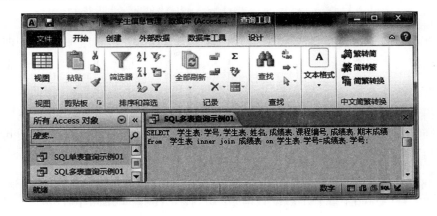

图 8-40　多表查询的 SQL 视图

说明：

● "学生表．学号"表示学生表中学号这个字段。

● "Inner join"表示内部连接；on 表示连接条件。

● "学生表　inner join　成绩表　on　学生表．学号＝成绩表．学号"表示数据库内部两张表"学生表"与"成绩表"根据学号这个字段进行关联。

（3）单击"设计"选项卡下的"运行"按钮，查看查询结果。

（4）单击"保存"命令，将查询名称设置为"SQL 多表查询示例 01"。

思考：

（1）三表查询：从"学生表""成绩表""课程表"中查询"学号""姓名""课程编号""课程名称""学分""期末成绩"字段。

SELECT　学生表．学号，学生表．姓名，成绩表．课程编号，课程表．课程名称，课程表．学分，成绩表．期末成绩　FROM　学生表　INNER JOIN（课程表　INNER JOIN　成绩表　ON　课程表．课程编号＝成绩表．课程编号）ON 学生表．学号＝成绩表．学号

（2）子查询（嵌套查询）：从"学生表"和"成绩表"中查询财务管理专业的学生的"学号""姓名""课程编号""期末成绩"字段。

SELECT　学号，课程编号，期末成绩　from　成绩表　where　学号 in（select 学号　from　学生表　where　专业名称="财务管理"）

（3）参数查询：当依次输入两个学生的学号时，查询两个学号之间的学生信息。查询结果中要包括"学号""姓名""性别""课程编号"和"期末成绩"

字段；查询名称设置为"SQL 多表查询示例02"。

SELECT 学生表.学号，学生表.姓名，学生表.性别，成绩表.课程编号，成绩表.期末成绩 from 学生表 inner join 成绩表 on 学生表.学号=成绩表.学号 where 学生表.学号 between ［起始学号:］ and ［结束学号:］

（4）通用方法：确定字段，确定表，确定子句（条件子句、分组子句、排序子句）。

3. 联合查询

联合查询将两个或多个表或查询中的记录合并到查询结果中。

例：将"优秀学生名单"表中的"学号""课程名称""期末成绩"的查询结果与"成绩表"中的"学号""课程编号""期末成绩"的查询结果合并起来。

（1）单击"创建"选项卡中"查询"组的"查询设计"按钮，打开"设计视图"的同时弹出"显示表"对话框，关闭"显示表"对话框。

（2）单击"开始"选项卡中"视图"组中的"视图"按钮，在弹出的菜单中选择"SQL 视图"命令，单击"设计"选项卡下"查询类型"组中的"联合"按钮，打开"联合查询"窗口。在窗口中输入 SQL 语句"SELECT 学号，课程名称，期末成绩 from 优秀学生名单 union SELECT 学号，课程编号，期末成绩 from 成绩表"（见图 8-41）。

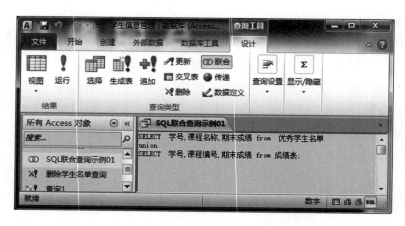

图 8-41 联合查询的 SQL 视图

（3）单击"设计"选项卡下的"运行"按钮，查看查询结果（注意查询结果的字段名、记录数）。

（4）单击"保存"命令，查询名称设置为"SQL 联合查询示例 01"。

说明：

● 使用联合查询时，"设计视图"不可用，只能在"数据表视图"和"SQL 视图"之间切换。

● 联合查询始终为只读，不能更改数据表视图中的任何值。

思考：试运行下列语句，并指出它们分别实现了什么目的。

（1）SELECT 学号，课程名称，期末成绩 from 优秀学生名单

union。

SELECT 学号，课程编号，期末成绩 from 成绩表 where 期末成绩>=80

（2）SELECT 学号，课程名称，期末成绩 from 优秀学生名单 union。

SELECT 学号，课程编号，期末成绩 from 成绩表 where 期末成绩>=80

Order by 学号

4. 数据定义查询

SQL 还提供了定义和维护表结构的"数据定义"语句。数据定义查询可以创建、删除或改变表结构，也可以在数据表中创建索引。

例：创建"教师表"，包括"教师编号""姓名""性别""学历""出生日期""职称""系别""邮箱"字段，其中"出生日期"为日期时间型数据，其他字段为文本型数据，同时将"教师编号"字段设置为该表的主键。

（1）单击"创建"选项卡中"查询"组的"查询设计"按钮，打开"设计视图"的同时弹出"显示表"对话框，关闭"显示表"对话框。

（2）单击"开始"选项卡中"视图"组的"视图"按钮，在弹出的菜单中选择"SQL 视图"命令，切换到"SQL 视图"窗口。用户可以在"SQL 视图"窗口中直接输入 SQL 语句来创建数据定义查询。

CREATE TABLE 教师表

（

教师编号 TEXT（4）NOT NULL PRIMARY KEY,

姓名 TEXT（8），

性别 TEXT（2），

出生日期 DATE,

学历 TEXT（6），

职称 TEXT（8），

系别 TEXT（8），

邮箱 TEXT（18）

）

（3）单击"设计"选项卡下的"运行"按钮，即创建"教师表"。

（4）单击"保存"命令，设置查询名称为"SQL 数据定义查询示例 01"。

思考：

（1）在"教师表"中添加一个"备注"字段。

ALTER TABLE 教师表 ADD 备注 MEMO

（2）将"教师表"中"备注"字段的数据类型改为"文本"型。

ALTER TABLE　教师表　ALTER　备注　TEXT

（3）删除"教师表"中的"备注"字段。

ALTER TABLE　教师表 DROP 备注

（4）在导航窗格中复制并粘贴"教师表"，并将新表命名为"教师表的副本"。若要删除该表，则：

DROP TABLE　教师表的副本

（5）给"教师表"中的"姓名"字段创建索引。

CREATE index 教师姓名索引　on　教师表（姓名）

（6）删除"教师表"中索引名为"教师姓名索引"的索引。

DROP index 教师姓名索引　on　教师表

5. 数据操作查询

SQL 还提供了维护数据的"数据操作"语句。

例：向"教师表"中添加一条记录：教师编号"0101"，姓名"张三"，性别"女"，学历"研究生"，职称"副教授"。

（1）单击"创建"选项卡下"查询"组中的"查询设计"按钮，打开"设计视图"的同时弹出"显示表"对话框，关闭"显示表"对话框。

（2）单击"开始"选项卡下"视图"组中的"视图"按钮，在弹出的菜单中选择"SQL 视图"命令，切换到"SQL 视图"窗口。用户可以在"SQL 视图"窗口中直接输入 SQL 语句来维护表中数据。

Insert into 教师表（教师编号，姓名，性别，学历，职称）VALUES（"0101"，"张三"，"女"，"研究生"，"副教授"）

说明：

● 可以只为部分字段加信息，也可以不按原字段顺序。

思考：

（1）修改记录：将张三的职称改为"教授"。

Update　教师表　set　职称＝"教授"　where　姓名＝"张三"

（2）删除记录：将"教师表"中编号为"0101"的记录删除。

Delete　from　教师表　where　教师编号＝"0101"

第九章　界面设计

实验 13　自动创建窗体

一、实验目的

（1）掌握自动创建各类窗体的方法。

（2）了解各类窗体的不同功能和特点。

二、实验任务

（1）使用"窗体"按钮创建窗体。

（2）创建"数据表"窗体。

（3）创建"多个项目"窗体。

（4）创建"分割窗体"。

（5）创建数据透视表窗体。

（6）创建数据透视图窗体。

三、基础知识

1. 窗体的类型

（1）纵栏式窗体：每次只显示一条记录。窗体中显示的记录按列分割，每列的左边显示字段名，右边显示字段的值。通常用于浏览和输入数据。

（2）表格式窗体：显示数据表或查询中的全部或多个记录，记录中的各字段横向排列，可以使用滚动条查看所有的记录。主要用于查看和维护记录。

（3）数据表窗体：外观与数据表或查询显示形式相同。常用作一个窗体的子窗体。

（4）主/子窗体：在窗体中可以包含两个窗体，其中插入到另一个窗体中的窗体称为子窗体，被插入窗体的窗体称为主窗体或父窗体。常用于显示具有一对多关系的两个表或查询中的数据。

（5）分割窗体：包括上、下两个分区，下分区以数据表形式显示全部记录，上分区以纵栏式显示下分区中当前选中的记录的详细信息。

（6）导航窗体：包含导航控件的窗体，可以在数据库中的各种窗体、报表间切换。

（7）数据透视表窗体：类似 Excel 的数据透视表。显示数据表或查询的一些汇总和分析统计信息。用户可以选择不同的显示和计算汇总方式。

（8）数据透视图窗体：以图表的形式显示数据透视表的统计信息，提供了多种图表类型。

2. 窗体的视图

同一窗体在不同视图下显示出不同的形式和内容，以用于完成不同的操作任务。常用的视图包括：

（1）窗体视图：窗体运行时的显示形式，用于显示记录数据、添加和修改表中的数据的窗口，用于查看窗体的效果。

（2）设计视图：显示窗体结构，可以对窗体中的内容进行修改，用于窗体的设计、修改和美化。

（3）布局视图：调整窗体布局，如字段位置、宽度等，还可以添加新控件，设置窗体及控件属性。

（4）数据表视图：以行列格式显示表或窗体数据的窗口，用于查看来自窗体的数据。

（5）数据透视表视图：显示数据透视表窗体，类似 Excel 的数据透视表，通过对大量数据进行分析，修改横纵交叉表格，从而查看明细数据或汇总数据。

（6）数据透视图：以图表形式显示数据，以便于用户进行数据分析。

3. 窗体的信息来源

（1）表或查询。

（2）附加信息：说明性文字或图形元素。

四、实验操作

1. 使用"窗体"按钮创建窗体

单项目窗体每屏只显示一条记录，通过导航按钮可以切换记录。使用"窗体"按钮可以快速创建一个单项目窗体，其数据源为一个表或查询，创建的窗体将把数据源的所有字段都放置在窗体上。

（1）在导航窗体中选择"学生表"。

（2）单击"创建"选项卡中"窗体"组的"窗体"按钮，系统自动完成窗体的创建，并以布局视图显示此窗体，如图9-1所示。

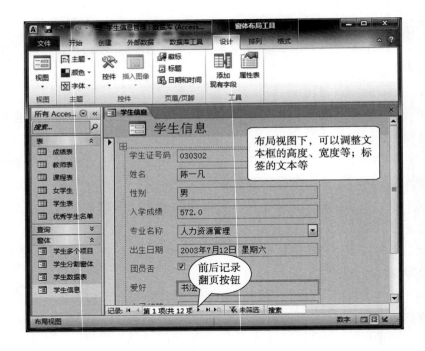

图 9-1　单项目的布局视图

（3）单击"保存"按钮，窗体命名为"学生信息"。

2. 创建"数据表"窗体

"数据表"窗体可以快速创建一个以数据表形式显示多条记录的窗体，每条记录占一行。

（1）在导航窗体中选择"学生表"。

（2）单击"创建"选项卡下"窗体"组中的"其他窗体"按钮，在下拉列表中选择"数据表"命令，立即完成窗体的创建，并以"数据表视图"显示，如图9-2所示。

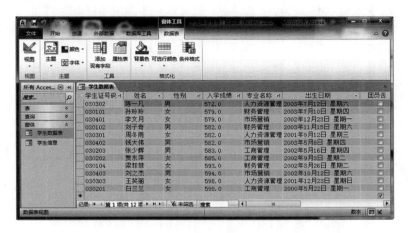

图9-2　数据表的数据表视图

（3）单击"保存"按钮，窗体命名为"学生数据表"。

3. 创建"多个项目"窗体

"多个项目"窗体是指在窗体中显示多条记录的一种窗体布局形式，记录以数据表的形式显示，是一种连续窗体。与数据窗体相比，多个项目窗体提供了更多的自定义选项，如添加图形元素、按钮和其他控件的功能。

（1）在导航窗体中选择"学生表"。

（2）单击"创建"选项卡下"窗体"组中的"其他窗体"按钮，在下拉列表中选择"多个项目"命令，系统自动完成多个项目窗体的创建，并以"布局视图"显示，如图9-3所示。

（3）单击"保存"按钮，窗体命名为"学生多个项目"。

4. 创建"分割窗体"

"分割窗体"以窗体视图和数据表视图这两种视图方式显示数据，窗体被分割为上、下两部分。两个视图连接到同一数据源，并且总是相互保持同步。使用分割窗体可以在窗体中同时利用两种窗体的优势，即使用窗体的数据表部分快速定位记录，然后使用窗体部分查看或编辑记录。

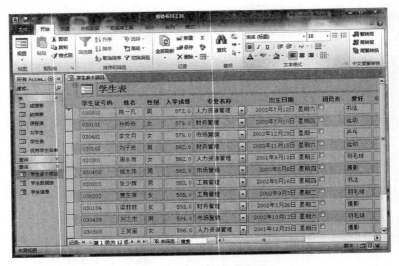

图 9-3　多个项目的布局视图

（1）在导航窗体中选择"学生表"。

（2）单击"创建"选项卡下"窗体"组中的"其他窗体"按钮，在下拉列表中选择"分割窗体"命令，系统自动完成分割窗体的创建，并以"布局视图"显示，如图 9-4 所示。

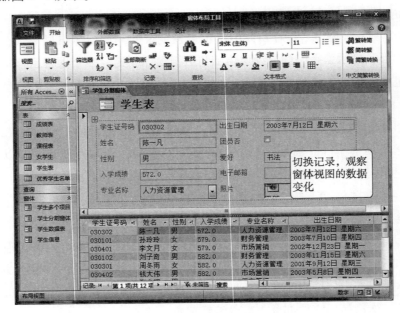

图 9-4　分割窗体的布局视图

（3）单击"保存"按钮，窗体命名为"学生分割窗体"。

5. 创建数据透视表窗体

数据透视表是一种交互式的表，它可以按设定的方式进行计算，如求和、计数、求平均值等。数据透视表窗体以交互式的表来显示数据，在使用的过程中用户可以根据需要改变版面布局。

例：用数据透视表对各专业学生按性别统计团员数。

（1）在导航窗体中选择"学生表"。

（2）单击"创建"选项卡下"窗体"组中的"其他窗体"按钮，在下拉列表中选择"数据透视表"命令，打开数据透视表设计窗口，同时显示"数据透视表字段列表"。

（3）从"数据透视表字段列表"中将"专业名称"拖到左上角的筛选字段区域，"团员否"拖到行字段区域，"性别"拖到列字段区域，"学号"拖到汇总区域。

（4）在汇总区域右击任意学号，在快捷菜单中选择"自动计算"中的"计数"命令，数据透视表窗体设计完成。单击"男""女"下的"隐藏明细数据"按钮"－"，结果如图9-5所示。

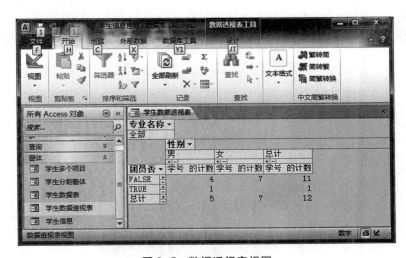

图9-5　数据透视表视图

（5）单击"保存"按钮，窗体命名为"学生数据透视表"。

思考：

（1）单击图9-5中的"显示/隐藏明细数据"按钮"＋""－"号，其功能是什么?

（2）在上述步骤（4）中若不选择"计数"，则实现了什么功能?

（3）删除"数据区域"学号字段，更换为"入学成绩"，并对其求平均值，则实现的是什么功能?

6. 创建数据透视图窗体

数据透视图以图表的形式汇总统计信息。

例：用数据透视图对各专业学生按性别统计学生数。

（1）在导航窗体中选择"学生表"。

（2）单击"创建"选项卡下"窗体"组中的"其他窗体"按钮，在下拉列表中选择"数据透视图"命令，打开数据透视图设计窗口，同时显示图表字段列表。

（3）从"图表字段列表"中将"性别"拖至左上角的筛选字段区域，"专业名称"拖到行系列字段区域，"学号"拖到数据字段区域；关闭"图表字段列表"对话框，显示数据透视图。

（4）为图表的坐标轴命名。选中水平坐标轴"坐标轴标题"，在"数据透视图工具"选项卡的"工具"组中单击"属性表"按钮，打开"属性"对话框，单击"格式"选项卡，在标题文本框中输入"专业名称"；用同样的方法将垂直坐标轴的标题改为"学生数"，结果如图 9-6 所示。

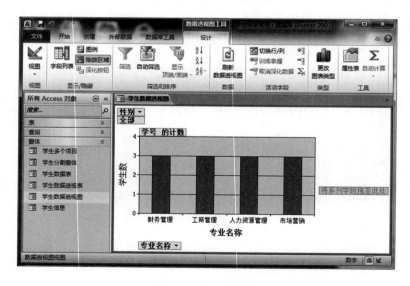

图 9-6　数据透视图

（5）单击"保存"按钮，窗体命名为"学生数据透视图"。

思考：

（1）对筛选字段"性别"，在其下拉列表处选择"男"，数据透视图的结果有何变化？

（2）对行系列字段"专业名称"，在其下拉列表处选择"若干专业"，数据透视图的结果有何变化？

（3）以"专业名称"为筛选字段，"性别"为行系列字段，"团员"为列系列字段，"学号"为数据字段（计数），结果实现了什么功能？

实验 14　使用窗体向导建窗体

一、实验目的

（1）掌握利用窗体向导创建各类窗体的操作方法。

（2）掌握使用空白窗体创建窗体的操作方法。

二、实验任务

（1）利用"窗体向导"创建基于一个数据源的窗体。

（2）利用"窗体向导"创建基于多个数据源的窗体。

（3）利用"空白窗体"创建窗体。

三、实验操作

1. 利用"窗体向导"创建基于一个数据源的窗体

（1）单击"创建"选项卡下"窗体"组中"窗体向导"按钮。

（2）在"表/查询"下拉列表框中选择"学生表"作为数据源，并将"可用字段"列表框中的"学号""姓名""性别""专业名称""出生日期""爱好"等字段添加到"选定字段"列表框中，单击"下一步"按钮。

（3）选择窗体布局为"纵栏表"，单击"下一步"按钮。

（4）将窗体标题修改为"学生信息表（向导）"，单击"完成"按钮，结果如图 9-7 所示。

图 9-7 "学生信息表（向导）"的窗体视图

2. 利用"窗体向导"创建基于多个数据源的窗体

（1）单击"创建"选项卡下"窗体"组中的"窗体向导"按钮。

（2）首先，在"表/查询"下拉列表框中选择"学生表"作为数据源，并将"可用字段"列表框中的"学号""姓名"添加到"选定字段"列表框中；其次，在"表/查询"下拉列表框中选择"课程表"作为数据源，并将"课程编号""课程名称"添加到"选定字段"列表框中；最后，在"表/查询"下拉列表框中选择"成绩表"作为数据源，并将"平时成绩""期末成绩"添加到"选定字段"列表框中，单击"下一步"按钮。

（3）确定查看数据的方式。由于学生表与成绩表具有一对多的关系，课程表与成绩表也具有一对多的关系，故所建的窗体带有子窗体，这里选择"通过 学生表"查看数据，即学生的内容显示在主窗体中，其他数据显示在子窗体中，如图 9-8 所示，单击"下一步"按钮。

（4）单击"数据表"以确定子窗体布局，单击"下一步"按钮。

（5）窗体标题设置为"学生信息表"（带成绩表子窗体），子窗体标题设置为"成绩表"，单击"完成"按钮，结果如图 9-9 所示。

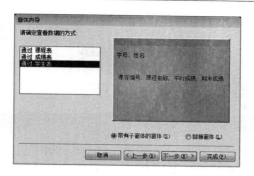

图 9-8　窗体向导——设置查看数据方式窗口

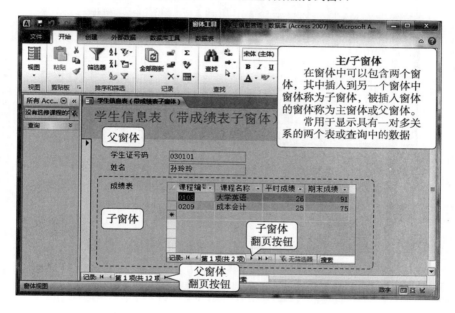

图 9-9　利用窗体向导创建的窗体视图

3. 利用"空白窗体"创建窗体

利用"空白窗体"工具创建窗体是一种非常快捷的窗体构建方式，尤其适合只在窗体上放置几个信息的情况下使用。

（1）单击"创建"选项卡下"窗体"组中的"空白窗体"按钮，在布局视图中打开一个空白窗体，并显示"字段列表"窗格。单击"显示所有表"，再单击在要窗体上显示字段所在表"课程表"左侧的折叠号"+"。

（2）双击"课程表"中的"课程编号""课程名称"字段，将其设置到主体区，还可以分别选中"学时"和"学分"字段并直接将其拖动到主体区，如图 9-10 所示。

（3）单击"保存"按钮，窗体命名为"课程表"。

（4）切换到"窗体视图"，查看窗体效果。

图 9-10　"空白窗体"创建的布局视图

实验 15　使用设计视图创建窗体

一、实验目的

（1）掌握利用"窗体设计"视图创建窗体的一般过程。

（2）掌握窗体中节的功能和操作方法。

（3）掌握各控件的添加方法和属性的设置方法。

二、实验任务

（1）利用设计视图创建一个简单的窗体。

（2）在设计视图窗体中添加控件并设置相应的属性。

三、基础知识

不同的窗体所包含的对象是不同的。窗体设计视图中的对象有三类，即窗体、节、控件。

完整的窗体由五部分组成，即窗体页眉、页面页眉、主体、页面页脚、窗体页脚。每个部分称为一个节，用户根据实际情况选择所需要的节。其中，页面页眉与页面页脚的内容在打印时才显示。

（1）窗体页眉：整个窗体的页眉，出现在屏幕顶部。在打印的窗体中，出现在第一页的顶部，用来显示窗体的标题或公司名称等说明性文字。

（2）页面页眉：放置显示在窗体上方的信息，重复打印在每页的顶部，如每一列的列标题，主要是字段名。

（3）主体：窗体显示数据的主要区域，主要部分的控件所在位置，即数据源中的每一条记录的显示区域。每一条记录打印一次。

（4）页面页脚：打印在每页的底部，用来显示每页的汇总说明、页码等内容。

（5）窗体页脚：用来显示窗体中所有数据的合计或其他汇总信息，出现在屏幕的底部。在打印的窗体中，出现在主体节最后一条记录之后。

四、实验操作

1. 添加/删除窗体页眉、页面页眉或页面页脚、窗体页脚

（1）单击"创建"选项卡下"窗体"组中的"窗体设计"按钮，进入只包含一个"主体"节的窗体设计视图。

（2）右击窗体设计"主体"区域的任意位置，在弹出的快捷菜单位中，选择"页面页眉/页脚"或"窗体页眉/页脚"命令，即可添加或删除相应的对象。

说明：

● 页面页眉与页面页脚只能同时添加或删除。如果只想添加其中一个节，将另一个高度设置为 0。窗体页眉与窗体页脚也是这样。

2. 窗体和节的选择

节表现为带区形式，包括节栏跟节背景区。节栏的左端显示了节的标题和一个向下箭头，以指示下方为该节栏的背景区。

（1）选择器：窗体和节各有自己的选择器，用于选择窗体或节，从而调整

节背景区的大小，以及显示属性表等操作；窗体选择器的位置在水平标尺与垂直标尺交叉处；节选择器在各节栏左侧的垂直标尺上。

（2）选择窗体或节：单击窗体选择器或窗体背景区外部（深灰色区）；单击节选定器、节栏或节背景区中未设置控件的部分，如图 9-11 所示。

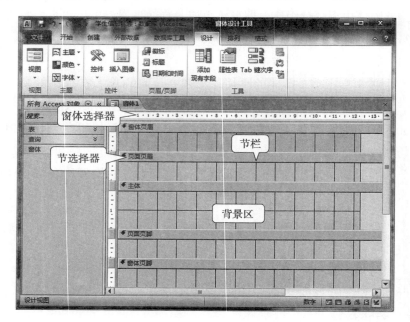

图 9-11　窗体的设计视图

3. 更改窗体页眉、窗体页脚或其他节的大小

在窗体设计视图中打开相应的窗体，将光标放在节的底边，待光标变为上下箭头状，上下拖动光标即可更改节的高度；将光标放在节的右边，待光标变为左右箭头状，左右拖动鼠标即可更改节的宽度。

4. 确定窗体的数据源

创建一个数据窗体，必须指定一个表或查询作为窗体的数据源。可通过窗体查看和访问数据库，省去搜索所需内容的步骤和时间，提高数据库的使用效率，还有助于避免输入错误的数据。

例：设置学生表为窗体数据源。

（1）在设计视图下，单击"设计"选项卡中"工具"组的"属性表"按钮，弹出窗体"属性表"窗口，如图 9-12 所示。

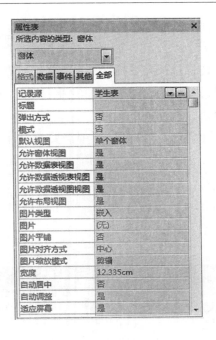

图 9-12 "属性表"对话框

（2）在"全部"或"数据"选项卡的"记录源"下拉列表框中选择"学生表"作为数据源，这时屏幕出现"学生表"的字段列表框，包含表中的所有字段。如果字段列表框没有打开，则单击"设计"选项卡中"工具"组的"添加字段列表"按钮；如果需要添加数据库中其他表的字段，单击"字段列表"窗口中的"显示所有表"链接，如图 9-13 所示，然后选择相应表与字段。

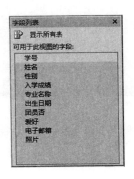

图 9-13 "字段列表"对话框

5. 在窗体上添加控件

（1）从数据源的字段列表中选择需要的字段拖放到窗体上，Access 会根据字段的类型自动生成相应的控件，并在控件和字段之间建立关联。从字段列表中选择"学号""姓名""性别""入学成绩""专业名称"，将其拖动到窗体设计视图的主体节中。

（2）单击"设计"选项卡"控件"组中需要的控件，添加到窗体上相应的"节"中。选择"标签"，添加到"窗体页眉"节中，直接输入标题"学生基本信息简介"。

（3）按照同样的方法，在"窗体页脚"节中再添加一个"标签"对象，如图 9-14 所示。

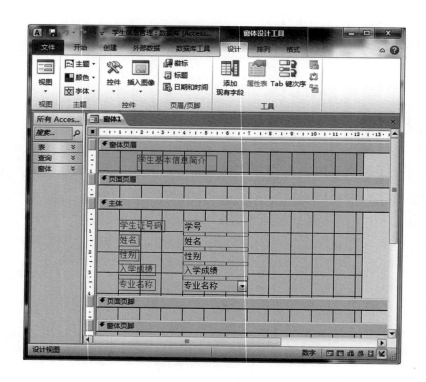

图 9-14　添加控件的设计视图

6. 设置对象的属性

（1）单击当前窗体对象或某个控件对象，如"窗体页眉"节中添加的标签对象。

（2）单击"设计"选项卡中"工具"组的"属性表"按钮，打开"属性表"窗口，设置"字号"为"14"，"前景色"为"黑色"，"宽度"为"5cm"。

（3）同理，可设置窗体或其他控件的属性。

7. 查看窗体的设计效果

单击"设计"选项卡"视图"组中的"视图"下拉按钮，选择"窗体视图"按钮，切换到窗体视图查看设计效果，如图 9-15 所示。

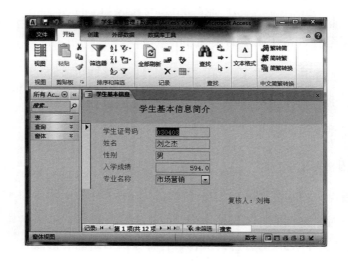

图 9-15　添加控件的窗体视图

说明：

●使用"窗体设计"视图创建的窗体，其"默认视图"属性是"单个窗体"，一次只显示一条记录。可通过水平滚动条前的"导航按钮"的"下一条记录"按钮，浏览所有记录的详细内容。

●如果一次要浏览多条记录内容，可将窗体"默认视图"的属性更改为"连续窗体"。

8. 保存窗体对象

单击"保存"按钮，存为"学生基本信息"。

实验 16　利用设计视图创建包含多控件的窗体

一、实验目的

（1）掌握"窗体设计"视图下创建多控件窗体的方法。

（2）掌握窗体设计常用控件的功能和操作方法。

（3）掌握各控件常用属性的设置方法。

二、实验任务

（1）控件的属性设置。

（2）窗体的属性设置。

三、基础知识

控件是窗体上用于显示数据、执行操作、装饰窗体的图形化对象。在窗体中添加的每一个对象都是控件，如文本框、复选框、滚动条或命令按钮等。在窗体设计过程中，核心问题是对控件的操作，包括添加、删除、修改等。

1. 控件的类型和功能

（1）结合型控件：与表或查询中的字段相关联，用于显示、输入及更新数据库中的字段值。

（2）非结合型控件：与任何数据源都不相关，用于显示提示信息、线条、矩形和图像等。

（3）计算机型控件：以表达式作为数据来源，表达式使用表或查询字段中的数据，或者使用窗体或报表上其他控件中的数据。

2. 常用控件名称及功能表

常用控件名称及功能表如表 9-1 所示。

表 9-1　常用控件名称及功能表

控件名称	控件功能
文本框	显示、输入或编辑数据

续表

控件名称	控件功能
标签	显示提示性的静态说明文本
按钮	用来执行一项命令
选项卡控件	创建一个带选项卡的窗体或对话框，显示多页信息
选项组	与复选框、选项按钮或切换按钮配合使用，显示一组可选值
组合框	由一个文本框或一个列表框组成，可以输入和选择数据
图表	可嵌入用来显示窗体或报表中数据的图表
列表框	显示可以滚动的数值列表，从列表中选择数据
复选框	用于多项选择，与具有"是否"属性的数据组合
选项按钮	用于单项选择

3. 控件的基本操作

（1）添加控件。

（2）选择控件：控件四周出现 8 个控点符号，其中左上角的控点状态较大，称为"移动控点"。

（3）移动控件。

（4）调整控件大小。

（5）复制控件。

（6）删除控件。

4. 控件的属性

窗体控件是窗体设计的主要对象，具有一系列属性，决定了对象的特征，以及如何对对象进行操作。对窗体控件的属性进行修改，是窗体设计的必要操作。

常用的窗体控件包括文本框、标签、选项组、切换按钮、复选框、组合框、列表框等。

（1）控件的属性表：设置控件属性的"属性表"，一般包含五张选项卡：

1）格式：设置控件的显示方式，如大小、位置、背景色、标题、边框等。

2）数据：设置控件的数据来源、默认值。

3）事件：设置控件的响应事件，如单击、双击以及鼠标按下、移动、释放等。事件是预先定义好的，每个对象都可以识别和响应多种事件。

4）其他：设置控件名称等。

5）全部：包括另外 4 张选项卡的所有属性内容。

（2）窗体：窗体的属性设置会影响窗体的操作和外观显示。窗体常用的格式属性包括：

1）标题：窗体标题栏中显示的文字。

2）默认视图：指定窗体的显示样式。"单一窗体"在主体节中只显示数据表的一条记录；"连续窗体"可显示多条记录。

3）滚动条：指定窗体是否显示滚动条。

4）记录选择器：指定窗体上是否显示记录选择器。窗体最左端的箭头标记。

5）记录源：控件的数据来源。

（3）标签：标签用来在窗体或报表中显示说明性文本。标签不能接受数据输入，也不能作为数据源绑定到某个字段上。

1）独立标签：如"窗体页眉"中的"学生基本信息简介"。使用标签控件创建的标签就是独立标签。

2）关联标签：被链接到其他控件的标签（通常是文本框、组合框、列表框等），如主体节中的"学号""姓名"等。默认情况下，将文本框、组合框或列表框放置到窗体上时，它们都带有一个与之对应的关联性标签控件。

（4）文本框：文本框用来显示数据或接受输入数据，是一种交互式控件。

1）绑定型文本框：能够从表、查询或 SQL 语句中获得需要的内容。

2）未绑定型文本框：没有链接某一字段，一般用来显示提示信息或接收用户输入的数据等。

3）计算型文本框：可以显示表达式的结果。当表达式发生变化时，重新计算数值。

（5）组合框和列表框：如果窗体上输入的数据总是取自某一个表或查询中记录的数据，或者取自某固定内容的数据，可以使用组合框或列表框控件来完成，这样既可以保证输入数据的正确性，又可以提高输入数据的效率。

列表框包含一列或几列数据，用户只能从列表中选择，而不能输入新值。组合框由一个文本框和一个列表框组成，可以输入数据也可以从下拉列表中选择数据。这是两者的区别。

（6）命令按钮：用于接收用户的操作指令，以实现某种功能操作。

（7）选项组：由一个组框架及一组复选框、选项按钮或切换按钮组成。其中，组框架起到分组的作用，一个框架中的一组按钮只能有一个是选中状态，不同的选项将把一个不同的值返回给选项组控件，选项组使选择某一组确定的值变得十分容易。

如果选项组绑定了某个字段，则只有组框架本身绑定此字段，而不是组框架内的复选框、选项按钮或切换按钮。选项组可以设置为表达式或未绑定选项组，可以在自定义对话框中使用未绑定选项组来接受用户的输入。

（8）复选框、切换按钮和选项按钮：复选框、切换按钮和选项按钮作为单独的控件来显示表或查询中的"是"或"否"的值。选中复选框或选项按钮时，设置为"是"，如果不选择则为"否"。对于切换按钮，按钮下切换按钮，其值为"是"，否则其值为"否"。

（9）图像控件：图像控件用于向窗体或报表中添加图片，一般可用来添加照片。

（10）图形控件：用于向窗体或报表中突出显示一些重要数据，也可以使窗体或报表显得更美观。

（11）选项卡：当窗体中的内容较多无法在一页内部全部显示时，可以使用选项卡进行分布。

选项卡控件主要用于将多个不同格式的数据操作窗体封装在一个选项卡中；或者说，它是一个选项卡中包含多页数据操作窗体的窗体，而在每页窗体中又可以包含若干个控件。

四、实验操作

1. 控件的属性设置

（1）在设计视图下，打开"学生基本信息"窗体。单击"设计"选项卡中"工具"组的"属性表"按钮，打开"属性表"窗口。

（2）按住 Ctrl 键，同时选中"学号"的标签与文本框，设置"上边距"为0.1cm；按住 Ctrl 键，同时选中"学号"及下面的所有标签，设置"左"为1.5cm；按住 Ctrl 键，同时选中"学号"及下面的所有字段文本框，设置"左"为5cm。

（3）切换到窗体视图查看设计效果。

2. 窗体的属性设置

（1）设置窗体的标题为"学生表"。

（2）切换到窗体视图查看设计效果。

3. 文本框的属性设置

例：文本框与数据源或查询中的某一字段绑定。添加文本框，绑定"出生日期"字段。

（1）单击"设计"选项卡"控件"组中的"文本框"按钮，在"主体"节其他字段后面单击，添加一个默认大小的文本框控件；关闭同时弹出的"控件向导"窗口。

（2）单击"设计"选项卡下"工具"组中的"属性表"按钮，打开"属性表"窗口；对新增的文本框，设置"数据"选项卡的"控件来源"为"出生日期"字段，"格式"选项卡的"宽度"为4cm，"左"为5cm；将文本框附带的标签的"标题"改为"出生日期"，"左"为1.5cm。

（3）切换到窗体视图查看设计效果。

例：文本框不绑定到数据源的某一字段，用于显示计算的结果或接受用户所输入的数据。

（1）单击"设计"选项卡"控件"组中的"文本框"按钮，在"窗体页脚"节添加一个默认大小的文本框控件；关闭同时弹出的"控件向导"窗口。

（2）单击"设计"选项卡下"工具"组中的"属性表"按钮，打开"属性表"窗口；设置文本框的"控件来源"为"＝Avg（［入学成绩］）"，"格式"为"标准"，"小数位数"为2，"左"为5cm；将文本框附带的标签的"标题"改为"平均入学成绩"，"左"为1.5cm，如图9-16所示。

（3）切换到窗体视图查看设计效果。

4. 组合框和列表框

例：将"专业名称"文本框改为组合框。

（1）在"主体"节中选择"专业名称"文本框，右键单击并在弹出的快捷菜单中选择"更改为"，在级联菜单中选择"组合框"。

（2）单击"设计"选项卡下"工具"组中的"属性表"按钮，打开"属性表"窗口；单击"数据"选项卡"行来源类型"右侧的下拉按钮，在其下拉列表中选择"值列表"，然后在"行来源"属性中输入""工商管理";"财务管理";"营销管理";"人力资源管理""。

（3）切换到窗体视图查看设计效果。

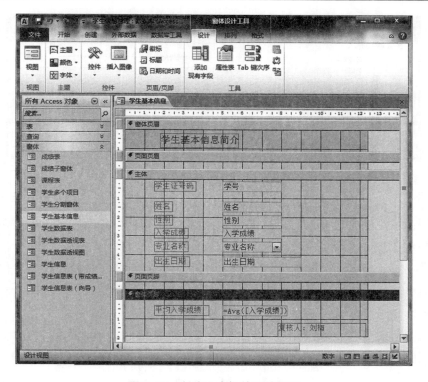

图 9-16　创建文本框的设计视图

5. 命令按钮

例：在窗体中添加一个命令按钮，以实现关闭窗体的功能。

（1）单击"设计"选项卡"控件"组中的"命令"按钮，在"窗体页脚"节中添加一个默认大小的按钮控件；关闭同时弹出的"命令按钮向导"窗口。

（2）单击"设计"选项卡下"工具"组中的"属性表"按钮，打开"属性表"窗口；在"格式"选项卡上，设置"标题"属性为"退出"；在"事件"选项卡上，设置"单击"的属性。先点击右侧"生成器"按钮（图标为"省略号"），然后在弹出的"选择生成器"对话框中，选择"代码生成器"命令；最后在弹出的窗口中输入宏命令"docmd.close"，用以关闭窗体。如图 9-17 所示。

图 9-17　控件宏命令输入窗口

（3）切换到窗体视图查看设计效果。

例：用控件向导为命令按钮指定操作，而不需要用户编写程序代码。在"主体"节中添加一对命令按钮以实现记录导航功能。

（1）单击"设计"选项卡"控件"组中的"使用控件向导"按钮，以锁定控件向导，然后再单击"按钮"按钮，在"主体"节中添加一个默认大小的按钮控件，同时系统弹出"命令按钮向导"窗口。

（2）在类别中选择"记录导航"，在操作中选择"转至下一项记录"，单击"下一步"按钮；选中"图片"，选择"移至下一项"，单击"下一步"按钮；输入按钮名称"下一条"，单击"完成"按钮。同理，添加"上一条"按钮、"第一条"按钮以及"最后一条"按钮。

（3）切换到窗体视图查看设计效果，如图 9-18 所示。

图 9-18　创建命令按钮的窗体视图

6. 图像控件

例：在窗体中添加一张图片。

（1）单击"设计"选项卡"控件"组中的"图像"按钮，在"主体"节中单击要放置图片的位置，在弹出的对话框中选择需要的图片文件。

（2）切换到窗体视图查看设计效果。

7. 图形控件

例：在窗体页眉"学生基本信息简介"下添加一条直线。

（1）单击"设计"选项卡"控件"组中的"直线"按钮，在"窗体页眉"节中标题为"学生基本信息简介"的标签下单击，则添加了直线；打开"属性表"窗口，设置"宽度"为12cm，"左"为0.5cm，"边框宽度"为3pt，"特殊效果"为凸起。

（2）切换到窗体视图查看设计效果。

例：在窗体主体中添加一个将除两个命令按钮之外的所有控件都包含在内的矩形。

（1）单击"设计"选项卡"控件"组中的"矩形"按钮，在"主体"节中，添加一个将除两个命令按钮之外的所有控件都包含在内的矩形控件。在"属性表"窗口，设置"边框宽度"为2pt，"边框样式"为虚线，同时通过文本框右侧的"生成器"按钮（图标为"省略号"）为"边框颜色"自选喜欢的颜色。

（2）切换到窗体视图查看设计效果，如图9-19所示。

8. 选项卡

（1）单击"创建"选项卡"窗体"组中的"窗体设计"按钮，进行窗体设计。

（2）单击"设计"选项卡"控件"组中的"选项卡"按钮，在窗体上单击，则在"主体"节放置了一个有两个页面的选项卡控件。右击"选项卡"控件，在弹出的快捷菜单中选择"插入页"命令，则选项卡多出"页3"页面。

（3）单击"设计"选项卡"工具"组中的"添加现在字段"按钮，打开设计视图的字段列表；单击"页1"标签，将"学生表"各字段拖动上去；设置页面1属性，名称命名为"学生基本信息"。同理，完成其他两页面的设置。

（4）切换到窗体视图查看设计效果，如图9-20所示。

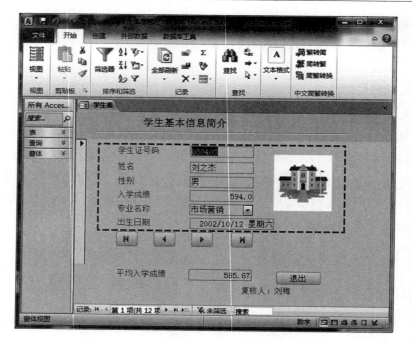

图 9-19　创建图形控件的窗体视图

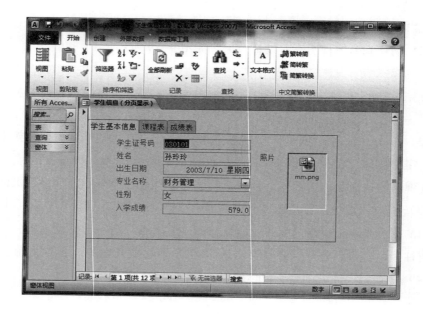

图 9-20　创建选项卡的窗体视图

9. 子窗体/子报表

主窗体和子窗体通常用于显示多个表或者查询中的数据，这些表和查询中的数据具有一对多的关系。在主窗体中使用一方的表作为记录源，在子窗体中使用多方的表作为记录源，主窗体显示某一条记录的信息，子窗体就会显示主窗体当前记录的相关信息。包含子窗体的窗体称为主窗体，主窗体中的窗体称为子窗体。

先创建主窗体，然后使用"子窗体/子报表"控件将子窗体插入到主窗体中。

（1）在"设计视图"中打开"学生基本信息"窗体（主窗体）。

（2）单击"设计"选项卡"控件"组中的"使用控件向导"按钮，以锁定控件向导，然后再单击"子窗体/子报表"按钮。

（3）在"主体"节适当位置上单击，添加一个"子窗体"控件，同时系统弹出"子窗体向导"，选择"使用现有的表和查询"单选按钮，单击"下一步"按钮。

（4）将"课程表"的"课程编号"与"课程名称"，以及"成绩表"的"平时成绩""期末成绩""总评"字段，添加到"选定字段"列表框，单击"下一步"按钮。

（5）选择"从列表中选择"单选按钮，在下拉列表中选择"对学生表中的每个记录用学号显示成绩表"，单击"下一步"按钮。

（6）输入子窗体名称"选课成绩子窗体"，单击"完成"按钮。设计视图如图 9-21 所示。

（7）切换到窗体视图查看设计效果，如图 9-22 所示。

10. 超链接

超链接可以创建指向网页、图片、电子邮件地址或程序的链接。

（1）在"设计视图"中打开"学生基本信息"窗体（主窗体）。

（2）单击"设计"选项卡"控件"组中的"超链接"按钮，在"插入超链接"对话框中选择"现有文件或网页"，找到实验 1 中创建的"营销项目"数据库，单击"确定"按钮。

（3）切换到窗体视图，单击新创建的链接"营销项目"，即打开相应的数据库。

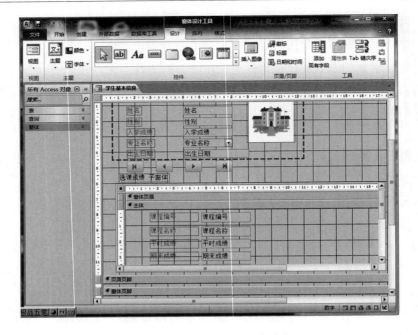

图 9-21　创建子窗体的设计视图

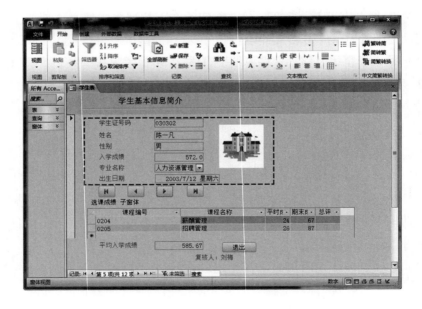

图 9-22　创建子窗体的窗体视图

参考文献

［1］薛华成，张成洪，魏忠，等．管理信息系统（第 7 版）［M］．北京：清华大学出版社，2022.

［2］黄梯云．管理信息系统（第 4 版)[M]．北京：高等教育出版社,2009.

［3］滕佳东．管理信息系统（第 6 版)［M］．大连：东北财经大学出版社，2003.

［4］James A. O'Brien. Introduction to Information Systems ［M］. Burr Ridge：McGraw-Hill/Irwin，1994.

［5］哈格，卡明斯，菲利普斯．信息时代的管理信息系统（原书第 9 版)[M]．颜志军，贾琳，尹秋菊，等译．北京：机械工业出版社，2016.

［6］普斯特，安德森．管理信息系统：用信息技术解决商务问题（第 3 版)[M]．于明，编译．北京：清华大学出版社，2009.

［7］肯尼斯·C. 劳顿，简·P. 劳顿．管理信息系统（原书第 15 版)[M]．黄丽华，俞东慧，译．北京：机械工业出版社，2018.

［8］罗宾斯，库尔特．管理学：原理与实践（原书第 10 版）［M］．毛蕴诗，译．北京：机械工业出版社，2019.

［9］雷鸣．管理信息系统开发与管理［M］．北京：经济科学出版社，2012.

［10］林翊．ERP 综合实验教程（第二版） ［M］．北京：经济科学出版社，2018.

［11］罗鸿．ERP 原理·设计·实施（第 5 版）［M］．北京：电子工业出版社，2020.

［12］魏玲．ERP 理论与实践 ［M］．大连：东北财经大学出版社，2012.

［13］用友网络科技股份有限公司．企业数字化：目标、路径与实践 ［M］．北京：中信出版社，2019.

［14］哈伍德．ERP 实施流程：企业如何实施 ERP ［M］．吴昌秀，译．北

京：清华大学出版社，2005.

［15］徐志坚，王翔．管理信息系统［M］．北京：北京师范大学出版社，2007.

［16］倪志伟，李锋刚，毛雪岷．智能管理技术方法［M］．北京：科学出版社，2007.

［17］王恒山，许晓兵．管理信息系统［M］．北京：机械工业出版社，2015.

［18］张立厚，莫赞，张延林，等．管理信息系统开发与管理［M］．北京：清华大学出版社，2008.

［19］劳东．管理信息系统（精要版·第9版）［M］．劳帼龄，译．北京：中国人民大学出版社，2012.

［20］克伦克．管理信息系统精要（第3版）（英文版）［M］．北京：电子工业出版社，2016.

［21］王先庆．智慧物流：打造智能高效的物流生态系统［M］．北京：电子工业出版社，2019.

［22］冯耕中．物流信息系统（第2版）［M］．北京：机械工业出版社，2020.

［23］范玉顺．i时代信息化战略管理方法［M］．北京：清华大学出版社，2015.

［24］王珊，萨师煊．数据库系统概论（第5版）［M］．北京：高等教育出版社，2014.

［25］Jiawei Han，Micheline Kamber，Jian Pei. 数据挖掘概念与技术［M］．范明，孟小峰，译．北京：机械工业出版社，2012.

［26］李春葆，李石君，李筱驰．数据仓库与数据挖掘实践［M］．北京：电子工业出版社，2014.

［27］王会举．大数据时代数据仓库技术研究［M］．武汉：武汉大学出版社，2016.

［28］蔡晓妍，杨黎斌，张晓婷，等．商务智能与数据挖掘（第2版）［M］．北京：清华大学出版社，2018.

［29］梁郑丽，贾晓丰．决策支持系统理论与实践［M］．北京：清华大学出版社，2014.

［30］沙尔达，德伦，特班．商务智能与分析：决策支持系统（原书第10版）［M］．叶强，徐敏，方斌，译．北京：机械工业出版社，2018.

［31］齐佳音，吴联仁．客户关系管理：面向商业数字化转型［M］．北京：机械工业出版社，2022.

［32］苏朝晖．客户关系管理：建立、维护与挽救（第2版）［M］．北京：人民邮电出版社，2020.

［33］特班，奥特兰德，金，等．电子商务：管理与社交网络视角（原书第9版）［M］．占丽，孙相云，时启亮，等译．北京：机械工业出版社，2020.

［34］吴吉义，殷建民．信息系统项目管理案例分析教程（第2版）［M］．北京：电子工业出版社，2008.

［35］CIO自媒体小组．CIO新思维Ⅲ变革时代的企业IT战略与实务［M］．北京：机械工业出版社，2016.

［36］罗伯茨，沃森．世界顶级CIO的修炼之道［M］．杨燕坡，李永娜，译．北京：中国人民大学出版社，2019.

［37］陈进，张莉．商务智能应用教程［M］．北京：高等教育出版社，2010.

［38］刘宁，钟莲，赵飞．云计算与大数据的应用［M］．北京：北京工业大学出版社，2018.

［39］陆平，赵培，王志坤．云计算基础架构及关键应用［M］．北京：机械工业出版社，2016.

［40］李伯虎．云计算导论［M］．北京：机械工业出版社，2018.

［41］陶皖．云计算与大数据［M］．西安：西安电子科技大学出版社，2016.

［42］李天目，韩进．云计算技术架构与实践［M］．北京：清华大学出版社，2014.

［43］张春红，裘晓峰，夏海轮，等．物联网技术与应用［M］．北京：人民邮电出版社，2011.

［44］黄东军．物联网技术导论（第2版）［M］．北京：电子工业出版社，2017.

［45］甘早斌，李开，鲁宏伟．物联网识别技术及应用［M］．北京：清华大学出版社，2013.

［46］刘建明．物联网与智能电网［M］．北京：电子工业出版社，2012.

［47］金江军．智慧城市：大数据、互联网时代的城市治理（第 5 版）［M］．北京：电子工业出版社，2021.

［48］王云鹏，严新平，鲁光泉，等．智能交通技术概论［M］．北京：清华大学出版社，2020.

［49］缪兴锋，别文群，林钢，等．智能物流技术［M］．北京：中国人民大学出版社，2021.